DU CÔTÉ DE PONDICHÉRY

DU MÊME AUTEUR

Crystal Palace (JC Lattès), roman, 1985
Les Orages désirés (O. Orban), roman, 1988
Les Fous de Lumière (Stock), roman, 1991
Les Désirs et les Jours (JC Lattès), roman, 1993
Les Courtisanes, en collaboration avec Sylvie Dervin (JC Lattès), nouvelles, 1994
Les Belles de Cocteau (JC Lattès), document, 1995
Darjeeling (JC Lattès), roman, 1996
A l'ombre des amandiers (Presses de la Cité), roman, 1997
Un siècle de femmes, en collaboration avec Véronique Lesueur (Le Pré aux Clercs), album, 1999

Dominique Marny

DU CÔTÉ DE PONDICHÉRY

Roman

Production
Jeannine Balland

Le Code de la propriété intellectuelle n'autorisant, aux termes de l'article L. 122-5, 2° et 3° a), d'une part, que les « copies ou reproductions strictement réservées à l'usage privé du copiste et non destinées à une utilisation collective » et, d'autre part, que les analyses et les courtes citations dans un but d'exemple et d'illustration, « toute représentation ou reproduction intégrale ou partielle faite sans le consentement de l'auteur ou de ses ayants droit ou ayants cause est illicite » (art. L. 122-4).
Cette représentation ou reproduction, par quelque procédé que ce soit, constituerait donc une contrefaçon sanctionnée par les articles L. 335-2 et suivants du Code de la propriété intellectuelle.

© Presses de la Cité, 1999.

ISBN 2-258-04905-9

Pour Laure et Antoine

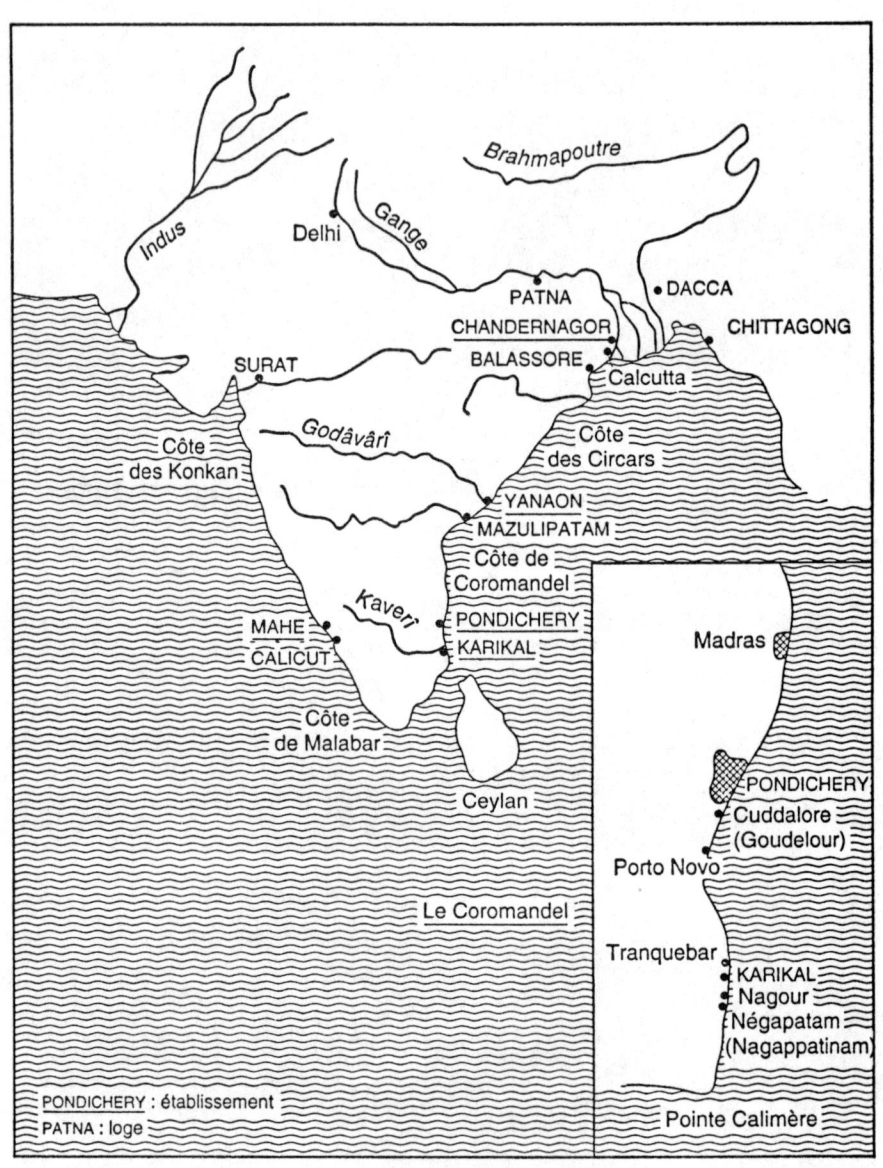

Comptoirs français en Inde au XIXᵉ siècle

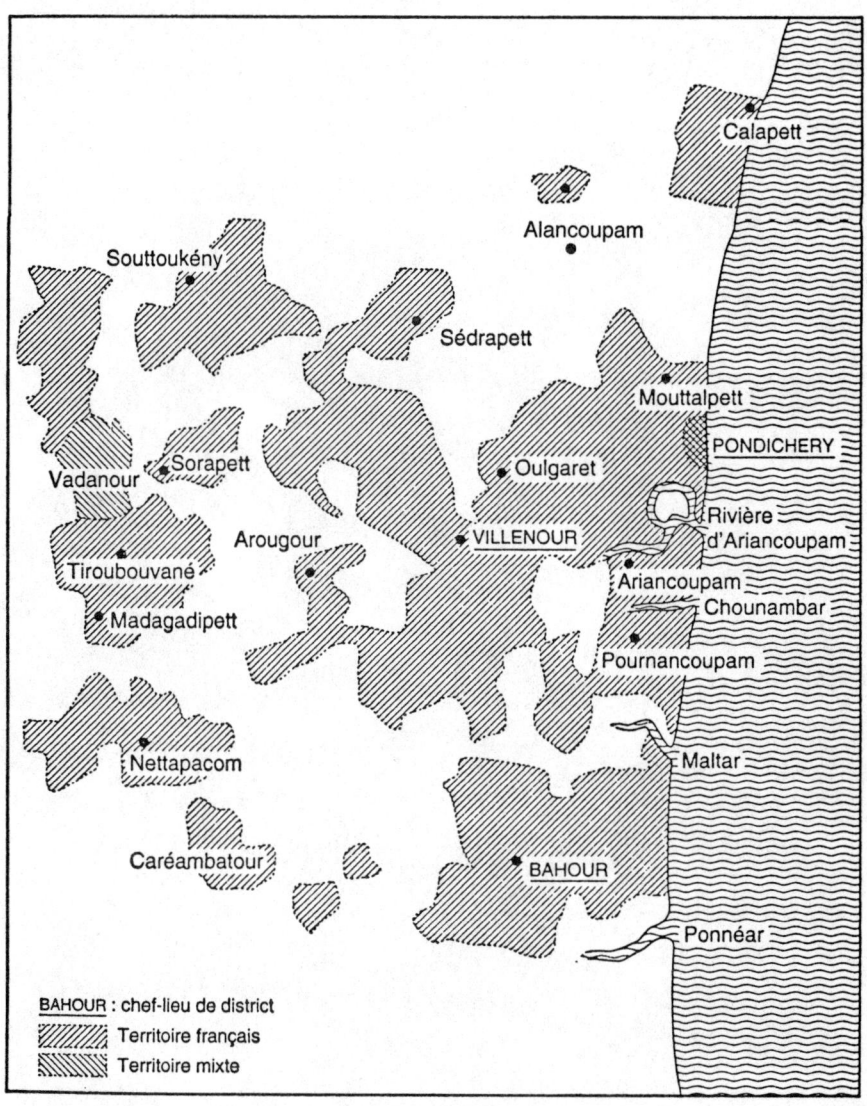

Pondichéry et ses environs

1

Allongée sur son lit, Juliette subissait la chaleur qui s'infiltrait dans les moindres recoins de la maison. Aucune brise ne venant du large, Pondichéry s'enfonçait dans la canicule qui desséchait les corps et anéantissait toute volonté. Les cheveux mouillés, la peau moite, la jeune fille ouvrit les paupières. Une journée commençait au cours de laquelle le port des vêtements, en particulier du corset, ressemblerait à une torture. Avec lassitude, elle s'approcha de la fenêtre dont elle repoussa les volets intérieurs. L'océan qu'elle apercevait derrière les arbres avait l'éclat du métal et elle entendait le grondement des vagues qui se brisaient sur la côte de Coromandel.

— Kâmeshvarî, appela-t-elle.

Une frêle silhouette, vêtue d'un pagne de coton blanc, pénétra dans la chambre.

— Bonjour mademoiselle.

Les yeux battus de la petite servante révélaient une mauvaise nuit. Sans doute avait-elle lutté contre les moustiques qui appréciaient le corridor où elle dormait.

— Il doit être tard, s'inquiéta Juliette.

— A peine sept heures.

En effleurant de ses pieds nus le parquet de teck recouvert de tapis persans, Kâmeshvarî rassembla les objets indispensables à la toilette de sa maîtresse et, bientôt, tout fut en place : l'eau dans le broc de faïence fleurie, la cuvette, le gant pour la friction.

Juliette se prépara en silence face au miroir qui lui renvoyait un visage qu'elle jugeait banal. Etait-ce d'avoir maintes fois senti le regard critique de sa belle-mère qui la faisait douter de sa séduction ? Pourtant, les yeux noirs et profonds, le nez à peine busqué et la bouche généreuse ne laissaient pas indifférents les militaires qui, au crépuscule, la croisaient le long de la plage quand, en compagnie de ses amies, elle recherchait la caresse du vent marin.

Kâmeshvarî brossa ses longs cheveux châtains avant de les tresser puis elle lui présenta la robe de voile bleu pâle réservée à l'intimité familiale. Après avoir lissé les plis du vêtement, Juliette chaussa de jolies pantoufles brodées, hésita à entourer son poignet d'un bracelet en or pour le replacer dans le coffret de nacre en murmurant :

— Il fait trop chaud pour s'embarrasser du superflu.

Dans la salle à manger que des stores protégeaient du soleil, son père buvait du café tandis qu'un domestique, assis par terre dans l'office adjacent, actionnait le panka qui, allant et venant au-dessus de la longue table, ventilait la pièce.

— Je craignais que vous ne soyez déjà parti, avoua Juliette en embrassant Charles Fournel.

— Rassure-toi. Je ne vais pas à Villenour.

— Nous sommes pourtant mardi.

— Les passagers du *Neptune* débarqueront tout à l'heure. Je dois accueillir le jeune Trigance.

L'arrivée d'un bateau à Pondichéry était un événement. Il y avait, bien sûr, les nouveaux venus dont la personnalité alimenterait les conversations de la « ville blanche » mais Juliette songeait surtout aux trésors contenus dans la cale. Rien, en effet, ne pouvait rivaliser avec les étoffes de Lyon, les chapeaux parisiens « dernier cri », les gants ou les bottines en fin chevreau blanc, les ombrelles et les bijoux. Hélas, sa jeunesse l'empêchait de porter ce qu'elle préférait : les décolletés audacieux.

Assise à sa place habituelle, elle grignotait sans faim un appam[1] quand Charles lui dit avant de plier sa serviette :

— Joséphine arrivera en fin de matinée.

— Je pensais qu'elle resterait au Grand Etang[2] !

— Elle y retournera, après avoir assisté à la réception que donnera demain le gouverneur.

Avec dépit, Juliette sentait lui échapper le plaisir qu'elle éprouvait de vivre en tête à tête avec son père depuis deux semaines. Cela faisait cinq ans que Charles Fournel, veuf d'un premier mariage, avait mené devant l'autel Joséphine Gauthier, de vingt ans sa cadette. Juliette n'oublierait jamais ce jour fatidique où était entrée dans la maison une jeune femme capricieuse, égoïste et frivole : sa belle-mère. Tout, alors, avait changé et l'adolescente, qui jusque-là bénéficiait de l'attention générale, se sentit délaissée. Fuyant un foyer qui ne ressemblait plus au cocon de son enfance, elle trouvait la paix chez les Sœurs de Saint-Joseph-de-Cluny où elle accomplissait ses études. Pour oublier son désarroi et sa jalousie, elle se plongeait dans des versions latines compliquées et venait à bout de problèmes mathématiques qui laissaient perplexes les autres élèves.

« Cette petite est un puits de science », soulignait avec fierté Charles Fournel.

---

1. Crêpe faite avec de la farine de riz et du lait de coco. Réservée au petit déjeuner.
2. Le grand étang d'Oussoudou.

« A quoi cela me servira-t-il ? » songeait Juliette qui connaissait les limites culturelles de la société pondichérienne.

A la dérobée, elle regarda son père pendant qu'il repoussait sa chaise. Des rides marquaient son front et son teint sans éclat révélait une existence privée des bienfaits d'un climat salubre. Charles appartenait à l'une des plus anciennes familles françaises de ce comptoir qui, à l'époque de Dupleix, était entré dans la légende. A l'exemple de ses ancêtres, il chargeait les navires en partance pour la France des richesses que produisaient ses terres : riz et arachides. Vers l'île Maurice il envoyait les huiles et le millet et recevait du bois de Rangoon, des palmiers de Jaffna, du tabac d'Europe. Le négoce était sa passion et lorsque son médecin lui conseillait le repos, il répondait en frappant du poing le meuble le plus proche : « Les affaires vont trop bien pour que je les délaisse. »

Ce matin, il passerait dans ses bureaux situés au-dessus des entrepôts, afin de vérifier les droits de douane qu'il aurait à payer pour une livraison d'arac puis il irait à la rencontre de Mathieu, le fils de son vieil ami Nicolas Trigance. « *Un bon à rien. Je compte sur vous pour le dresser* », lui avait confié celui-ci dans sa dernière missive. « Voilà qui promet », s'inquiétait Charles Fournel en repoussant une miette de pain de son gilet.

— J'aimerais vous accompagner, lui demanda soudain sa fille.

— M'accompagner !

— Je sais : on ne mélange pas le travail et l'agrément, mais...

— Il n'en est pas question.

Le refus était sans appel, néanmoins il en fallait davantage pour intimider Juliette. Sans insister, elle attendit que Charles Fournel eût quitté la demeure afin de regagner ses appartements où elle ôta ses vêtements confortables pour subir la loi du corset et de la crinoline, des inventions qui rendaient héroïque la condition féminine sous les tropiques.

— Dépêche-toi, ordonna-t-elle à Kâmeshvarî qui lui présentait une robe de mousseline ivoire.

La transpiration perlait sur le visage de Juliette quand elle fut prête. Après avoir choisi une délicate ombrelle, elle descendit le monumental escalier qui occupait le centre de la demeure, traversa le salon que balayait une servante accroupie et gagna la véranda où, couché, le chien n'eut pas la force d'ouvrir un œil. Dans le jardin séparant la maison du porche, un garçonnet arrosait les hibiscus et les bougainvillées qui, semblables aux humains et aux animaux, attendaient en se languissant une température plus clémente.

Assise dans un « pousse », elle longea le cours Chabrol où, en cette année 1863, se croisaient des attelages, des chars à bœufs emplis de grains et des piétons. Sans la moindre pitié, le soleil dardait ses rayons sur la longue avenue bordée d'entrepôts, de citernes, et de maisons blanches dont les gracieuses colonnades soutenaient des terrasses, ou « argamasses », où il faisait bon flâner au crépuscule. Massée entre le bâtiment des douanes et le débarcadère devant lequel s'avançait une jetée en construction, la foule attendait les chelingues.

Depuis sa création, la ville de Pondichéry demeurait inaccessible aux navires qui, pour ne pas se briser sur le ressac, mouillaient en saison sèche dans la petite rade. Pendant la période des cyclones, en octobre et novembre, ils se tenaient dans la grande rade, plus au large. Seules de hautes embarcations à fond plat, fabriquées avec de l'écorce de cocotier, des cordes et du cuir, permettaient de franchir la lame.

Pour échapper au regard perçant de son père qui, à quelques pas, discutait avec un missionnaire, elle se cacha derrière un agent d'inspection dont la corpulence s'avérait le meilleur des paravents. Les chelingues approchaient et elle pouvait distinguer leurs passagers, pour la plupart des jeunes gens qui, sûrement, attendaient un miracle des colonies.

Dans l'embarcation de tête, menée par des indigènes (six rameurs, deux écopeurs et un barreur), Mathieu Trigance se remettait des fortes secousses occasionnées par le passage de la barre. Sur une côte plate et entourée d'innombrables cocotiers, Pondichéry ressemblait à un mirage après la longue traversée qui, depuis Marseille, lui avait fait gagner Alexandrie, parcourir sur la terre ferme l'isthme de Suez puis remonter à bord d'un navire sur la mer Rouge. A sa gauche, Louis Tempête, un compagnon de voyage, s'était tourné vers un adolescent qui souffrait du mal de mer.

— Décidément, il ne nous aura rien épargné, remarqua avec exaspération Mathieu.

Indifférent à cette remarque, Louis aida le jeune Emile à s'installer dans une chaise à porteurs que l'équipage de la chelingue amènerait jusqu'au quai. Pour ne pas se mouiller, chacun des voyageurs eut droit au même cérémonial et, bientôt, Mathieu fit la connaissance de Charles Fournel qui, dans une longue poignée de main, lui souhaitait la bienvenue.

Les paupières plissées par la réverbération, Juliette suivait la scène. Allait-elle s'éveiller d'un rêve familier ou bien cet homme qui ressemblait trait pour trait à un héros romantique était-il fait de chair et de sang ? Oubliant toute prudence, elle avança.

— Juliette, s'exclama Charles Fournel, je t'avais pourtant demandé de rester à la maison !

— Vous savez bien que ma curiosité me fait braver tous les interdits, répliqua-t-elle avec un sourire qui creusa des fossettes dans ses joues rosies par la chaleur et l'émoi.

Avec amusement, Mathieu la dévisageait. Elle ne semblait ni mièvre ni sotte. Il s'inclinait pour la saluer quand un vacarme la fit se retourner. En courant pour vomir loin des regards, Emile avait renversé un chariot contenant des gourdes emplies d'eau. Humilié de se donner en spectacle, il se soulagea contre un pilier. Si seulement il pouvait mourir à l'instant même, tout serait terminé : l'exil, sa peur de l'inconnu...

— Tiens, prends ce mouchoir, lui dit Louis Tempête après l'avoir rejoint.

Se penchant vers l'adolescent, il ajouta en posant une main apaisante sur son épaule :

— Essaie de respirer, plus profondément. Oui, encore une fois. Voilà qui est mieux...

A quelques pas, des voyageurs auxquels on offrait en signe de bienvenue un collier de jasmin découvraient au cœur du continent asiatique une petite France où se côtoyaient créoles, topa[1] et Indiens. Des hommes vêtus de dhoti[2] tournaient autour des arrivants en leur proposant des services aléatoires tandis qu'à quelques pas des musulmans, venus du sud de la ville où la plupart exerçaient le métier de tailleurs, accueillaient leur famille. Assises sur la chaussée, des jeunes filles tressaient les fleurs de frangipanier qu'elles puisaient dans de grands paniers. Autour d'elles se pressaient des porteurs d'eau, des marchands qui d'un coup sec perçaient les noix de coco pour en offrir l'eau, des ânes disparaissant sous la canne à sucre, des charmeurs de serpents, des chèvres et des chiens qui grattaient leurs puces. Dans une joyeuse cacophonie se mêlaient les langues française et

---

1. Ou « gens à chapeau ». Ils sont issus des unions entre Européens (Portugais, en particulier) et Indiennes.
2. Pagne masculin.

tamoule, le piaffement des chevaux, les cris des enfants et le grondement des vagues qui se dissolvaient sur la plage où une femme en pagne[1] jaune, un bébé sur la hanche, observait les portefaix en train de hisser sur leurs têtes, que protégeaient des chiffons crasseux, des malles, des coffres et des ballots.

— Te sens-tu plus gaillard ? demanda Louis à son protégé quand il eut cessé de trembler.

— Oui, je crois.

En revenant vers le gros de la foule, ils passèrent devant Mathieu Trigance qui lança avec un rire méprisant :

— Alors Emile ! Pas fatigué de jouer les mauviettes !

Se tournant vers Juliette, il demanda :

— N'auriez-vous pas un flacon de sels pour ce malheureux ?

Elle allait répliquer sur le ton de la plaisanterie quand elle croisa le regard de Louis Tempête. L'échange fut bref mais suffisamment intense pour la rendre muette. Il n'y avait pourtant ni menace ni intimidation dans les yeux gris qui la fixaient, seulement de la compassion et du désenchantement. Intriguée, elle prêta davantage attention à Emile. Grand et malingre, il devait avoir une douzaine d'années. Etait-il le frère de celui dont elle ignorait le nom et qui, après lui avoir adressé un imperceptible salut, s'éloigna en entraînant son protégé vers un couple qui semblait chercher quelqu'un parmi les arrivants ? Elle balaya vite cette question pour revenir à Mathieu Trigance. Même son père, connu pour son sens critique, semblait conquis par sa prestance. Les cheveux blonds et ondulés, la moustache cirée, il aurait pu passer pour un dandy si n'avait filtré derrière cette apparence policée un parfum d'aventure et de liberté.

---

1. On employait le mot « pagne » plutôt que « sari ».

Du côté de Pondichéry

— Je vous accompagne jusqu'à votre logement, lui dit Charles.

A contrecœur, Juliette se prépara à rentrer. Tout s'était passé si vite ! Elle songea aux romans qu'elle « volait » dans la bibliothèque pour les lire en cachette quand tout le monde dormait. Ainsi, leurs auteurs ne mentaient pas ! En quelques instants, une vie pouvait changer de couleur. Aurait-elle imaginé, en se dirigeant vers le débarcadère, qu'elle en reviendrait l'esprit chaviré ? Une joie inconnue l'envahissait. Enfin, il se passait quelque chose d'intéressant dans son existence !

Dans le vestibule orné d'une gracieuse vasque de marbre où flottaient des pétales de rose, Juliette découvrit un va-et-vient de domestiques qui révélait, hélas, la présence de Joséphine.

La civilité l'obligeait à saluer sa belle-mère qu'elle trouva allongée sur une méridienne. Une servante l'éventait tandis qu'une autre massait ses pieds.

— Bonjour, Joséphine.

— Tiens, Juliette ! Mais d'où viens-tu ? Tu es cramoisie et ta robe est maculée de transpiration !

— Je suis allée me promener, répliqua la jeune fille en s'approchant avec inquiétude d'un miroir.

En moins d'une minute, son bonheur s'était évanoui. Etait-elle aussi repoussante que l'on venait de le lui affirmer ?

— Le voyage m'a donné une affreuse migraine, poursuivait Joséphine. Ces chaos, cette poussière ! Nous vivons dans un pays de damnés !

— Avez-vous besoin de quelque chose ? réussit à lui demander Juliette.

— De repos, mon petit, de repos.

« De repos et d'une pipe d'opium », rectifia en son for intérieur la jeune fille.

Plusieurs mois auparavant, elle avait découvert les goûts secrets de cette femme lascive et oisive. Pendant la sieste, à l'abri des rideaux de vétiver que l'on arrosait régulièrement pour qu'ils procurent de la fraîcheur, Joséphine se libérait de ses tensions. Sans indulgence, Juliette la regarda s'étirer dans son déshabillé de dentelle rose et, une nouvelle fois, dut admettre qu'à défaut d'une beauté classique Joséphine possédait un charme vénéneux qui ne pouvait laisser indifférent. Personne ne savait utiliser ses défauts avec un art aussi consommé ! Petite, elle jouait de sa taille pour s'attirer les protections ; potelée, elle mettait en valeur sa carnation laiteuse en dénudant sa gorge et ses bras ronds. Des rinçages étudiés accentuaient le noir bleuté de ses cheveux et on oubliait son strabisme et ses dents irrégulières tant elle savait se montrer enjôleuse.

Charles Fournel s'était fait prendre alors que Joséphine n'avait que dix-sept ans et, craignant qu'on la lui enlevât, il l'avait épousée, au grand désespoir de ses amis qui reprochaient à sa conquête d'avoir quelques gouttes de sang indien.

« Tu pourrais trouver un meilleur parti, lui avait-on répété.

— Elle aussi ! J'ai vingt ans de plus. »

Face à la notoriété et à la fortune de Charles Fournel, Joséphine se moquait comme d'une guigne de la différence d'âge. Rien, en effet, ne rivalisait avec le pouvoir que procurait l'argent. Une revanche sur ses anciennes relations d'école qui ne l'avaient jamais considérée comme leur égale ! Oui, tout aurait été parfait si Juliette n'existait pas. En premier lieu parce que Joséphine n'avait pas encore donné un héritier à son époux et deuxièmement : l'adolescente qu'elle avait connue risquait de devenir une rivale. Au mois de janvier, on fêterait ses dix-huit ans. Dès lors, elle participerait à la vie mondaine de Pondichéry. Libre, jolie, intelligente et riche, elle risquait d'avoir un succès que Joséphine n'était pas décidée à partager.

Du côté de Pondichéry

— Aïe, tu me masses trop fort, reprocha-t-elle à l'aya qui servait la famille Fournel depuis des années. Et puis, cela suffit ! Qu'on me laisse dormir...

Alors que Juliette se dirigeait vers la porte, Joséphine lui demanda :

— J'ai appris que ton père n'était pas allé à Villenour. Sais-tu pourquoi ?

— Il devait accueillir monsieur Trigance.

— Mon Dieu, je l'avais oublié celui-là ! Encore un renégat dont la famille souhaite se débarrasser ! J'espère qu'il ne se sentira pas obligé de nous rendre fréquemment visite.

« Qu'elle le voie et elle changera d'avis », se dit Juliette, convaincue que les rancœurs larvées allaient éclater avec l'arrivée du Français.

— Reposez-vous bien, Joséphine, conseilla-t-elle avant de s'éclipser.

2

En compagnie de Charles Fournel, Mathieu Trigance découvrait sans enthousiasme Pondichéry. Bordant l'océan, la ville blanche était quadrillée par des rues se coupant à angle droit. Un long et nauséabond canal la séparait de la ville noire où vivaient les indigènes. Ils poursuivirent leur chemin puis s'arrêtèrent devant une maison dont l'aspect vétuste déplut au jeune Français.

— Ici, vous serez au calme, déclara Charles en descendant de l'attelage.

Le calme ! Mathieu détestait ce mot. Avec nostalgie, il se remémorait Paris, les boulevards ruisselants de lumière, les salons particuliers du Café Riche où il soupait avec des courtisanes. Que n'aurait-il donné pour retrouver les tables de jeu et les alcôves ! Une bouffée de haine l'envahit contre son père qui avait menacé de le déshériter si, pendant deux ans, il n'allait se faire oublier aux colonies.

— Monsieur et madame Lebreton ont connu des revers de fortune. Pour alléger leurs charges, ils ont accepté de vous prendre comme pensionnaire, expliqua Charles alors qu'ils s'asseyaient dans un salon où la chaleur était aussi insupportable qu'à l'extérieur.

Pour lutter contre l'obscurité, des lampes à huile

avaient été allumées par un serviteur ensommeillé et, dans cette atmosphère de crypte, Mathieu discerna des meubles aux formes tourmentées et un amoncellement d'objets sans grâce. Un bruissement lui fit tourner la tête. Une femme au visage fatigué, à la mise négligée, les salua d'une voix traînante.

— Chère amie, permettez-moi de vous présenter monsieur Trigance.

Après un échange de banalités courtoises, Isabelle Lebreton appela un petit domestique qui, ployant sous des bagages trop lourds pour sa taille, emprunta un escalier où un oiseau affolé cherchait une issue.

Précédé par son hôtesse, Mathieu parvint à l'étage en foulant des tapis élimés. Son logement se trouvait au fond d'un petit couloir où flottait une odeur d'épices. Dans la chambre et le bureau attenant, les volets clos formaient, comme partout ailleurs, un barrage contre le soleil.

— Ravi sera à votre service, déclara Isabelle.

D'autres informations concernant les horaires des repas et les habitudes de la maison lui furent prodiguées avant qu'elle ne l'abandonnât. Partagé entre la fatigue et l'énervement, il marcha de long en large à travers les deux pièces qui lui étaient allouées. Elevant la lampe, il remarqua une grosse araignée sur le mur que soulignaient des taches d'humidité et des lézardes. Sa répulsion des insectes le poussa à regarder dans les moindres recoins. Ne disait-on pas que les serpents et les scorpions pullulaient à Pondichéry ? Ecartant la moustiquaire, il examina les draps puis, rassuré, ôta ses vêtements pour s'allonger sur le lit et sombrer dans un sommeil entrecoupé par les cauchemars et les cris des rats palmistes qui couraient dans le jardin.

Au crépuscule, un pousse l'emmena chez Charles Fournel qui l'avait convié à souper. A mesure qu'il s'approchait du rivage, les rues s'animaient. C'était l'heure de la promenade et personne n'aurait manqué cette récréation qui permettait de respirer hors des demeures chauffées à blanc.

Celle des Fournel avait été construite par le grand-père de Charles au début du siècle sur le modèle des maisons qui, sous Dupleix, avaient fait l'orgueil du comptoir et que les Anglais s'étaient, hélas, acharnés à détruire en 1761 lorsqu'ils avaient bombardé l'enclave française, après un terrible siège qui avait duré un an. Un premier jardin exubérant de fleurs s'étendait entre le porche, autour duquel courait la bougainvillée, et l'habitation qui comprenait un rez-de-chaussée et un étage qu'ornait un balcon. A l'arrière, un second jardin séparait le bâtiment de maître des remises et du quartier des domestiques, fort nombreux car chacun répondait à une tâche bien définie. Aux ordres du dobachi[1] obéissaient le jardinier, le cuisinier assisté de ses mitrons, la tanigarchi (porteuse d'eau et trieuse de riz), les valets de chambre et les aya, le dhobi[2], le cocher et les vidangeurs chargés de nettoyer trois fois par jour les latrines.

Charles accueillit son invité sous la véranda où il s'était assis pour boire un verre de champagne.

— Ma femme et ma fille ne vont pas tarder à nous rejoindre mais, en les attendant, fêtons votre venue à Pondichéry.

— Excellent, remarqua Mathieu après avoir savouré une gorgée d'alcool.

— Je suis plutôt fier de ma cave, avoua son hôte, mais que voulez-vous, dans ces contrées reculées, aucun plaisir ne doit être négligé.

---

1. Intendant au service des Européens.
2. Blanchisseur, repasseur.

— J'aime à vous l'entendre dire, l'interrompit une voix féminine.

Vêtue d'une robe de dentelle vert anis, Joséphine leur souriait en agitant avec nonchalance un éventail en plumes d'autruche.

— Monsieur Trigance, je suppose, poursuivit-elle en dévisageant son interlocuteur.

Sans répondre, Mathieu baisa la main qu'elle lui tendait puis il chercha son regard mais, de ce bref échange, ne sortit pas vainqueur. Il y avait chez cette femme un mélange de dérision et de sensualité qui le déconcertait.

— Ne pourrions-nous nous promener avant l'arrivée de nos invités ? proposa Charles.

— Est-ce vraiment utile ? soupira Joséphine.

— Cela familiarisera monsieur Trigance avec nos habitudes.

Il faisait presque nuit lorsqu'ils atteignirent en attelage la place du Gouvernement, et la lumière du phare balayait la mer sur laquelle se découpaient les masses sombres des navires. Des groupes d'hommes et de femmes devisaient mais, peu à peu, en découvrant Mathieu, ils se turent.

— Regardez-les, s'amusa Joséphine. Les mères pensent déjà à l'excellent parti que vous pourriez représenter pour leurs filles.

— Elles perdent leur temps ! Je ne suis pas candidat au mariage.

— Oh ! D'autres l'ont dit avant vous.

— Votre époux, peut-être ?

— Oui, jusqu'à ce qu'il me rencontre.

— Qu'êtes-vous en train de raconter ? s'interposa Charles.

— La vérité, mon cher.

Non sans curiosité, Mathieu observait le couple et le jugeait peu assorti : lui, énergique et franc ; elle, impertinente, plus sinueuse. L'avait-elle épousé pour sa notoriété ou en était-elle tombée amoureuse ? La seconde hypothèse n'était pas improbable. Grand, élégant, courtois, Charles, sans être beau, avait un visage aux traits réguliers, un regard intelligent, et sa bonhomie rassurante devait séduire les jeunes femmes en quête de protection.

On les entoura et de nombreuses personnes furent présentées au nouveau venu dont il ne retint ni les noms ni la fonction. La fatigue l'enveloppait. Etait-ce la perspective de vivre dans un monde réduit à une peau de chagrin ? Des invitations furent lancées.

— Comprenez que vous constituez pour tous ces gens qui s'ennuient une attraction, lui dit Joséphine alors qu'ils rebroussaient chemin.

— Dites tout de suite que je suis une bête de cirque !

— En quelque sorte.

Dans le jardin, les flammes de nombreuses bougies dévoilaient les jacarandas, les hibiscus, les flamboyants et les canas. En le traversant pour la deuxième fois, Mathieu fut plus sensible à l'harmonie qui l'entourait. De belles et de nobles proportions, la demeure répondait à ses espérances. Il s'était, en revanche, trompé en imaginant qu'il y résiderait. Sans doute Charles Fournel refusait-il d'héberger l'un de ses employés.

Dans la véranda que soutenaient des colonnes d'inspiration dorique, le dobachi veillait sur le travail de deux serviteurs qui, habillés de blanc, préparaient des boissons.

— Asseyez-vous, proposa Joséphine.

Il aurait aimé en savoir davantage sur cette femme à l'originalité prononcée. Où avait-elle acquis ce savoir-faire que beaucoup de Parisiennes lui auraient envié ? Des fleurs blanches mêlées à des grappes de perles couronnaient ses cheveux lissés en bandeaux et le décolleté de sa robe révélait une carnation sans défaut. Ses gestes

Du côté de Pondichéry

avaient une fluidité étudiée ainsi que le timbre de sa voix, acidulé et caressant.

— Connaissez-vous la France ? lui demanda-t-il.

— Voudriez-vous avoir l'amabilité de ne pas remuer le couteau dans la plaie ? Mon époux me promet, chaque année, de m'emmener en Europe. Sans doute souffre-t-il d'amnésie.

Un couple se présenta, suivi d'un autre. Par une porte-fenêtre ouverte, Mathieu avait pu compter les couverts disposés sur la table de la salle à manger. Sept personnes allaient se réunir autour des maîtres de maison.

— Monsieur Delmotte est avocat, lui expliqua Charles Fournel, et Philippe Bizot, banquier.

Un ennui distingué pesait sur l'assistance. Tour à tour furent évoqués les tarifs douaniers en baisse, la personnalité du nouveau gouverneur, un éventuel voyage de madame Delmotte dans les Nilgiris. Puis on voulut tout savoir sur la Cour. Etait-il vrai que l'impératrice Eugénie offrait au Palais des Tuileries de mémorables bals masqués ? Allait-on construire un nouvel Opéra ? La Castiglione, cette horrible aventurière, avait-elle réellement séduit Napoléon III ? Mathieu tentait de répondre avec politesse à ces questions qui semblaient d'une importance cruciale pour ses interlocutrices. A plusieurs reprises, il perçut de la nervosité chez Joséphine. Ses propos lui déplaisaient-ils ou bien, comme lui, avait-elle faim ?

— Il ne manque plus que monsieur Tourvel, qui ne devrait plus tarder, déclara Charles à la cantonade.

Joséphine murmura quelques mots au dobachi qui s'éclipsa. Cinq minutes plus tard, Juliette, qu'il avait fait chercher, rejoignait les invités.

La joie l'envahit en découvrant Mathieu Trigance. Pourquoi ne l'avait-on appelée plus tôt ? Encore une manigance de sa belle-mère qui ne tolérait sa présence qu'au moment de passer à table.

— Je m'étonnais de ne pas vous voir, lui disait celui qui, tout au long de la journée, avait accompagné ses pensées.

— Vous vous connaissez ? s'étonna Joséphine avant que l'arrivée du dernier convive ne détournât son attention.

— Excusez mon retard, lui dit François Tourvel, mais un accident s'est produit dans les entrepôts. En basculant d'une plate-forme, un chargement a blessé mon contremaître.

Sans s'appesantir sur l'état de la victime, il se perdit dans des civilités, ce qui permit à Mathieu de voir que Juliette répondait avec peu de chaleur à son salut.

Le dîner fut servi. Selon une coutume bien établie, Juliette fut placée au bout de la table où brillaient des candélabres en argent et des cristaux. A l'autre extrémité, Mathieu écoutait les propos de la stupide madame Bizot tandis que Joséphine, face à son époux, paradait. Tout en la détestant, sa belle-fille reconnaissait qu'elle savait recevoir à la perfection. Les mets cuisinés par le chef français étaient succulents, le service diligent.

— Votre père m'a appris que vous aviez des dons pour la peinture, lui dit François Tourvel qui s'était assis à sa droite.

— Et vous croyez en son objectivité ?

— Bien sûr ! Je pensais même vous demander de dessiner mon jardin.

— Je ne travaille pas sur commande.

Comprendrait-il un jour que tout ce qu'il représentait lui déplaisait ? Avant de détourner la tête, elle l'observa. Il devait avoir une trentaine d'années mais son visage marqué par l'abus d'alcool le faisait passer pour plus âgé. Si, à Villenour, les rizières appartenant aux familles Fournel et Tourvel n'avaient été voisines, il n'y aurait guère eu de liens entre Charles et cet homme dont les ancêtres s'étaient enrichis en faisant, avant son abolition, la traite des esclaves. Lui-même continuait d'acheminer des indigènes à bord de ses bateaux vers l'île de la Réunion où il avait hérité des plantations de canne à sucre. Certes, les malheureux choisissaient librement d'embarquer. Dans l'espoir de connaître un meilleur sort, ils étaient prêts à tous les voyages. Que trouvaient-ils à l'arrivée ? Juliette craignait le pire.

« Ne t'occupe pas de ces histoires », lui avait ordonné son père un soir où elle lui confiait ses doutes.

Le souvenir de cette mise en garde allumait encore son regard. A quoi se résumerait son avenir sinon à tenir une maison pour un époux convenable et à faire des enfants en espérant que ceux-ci survivraient au climat et aux épidémies ? Juliette ne connaissait rien ou peu du monde extérieur. Un séjour à Calcutta, de courtes visites à Madras n'avaient pu contenter sa curiosité des êtres et des choses. Alors, elle voyageait dans sa chambre en lisant et en rêvant à des paysages lointains qu'elle retranscrivait dans des carnets de croquis. Régnant sur les continents et les océans que lui soufflait son imagination, elle avait acquis peu à peu un style personnel et coloré qui éclatait sur des toiles dont son père seul connaissait l'existence. L'espace d'un instant, elle se demanda si elle trouverait le courage d'en montrer certaines à Mathieu Trigance qui, depuis quelques heures, incarnait ce qu'elle appelait déjà l'amour. Elle cherchait à croiser son regard, quand elle découvrit que son intérêt se concentrait sur Joséphine. Mais, progrès notable, plutôt que de s'en désoler elle décida de fourbir ses armes. Pour se donner du courage, elle but un verre du vin de Bordeaux qui accompagnait le chaud-froid de volaille. Un second verre succéda au premier et, lorsqu'elle monta sur la terrasse où les Fournel aimaient terminer la soirée, elle était prête à tous les combats.

Dominant la cime des arbres, les toits à l'italienne des maisons créoles ouvraient sur le large qui offrait son opacité et son mystère. Les Pondichériens profitaient d'un semblant de fraîcheur et, dans l'obscurité, se créaient des rectangles de lumière au cœur desquels on devisait, jouait aux cartes et aux charades. Accoudé à la balustrade de pierre, Mathieu se demandait si les distractions nocturnes ne se résumaient qu'à ces soirées sans relief. L'intuition que François Tourvel pourrait le renseigner l'incita à lui demander de quelle manière il s'amusait.

— Il y a la partie avouable, celle que nous vivons en ce moment, lui répondit-il, et l'autre dont nous ne pouvons parler en ce lieu. Il faut aller dans la ville noire.

En baissant le ton, il évoqua les bayadères.

— Si vous le souhaitez, je vous y emmènerai.

— Qu'êtes-vous en train de comploter ? leur demanda Joséphine qu'ils n'avaient pas vue s'approcher.

En s'adressant à Mathieu, elle ajouta avec un rire entendu :

— Monsieur Tourvel n'est pas une bonne fréquentation. Méfiez-vous de ses propositions.

— Pour me mettre en garde, vous devez en connaître la teneur ?

— Je n'ai aucune difficulté à l'imaginer.

— Notre belle amie a des dons de pythie, ironisa François en même temps qu'il recevait sur la main un coup d'éventail.

Mathieu allait répliquer lorsque Charles l'appela.

— Pourquoi n'es-tu pas venue cet après-midi ? demanda dès qu'ils furent seuls François à Joséphine.

— J'ai dormi jusqu'à la fin de la journée.

Du côté de Pondichéry

— Tu n'éprouvais donc aucune impatience à me retrouver.
— S'il te plaît, cesse de me faire des reproches !
— Seulement si tu promets de me rejoindre demain.
— Nous verrons.

Un sourire sur les lèvres, Joséphine délaissa François Tourvel pour rejoindre ses invités qui, assis sur des fauteuils en osier, n'étaient pas pressés de retrouver leur chambre et un hypothétique sommeil. De loin, provenait une musique de la région aux sons répétitifs et envoûtants. Fermant les yeux, Juliette se laissait envelopper par la perfection de l'instant, le ciel étoilé, le bris des vagues, la senteur du jasmin et de la frangipane, celle des plates-bandes fraîchement arrosées et, à quelques pas, la voix de Mathieu, son rire.

Elle sursauta en entendant Joséphine lui murmurer :
— Il est grand temps d'aller te coucher.

L'ordre était sans appel mais Juliette n'avait pas l'intention de se laisser malmener. En se retournant, elle renversa avec une maladresse étudiée le contenu de son verre de jus de mangue sur le corsage de sa belle-mère qui, furieuse, se retint pour ne pas la gifler.
— Petite sotte, siffla-t-elle entre ses dents.

Ne pouvant passer pour une marâtre aux yeux de l'assistance, elle choisit de s'éclipser pour se changer, ce qui permit à Juliette de s'attarder.
— Bravo, la complimenta Mathieu qui n'avait rien perdu de la scène.
— Pourquoi me félicitez-vous ?
— Pour votre aplomb.
— Que voulez-vous dire ?
— Rien que vous ne puissiez comprendre.

Et sur un ton caressant, il ajouta :
— J'adore la rébellion.

3

Le travail avait commencé avec le lever du jour et, pour accéder aux bureaux qui le long du cours Chabrol jouxtaient les entrepôts, Mathieu dut se frayer un passage entre les buffles et les chariots emplis de diverses denrées. Vêtus de pagnes, les portefaix à la peau foncée allaient et venaient en portant sur leur tête des charges qui les transformaient en bêtes de somme. L'odeur des épices chatouilla les narines du jeune Français tandis qu'il longeait une remise où le poivre et la cardamome attendaient d'être expédiés.

— Vous trouverez monsieur Fournel à l'étage, répondit à sa question un employé qui, dans un registre, cochait d'une croix le mouvement des marchandises.

Après avoir grimpé les marches d'un escalier en bois, Mathieu pénétra dans une pièce emplie de caisses et de ballots. Assis sur le coin d'une longue table, Charles donnait à ses employés le programme de la matinée.

— Je vous présente monsieur Trigance, dit-il à la cantonade. Il veillera sur le déchargement du *Napoléon III*.

Contrairement au *Neptune* qui avait acheminé ses passagers depuis l'isthme de Suez, le *Napoléon III*, destiné au négoce, s'était depuis le port de Lorient dirigé vers le cap de Bonne-Espérance puis il avait longé l'Afrique équatoriale avant de mouiller devant Pondichéry.

Nanti de directives, Mathieu se familiarisa avec la tâche qui risquait pendant deux ans de demeurer la sienne. Comment supporterait-il cette chaleur suffocante alors que les aiguilles de sa montre de gousset n'indiquaient pas encore neuf heures ? Avec un regard méprisant, il jaugeait les hommes à demi nus qu'il cherchait à diriger dans une langue que ceux-ci comprenaient à peine. A sa mémoire revenait le système des castes qu'avait évoqué Louis Tempête durant leur traversée. Les Anglais comme les Portugais, les Hollandais ou les Français qui avaient ouvert des comptoirs aux Indes s'y étaient heurtés. Rien ni personne n'en viendrait à bout, avait affirmé son compagnon.

Jusqu'à l'heure du déjeuner, Mathieu batailla avec la poussière et le bruit. Sa colère enflait avec sa déception. Ses plus belles années devraient-elles se diluer au sein de ces terres reculées ? Que n'avait-il évité d'accomplir la plus grande bêtise de sa vie !

Tout avait commencé l'automne dernier. A Paris, au Café Anglais, on se préparait aux frimas à grands renforts de champagne et de punch. Dans un halo de fumée, le regard de Mathieu avait croisé celui d'une créature pulpeuse qui, en s'éventant, écoutait les plaisanteries de ses voisins. Au moment où elle s'éclipsa vers le vestiaire, il la suivit. Après quelques dérobades, l'inconnue accepta de le rencontrer le surlendemain. Jamais il n'oublierait ses seins qui ressemblaient à de jolies pommes et les paroles dont elle le fouettait tandis qu'ils faisaient l'amour. Sur son existence, elle demeura muette et il conclut qu'elle devait être entretenue par un vieillard fortuné. Leur aventure dura plusieurs semaines. Rosa le retrouvait chez lui en fin d'après-midi. Généreuse de son corps et de ses caresses, elle était parvenue à ce qu'il ne se lassât pas de leurs étreintes. Le réveil fut brutal quand, accompagné de deux témoins, un mari outragé pénétra dans la chambre. Le drap ramené sur sa nudité, Mathieu apprit alors que Rosa s'appelait Jeanne et qu'elle appartenait à la meilleure bourgeoisie. Aimant s'encanailler, elle fuyait le domicile conjugal pour s'aventurer dans les lieux de plaisir. Abasourdi, le jeune homme se vit acculé au duel. Il en sortit le bras égratigné mais le scandale fut retentissant. Convoqué par son père, Mathieu dut répondre de ses agissements et de ses dettes de jeu. Il eut beau promettre de s'assagir jusqu'à son embarquement à bord du *Neptune*, rien n'y fit. Pondichéry serait sa punition.

Alors qu'il quittait sa chambre pour se rendre au bal du gouverneur où l'avait fait inviter Charles Fournel, Mathieu entendit une porte grincer. En se retournant, il découvrit madame Lebreton qui, surprise, recula dans une pièce où il eut le temps d'apercevoir des statuettes disposées sur une console qui ressemblait à un autel. Une heure plus tôt, elle lui avait déclaré que, privée de son époux retenu pour affaires à Karikal, elle n'avait pas le courage d'assister à une réception officielle. Cette décision ne pouvait déplaire à Mathieu qui préférait accomplir ses premiers pas dans la société pondichérienne sans escorter un laideron.

Les attelages et les pousses se pressaient devant les grilles du palais dont les fenêtres illuminées brillaient à travers les palmiers qu'ornaient des lampions aux couleurs vives. En empruntant l'allée qui menait vers le perron où des huissiers attendaient les invités, Mathieu retrouva un semblant de vigueur. Alourdie de parfums, l'atmosphère était à la fête. On se pressait pour recevoir la poignée de main de Bontemps qui, depuis le mois de janvier, veillait sur l'enclave française.

— Monsieur Mathieu Trigance, annonça l'aboyeur.

— J'ai appris votre arrivée, lui dit le gouverneur. J'espère que notre ville saura vous séduire.

Du grand salon provenait la polka que jouait l'orchestre. Personne ne s'était encore aventuré sur la piste de danse qui offrait à la lumière des lustres son parquet ciré mais, à l'affût d'un soupirant, des jeunes filles chuchotaient en dévisageant les arrivants. Mathieu fit sensation, néanmoins il n'était pas l'unique objet de leur convoitise. Il s'en aperçut en découvrant Louis Tempête qui, à quelques pas, conversait avec un médecin major. Grand, mince, il avait fière allure dans son habit. Piqué par la jalousie, Mathieu le rejoignit.

— Alors, pas trop déçu ? lui demanda-t-il en aparté.

— Non. Pourquoi ?

— Cette chaleur, ces bestioles...

— Vous oubliez, mon cher, que je suis provençal.

En dépit de la traversée et de la promiscuité à bord, ils ne s'étaient pas liés d'amitié. Du même âge, ils auraient pourtant dû se rapprocher pour affronter une terre inconnue mais, aux parties de cartes, Louis avait préféré la lecture et de longues méditations sur le pont arrière du bateau. Contrairement à Mathieu, Pondichéry était son choix. Dès sa sortie de l'Ecole d'agronomie, il s'était tourné vers les colonies. Des travaux d'irrigation se poursuivant autour du Grand Etang, on l'avait engagé pour deux ans.

Autour d'eux, les invités conversaient. Officiers de marine, militaires, fonctionnaires veillant sur la bonne marche du comptoir, négociants, tous avaient répondu à l'invitation de leur nouveau gouverneur. Une épouse suspendue à leur bras, ils affichaient sans vergogne leur satisfaction de figurer parmi les élus. Mathieu distingua Charles Fournel qui venait dans leur direction.

— Bonsoir, monsieur, lui dit-il.

Après avoir hésité, il ajouta :

— Permettez-moi de vous présenter un compagnon de voyage : Louis Tempête.

— Il me semble vous avoir aperçu, hier, au débarcadère, déclara Charles en saluant le jeune homme.

Joséphine s'approcha à son tour. Une résille disciplinait ses cheveux qui effleuraient sa nuque où un fermoir ciselé retenait le collier que lui avait offert Charles pour leur premier anniversaire de mariage. La gorge soulignée de rubis assortis à l'incarnat de sa robe, elle semblait surgir d'un conte baroque. Une nouvelle fois, Mathieu se laissa surprendre par l'originalité de cette femme qui cultivait à la perfection l'art de plaire. Non sans contrariété, il découvrit que Louis bénéficiait de toute son attention.

— J'espère que vous accompagnerez notre ami Trigance lors de sa prochaine visite à la maison, lui disait-elle.

Puis, sans écouter la réponse, elle se tourna vers l'ingénieur civil Closets et lui demanda avec un sourire ironique des nouvelles du chemin de fer qui devait relier Pondichéry à Tripatur.

— Nous y travaillons.

— Depuis des années, ce discours m'est devenu familier, répliqua-t-elle, mais aucune locomotive ne s'est encore profilée à l'horizon.

— Soyez patiente.

— A force de l'être, nos voisins les Anglais auront installé leur réseau ferré à travers tout le pays.

Closets tentait avec difficulté de cacher son agacement. Charles s'en rendit compte et, dans un geste de prudence, entraîna Joséphine vers le buffet que balayait d'un faible souffle un panka. Avec la chaleur les gosiers se desséchaient et, pour étancher la soif, le vin de Champagne semblait le meilleur des remèdes. Les joues en feu, des matrones s'éventaient avec force mais l'effet de l'alcool ajouté à la température ambiante donnait l'impression qu'elles sortaient d'un bain de vapeur. Ecœuré par ces boucles humides, ces peaux luisantes, Mathieu chercha une diversion auprès des plus jeunes dont certaines écrivaient, sur un minuscule carnet recouvert de nacre, le nom de leurs prochains cavaliers. Aucune ne retint son intérêt. La petite Juliette Fournel appartenait-elle à une espèce en voie de disparition ? Brusquement il s'étonna de son absence puis songea qu'elle n'avait sans doute pas l'âge d'assister à semblable réunion.

Louis profita de la distraction de Mathieu pour s'écarter. Le parc l'attirait. Il s'y réfugia puis, à l'abri des feuillages, écouta le grondement de l'océan. Ainsi, il était à Pondichéry dont l'histoire contée par son oncle maternel avait nourri ses rêves d'adolescence.

Il songea aux aventuriers Bernier et Tavernier qui, au XVIIe siècle, étaient partis à la conquête de l'Inde dans l'espoir d'y trouver des trésors. Revenus en France, ceux-ci manquèrent de vocabulaire pour vanter les richesses des princes mogols, le trafic des perles à Goa et les fortunes établies sur le commerce des épices. Colbert, ministre du roi Louis XIV, se rendit alors compte que, contrairement au Portugal, à la Hollande ou à l'Angleterre, son pays ne s'était pas implanté au sein de ces territoires prometteurs. Grâce à son impulsion, une déclaration royale autorisa en août 1664 la création de la Compagnie des Indes orientales dont le capital fut estimé à quinze millions de livres. Cette société, première entreprise commerciale française, était la seule à pouvoir échanger des marchandises avec l'Inde. Une fleur de lys d'or sur fond d'argent constituait ses armoiries qu'accompagnait la devise : « Je fleurirai partout où je me porterai. » La première réunion

Du côté de Pondichéry

d'actionnaires se déroula le 20 mars 1665. Louis XIV la présida et Colbert fut élu directeur. Onze vaisseaux partirent sans tarder pour l'Asie dans le but de créer des comptoirs. Edifiés sur des terrains appartenant à la Compagnie, ceux-ci se composeraient de logements, d'entrepôts et de magasins indispensables au négoce. Des employés y résideraient afin de veiller sur les expéditions des marchandises. L'Inde n'opposa aucune objection à ces enclaves appelées à servir ses intérêts et le Grand Mogol donna l'autorisation aux Français de s'établir à Surate. Ils achetèrent ensuite deux autres « loges » sur la côte de Malabar : l'une à Tilcry en 1670, l'autre à Calicut, plus tard, en 1701. Il leur restait cependant à s'installer sur la côte de Coromandel où l'on trouvait des pierres précieuses, des textiles et de l'ivoire... ce qu'ils firent en ouvrant un comptoir à Mazulipatam puis à Golconde. Mais, en dépit de ces deux emplacements, ils ne possédaient toujours pas de forteresse. Inquiets de l'insécurité dans laquelle les mettait une telle situation, ils cherchèrent un lieu propice. Poudou Cheri, un village de pêcheurs situé à l'embouchure de la rivière d'Ariancoupam, leur fut proposé. On dépêcha le jeune Bellanger de Lespinay pour mener à bien les négociations auprès du gouverneur de Goundelour. Satisfaction obtenue, François Martin, un employé de la Compagnie expert en commerce et en commandement militaire, prit en main les rênes de ce nouvel établissement. Et, à partir de 1675, Pondichéry sortit de l'anonymat. Bientôt fut construit un abri où travaillèrent les employés d'une manufacture de peintures sur toiles. Grâce à celles-ci, le comptoir s'attira en 1682 les faveurs de la Compagnie. D'importantes fortifications furent élevées et des centaines d'habitations construites. En 1691, vingt mille âmes y furent recensées mais, hélas, elles durent subir deux ans plus tard un bombardement hollandais.

Du côté de Pondichéry

Néanmoins, par le traité de Ryswick, l'ennemi qui avait occupé la ville restitua celle-ci aux Français. Le roi Louis XIV créa un Conseil souverain. On battit la monnaie à Pondichéry dont François Martin devint le gouverneur.

Combien de fois Louis avait-il imaginé ces hommes capables de prendre tous les risques pour devenir les grands marchands de l'Etat. Exposés aux calamités naturelles, à l'ennemi et aux épidémies, privés de garanties sur l'avenir, ils étaient entrés dans la légende. A se les remémorer, ce soir, en ces lieux qui avaient connu tant de péripéties et de faits d'armes, il ressentait de l'émotion.

Sa réflexion fut, soudain, interrompue par une dispute.

— Laisse-moi, menaçait une voix.

Louis, intrigué, écarta la branche d'un bananier. A quelques pas, une jeune femme tentait de repousser un homme qui refusait de capituler.

— On pourrait nous voir, disait-elle sur un ton essoufflé.

— Je m'en moque !

Le couple bougea et, à la lumière d'une torche qui bordait l'allée, Louis reconnut Joséphine Fournel.

— Tu ne tiens aucune de tes promesses, lui reprochait son partenaire.

— Je ne te dois rien !

— Dans ce cas, quittons-nous.

— Excellente idée !

— Tu cesserais vite de fanfaronner si je te prenais au mot.

— Qu'en sais-tu ?

— Pour que je ne t'intéresse plus, il faudrait que tu m'aies remplacé.

Il avait dû resserrer son étreinte car Joséphine laissa échapper un cri de douleur.
— Arrête, supplia-t-elle.
Avec davantage d'aménité, son amant lui demanda :
— Je ne te plais plus ?
— Il ne s'agit pas de cela.
— Alors, explique-moi pourquoi tu m'as encore fait faux bond, aujourd'hui.
— Je risquais d'attirer les soupçons de Juliette. Elle m'épie tout le temps.
— Il faut trouver une solution.
— Laquelle ? Elle est en vacances pour deux mois.
— Justement, envoie-la au Grand Etang.
— Tu oublies que j'y retourne dans quelques jours.
— Change tes plans.

La conversation se transforma en murmures entrecoupés de baisers. Avec précaution, Louis sortit de sa cachette puis revint vers le palais où le bal avait commencé.

Avec un héroïque entrain, l'orchestre offrait aux danseurs une valse qui les transformait en fontaines. Les salons exhalaient une touffeur de serre et, sanglées dans leur corset, des jeunes filles semblaient au bord de l'évanouissement. Après des semaines passées en mer, Louis éprouvait de la difficulté à supporter la foule et le bruit, aussi choisit-il de s'éclipser.

Sur la place, les invités continuaient d'arriver. Contournant l'embouteillage que formaient les attelages, il emprunta une rue dont la tranquillité l'apaisa et prit la direction de la pension de famille où logeaient les ingénieurs qui travaillaient pour la ville et ses « aldées[1] ». En même temps qu'il marchait, il prenait conscience de sa solitude. En cas de nécessité, vers qui

---

1. Possessions françaises au milieu des territoires anglais.

pourrait-il se tourner ? Mesurant pour la première fois la distance qui le séparait de ses habitudes, il était en proie à la nostalgie. Que n'aurait-il donné, ce soir, pour qu'un tapis volant le ramenât vers la campagne aixoise où il avait grandi ! Paupières closes, il se remémorait la bastide familiale dont les couloirs fleuraient bon l'élixir de lavande. Avec Henri son frère aîné, ils y avaient partagé les jeux de la petite enfance puis les rébellions propres à l'adolescence. Le monde leur semblait alors à portée de main et, à l'ombre des tilleuls, ils rêvaient d'un futur où les conquêtes succéderaient aux découvertes. Sentant surgir la souffrance qu'il connaissait bien, Louis tenta de se ressaisir et regarda autour de lui mais l'éclairage parcimonieux ne lui livra qu'un groupe de chèvres étendues sur le trottoir. Il se força à songer aux jours prochains. Allait-on l'envoyer travailler autour de l'étang ou lui accorderait-on un sursis qu'il mettrait à profit pour connaître la ville noire où se trouvaient les Indes véritables, celles qui l'intriguaient et l'attireraient ?

4

— La ville noire, ne me dites pas qu'elle vous intéresse, se récria un contremaître chargé de suivre la construction de la jetée qui bientôt faciliterait l'embarquement et le débarquement des passagers et des marchandises.

— Est-ce un mal ? s'étonna Louis.

— Un mal ! Vous voulez dire une aberration ! Aurait-on oublié de vous mettre en garde contre la saleté et les maladies ?

Louis avait changé de sujet mais, en fin d'après-midi, il traversa le canal et, après une rapide visite à la cathédrale qui, sous Dupleix, avait été édifiée à la place d'un temple hindou, il prit le chemin du bazar.

A travers les rues qui, semblables à celles de la ville blanche, se coupaient à angle droit, la foule l'enveloppa. Se frayant un passage entre les vaches qui broutaient des détritus, les chariots tirés par des hommes au torse décharné, les mendiants exhibant leurs infirmités et les porteurs d'eau, il s'immergea dans un monde de contrastes. A l'odeur de l'urine et des excréments se mêlaient celles du jasmin et de l'encens. Ignorant les moqueries de gamins turbulents, il lança une pièce dans la sébile d'un lépreux. A droite, à gauche, des étals disparaissaient sous des pyramides de mangues, grenades, goyaves, bananes, pamplemousses et jaques, tandis que, plus loin, des marchandes accroupies proposaient cardamome, sésame et masala, poivre, curcuma, clous de girofle ou cannelle. Un attroupement s'était créé devant des coques de noix de coco coupées en deux où était proposé le jagre fait avec le jus de la canne à sucre, cuit puis solidifié. Assourdi par les intonations d'une langue hermétique, Louis découvrit les artères réservées aux forgerons, aux quincailliers et, plus loin, celle des tailleurs qui débouchait sur un océan de tissus. Rouges, violets, fuchsia, indigo, vert émeraude, les voiles et les cotons à demi déroulés attendaient d'être emportés alors que, le front orné du point rouge symbolisant le troisième œil, des femmes choisissaient à quelques pas des pagnes aux bordures variées.

Indifférent à la cohue, Louis contemplait le spectacle de la vie en donnant raison aux livres qui, au cours de sa traversée, lui avaient enseigné que les Indes pouvaient être tour à tour belles et repoussantes, raffinées et vulgaires, misérables et prolixes de trésors. En proie à de multiples sensations et craignant d'en oublier l'essentiel, il aurait aimé les retranscrire sur-le-champ. Saurait-il, tout à l'heure, décrire la grâce de cette jeune fille qui, avec des gestes rapides et précis, confectionnait des guirlandes de fleurs ? Trouverait-il les mots pour restituer les sourires éclatants et les regards malicieux des enfants, la légèreté d'une démarche, la beauté des chevelures nattées et brillantes d'onguents ? Se souviendrait-il de l'odeur de friture qui flottait autour des vadais[1] et des rasouls[2] que l'on retournait dans de grands récipients ? Avec le crépuscule, les flammes des lampes à huile ajoutaient une dimension théâtrale aux gestes du quotidien. Jarres ou paniers sur la tête, les

---

1. Beignets.
2. Beignets farcis.

uns et les autres regagnaient le logis où chaque famille vivait dans une promiscuité qui lui semblait des plus naturelles.

Le long de la chaussée, des huttes aux toits de palmes et des masures construites avec de la bouse séchée côtoyaient d'élégantes maisons tamoules qui offraient aux yeux des passants leur véranda appelée plus poétiquement « rue de la Conversation ». Louis fut une nouvelle fois étonné par ce voisinage hétéroclite mais, contrairement à ses compatriotes qui rejetaient voire méprisaient les indigènes, il était sensible aux nombreuses facettes que lui livraient des êtres dont l'existence était régie par leurs croyances. En passant devant une pagode[1], il les observa pendant qu'ils pénétraient dans l'édifice afin de déposer leurs offrandes à la divinité. La puja[2] avait lieu matin et soir et personne n'y aurait dérogé. N'osant jouer les voyageurs, il n'eut que le temps d'apercevoir l'intérieur du sanctuaire où brillait la lueur des mèches trempées dans l'huile. Le désir d'en savoir davantage sur ce culte qui revêtait des allures de paganisme mais dont le pouvoir n'avait jamais été remis en cause, pas même par les Jésuites, l'envahissait tandis qu'à pas lents il rebroussait chemin. Soufflant de la terre, le vent aiguisait sa soif et la poussière piquait ses yeux, pourtant il se sentait détendu. Etait-ce d'ignorer ce que lui réserveraient ces deux années sous les tropiques ? Ayant peu laissé derrière lui, il pouvait sans restriction s'abandonner à l'avenir. Rien ne serait jamais pire que ce qu'il avait connu, ce drame qui avait amputé sa jeunesse : la mort de son frère Henri dont il s'était longtemps jugé responsable.

Après avoir surveillé le déballage des caisses débar-

---

1. Temple.
2. Prière.

quées du *Neptune*, Juliette prenait le temps d'en examiner le contenu. Si les vêtements et les colifichets lui avaient arraché des exclamations de joie, elle découvrait avec davantage de pondération les volumes que lui envoyait un libraire parisien auquel elle passait des commandes. A l'insu de son père, elle venait de recevoir des romans de George Sand dont elle avait découvert, grâce à des extraits dans les revues, les héroïnes audacieuses et rebelles. Ainsi, il existait des femmes qui refusaient l'oisiveté et s'adonnaient à l'art ou à une vocation, des femmes qui, en choisissant leurs amants, défiaient l'hypocrisie d'une société figée dans de faux principes ! Sans hésiter, elle les cacha au fond d'un tiroir réservé aux éventails où ils se mêlèrent à son journal intime. Puis elle se consacra à l'ouverture d'un colis étroit et long dont la forme lui laissait soupçonner le contenu.

Sans cacher sa curiosité, Kâmeshvarî, la petite servante, la regarda extirper un objet dont l'utilité lui échappait.

— Enfin la voici, s'écria Juliette sur un ton exalté. Oui, la voici, ma lunette.

Avec des gestes respectueux, elle la contemplait sous tous ses aspects.

— Ce soir, je la monterai sur la terrasse, poursuivit-elle, et j'observerai les planètes et toutes ces étoiles que j'étudie depuis des mois.

Sur sa demande, son grand-oncle paternel, féru d'astronomie, l'avait initiée aux mystères de la voie lactée. Chez lui, dans sa demeure qui, au sud de la ville, surplombait la rivière d'Ariancoupam, elle se familiarisait avec les systèmes de Ptolémée et de Copernic, la mesure des orbites planétaires de Kepler et la mécanique de Galilée. Habité par sa passion, Auguste Fournel était intarissable. Il voyageait dans l'espace et, conjuguant les leçons du passé avec son rêve d'infini, répondait à l'attente de sa disciple. Combien d'heures n'avaient-ils partagées à contempler le ciel, lorsque la nuit dissipait tout repère terrestre ? De ces instants, Juliette gardait un ineffable souvenir de connivence et d'émotion. Face à la beauté et à l'harmonie que lui offrait l'univers, elle oubliait ses tracas quotidiens et se posait mille questions quant à la signification de sa propre existence. Simultanément, elle prenait conscience des limites dans lesquelles l'enfermait Pondichéry car, sans vouloir devenir à tout prix une « femme savante », elle ne pouvait accepter de diluer son enthousiasme et sa soif d'apprendre dans la nonchalance chère aux créoles. N'entrevoyant pas de solution immédiate à son dilemme, elle ne perdait pourtant pas espoir. Etait-ce l'impression de se sentir protégée par sa mère défunte ? Auguste Fournel était le seul auquel elle avait osé confier son secret.

« Dans les pires moments de doute, sa voix me murmure de me ressaisir. Peut-être me jugez-vous enfantine mais je m'accroche à cette idée. Elle m'insuffle le courage d'affronter Joséphine.

Plus bas, elle avait ajouté :

— Expliquez-moi, oncle Auguste, les raisons pour lesquelles mon père, en l'occurrence votre neveu, se montre aussi faible à son égard.

— L'amour réclame des concessions.

— Pourquoi lui chercher ce genre d'excuse ?

— Quelle réponse attends-tu de moi ? se récria le vieil homme. Joséphine semble lui convenir et...

— Lui convenir ! Elle ne possède aucune des qualités de maman !

— Certes... mais, à l'inverse d'un premier mariage arrangé par les familles, Charles a choisi en toute liberté sa seconde épouse.

— Vous voulez dire que mon père et ma mère ne s'aimaient pas !

— Ils avaient de l'estime et une grande tendresse l'un pour l'autre.

— C'est tout !

— Mais, ma petite fille, c'est déjà beaucoup », avait souri Auguste.

Cherchant un remède à son désarroi, Juliette était entrée, le lendemain, dans la chambre de sa mère où, depuis sa disparition, aucun meuble ni objet n'avait été touché. Au-dessus du lit dont la forme rappelait celle d'une coquille, une jeune femme souriait timidement à la postérité. La douceur du visage encadré de cheveux châtain clair, la fragilité des traits réguliers, l'expression des yeux mordorés révélaient une âme sensible voire mélancolique. Pour la première fois, Juliette songea que Clémence Fournel n'avait peut-être pas été la femme conquérante et épanouie dont elle chérissait la mémoire... Elle venait d'avoir huit ans lorsque son père lui avait appris d'une voix blanche qu'elle ne reverrait plus celle qui d'une parole ou d'une caresse apaisait ses peurs ou ses maux de fillette. Jamais elle n'oublierait cette douleur qui avait serré sa poitrine à la faire éclater, ce sentiment d'injustice et d'abandon, jamais elle n'oublierait ce jour où l'enfance l'avait désertée.

Cet après-midi, la lunette d'astronomie entre les mains, elle avait une nouvelle fois conscience de son isolement affectif. Etait-il normal d'avoir Kâmeshvarî pour seule interlocutrice quand Charles s'absentait ? Non sans agacement, elle observa la servante qui, fascinée par les envois de la métropole, n'en finissait pas de lisser les plis des robes ou de caresser les cols en dentelle. Après avoir assemblé, par paires, les jolis souliers disséminés à travers la pièce, l'adolescente tourna le dos pour déboucher une bouteille d'eau de toilette puis en humer le contenu. Prête à la rabrouer, Juliette se contint. Kâmeshvarî ne connaissait d'autre joie que celle de vivre par procuration les plaisirs de sa protectrice car, veuve à dix ans, elle devait à l'opiniâtreté de Juliette d'être entrée à son service et ainsi de bénéficier d'un toit et de nourriture.

Kâmeshvarî était née dans une famille de parias. Elle avait été mariée à neuf ans à un autre paria dont les parents, comme les siens, travaillaient au Grand Etang chez les Fournel. Piqué par un serpent, le garçonnet était mort avant que Kâmeshvarî eût atteint la puberté, aussi n'avaient-ils été unis que par une cérémonie qui, hélas, condamnait la survivante à la misère ; selon les coutumes indiennes, elle ne pouvait plus compter sur les siens pour subsister, encore moins songer à se remarier.

Dans ce pays, une fille était mal accueillie dès sa naissance. Il fallait la nourrir puis lui constituer une dot sans laquelle elle ne pourrait trouver un époux. Le jour de ses noces, elle soulageait enfin le foyer parental en partant s'installer dans la belle-famille dont elle devenait la domestique. Son veuvage l'empêchant de donner l'héritier tant attendu, Kâmeshvarî était non seulement devenue un sujet d'opprobre mais aussi une bouche inutile. Sa belle-mère l'avait renvoyée et, jusqu'à ses derniers jours, elle serait réduite pour subsister à accomplir les pires travaux ou à mendier.

Juliette, qui, depuis quelques années, l'avait vue nettoyer au côté de son frère jardinier le parc qui bordait l'étang d'Oussoudou, tempêta pour que son père la prît sous leur toit. Son pire obstacle fut Joséphine dont l'acharnement à la contrer n'avait pas de limites. Après un affrontement qui aiguisa leur inimitié, Juliette finit par emporter l'assentiment de Charles, et Kâmeshvarî, vêtue de son unique pagne, prit le chemin de Pondichéry.

Alors que le crépuscule envahissait la pièce, Juliette la regarda sortir des caisses les toiles vierges et les tubes de couleurs dont elle aurait besoin les prochains mois. Ouvrant elle-même une boîte de pastels, elle en vérifia la qualité car, en dépit de la touffeur qui épuisait tout un chacun, un sursaut d'énergie l'envahissait. Le désir de peindre se faisait exigeant. Il ressemblait à une soif que de successives moussons ne réussiraient pas à étancher. Aucune émotion ne rivalisait avec ces instants de haute lutte où, guettant les caprices de la lumière sur le paysage choisi, elle tentait d'en capter l'essence. Indifférente au temps qui s'écoulait, elle pénétrait alors au cœur d'une alchimie où l'univers, en caressant son âme, lui offrait une inégalable sensation d'exister.

Il faisait nuit lorsqu'elle monta sur la terrasse dont le sol exhalait encore une forte chaleur. Selon un immuable calendrier, le ciel s'ouvrirait bientôt sur des orages mais, en attendant, la ville se figeait. A l'arrière de la maison, les dépendances des domestiques ne résonnaient plus des bruits habituels. Semblables aux créoles, les indigènes dépérissaient. Juliette, qui, ce soir, avait banni le corset, profita de sa solitude pour s'étirer longuement. Il était trop tôt pour utiliser sa lunette d'astronomie, posée sur une table. Elle en goûtait la présence quand, provenant du balcon inférieur, la voix de son père la fit sursauter.

Penché au-dessus de la balustrade, Charles interpellait le dobachi qui, sur les marches de la véranda, attendait des ordres.

— Dis au cocher de dételer. Nous ne sortirons pas.

Déçue, Juliette voyait s'envoler sa liberté. Rien ne lui plaisait davantage que la demeure vidée de ses maîtres et des serviteurs retirés dans leurs quartiers. Elle déambulait à loisir dans les grandes pièces séparées les unes des autres par de hautes portes dont les vantaux étaient cannés comme le dessus de certains sièges, une façon de laisser circuler l'air ; elle flânait dans la bibliothèque à la recherche de volumes interdits, feuilletait les journaux en provenance de la métropole, prisait du tabac ou fumait une cigarette qui immanquablement la faisait tousser et rêvait d'une vie aventureuse.

— Vous semblez si lasse. Souhaitez-vous souper dans votre chambre ? proposait Charles en s'adressant maintenant à Joséphine qui était restée à l'intérieur.

— Je ne sais pas.

— Mais qu'avez-vous, ma chérie ? Je ne vous ai jamais vu cette mine morose.

— Ce sont les nerfs. Cette chaleur, Charles... et puis votre fille ! Elle est si difficile.

— Juliette ! Vous a-t-elle manqué de respect ?

— Non, pas exactement, mais je sens son animosité.

— Souhaitez-vous que je lui parle ?

— Surtout pas, se récria Joséphine qui, après un silence, ajouta : Peut-être devriez-vous l'envoyer au Grand Etang.

— Avec vous ?

— Non.

— Je croyais pourtant que...

— J'ai changé d'avis, l'interrompit la jeune femme en le rejoignant. Je préfère rester ici en votre compagnie.

— Tiens donc ! Me trouveriez-vous quelque agrément ?

— Cessez de vous moquer, minauda-t-elle d'une voix enjôleuse. Vous savez bien que je m'ennuie loin de vous.

— Oui, je le sais, mon petit cœur, répondit Charles qui s'était approché de Joséphine pour déposer un baiser sur sa nuque et caresser ses épaules.

Confrontée à ce geste d'intimité et de tendresse, Juliette ne parvenait pas à retenir des larmes de rage. Immobile au-dessus du couple et impuissante, elle assistait au triomphe de son ennemie qui, dans une ultime flèche, décocha :

— La campagne sera meilleure que l'oisiveté qu'elle semble privilégier depuis le début des vacances.

Face à tant d'injustice, Juliette se retint de crier.

— Elle y sera seule, cela m'ennuie, rétorqua avec mollesse Charles.

— Vous pourriez demander à votre oncle Auguste de l'y accompagner.

— Ce n'est pas une mauvaise idée. Je vais y réfléchir mais, en attendant, souriez-moi comme vous savez si bien le faire...

Juliette recula à pas feutrés jusqu'à l'escalier. Dans sa retraite, elle oublia la lunette qui, momentanément, avait perdu tous ses attraits.

5

Après une nuit agitée où, dans un demi-sommeil entrecoupé de cauchemars, Juliette chercha un moyen de quitter un foyer hostile, elle décida de retrouver un semblant de calme en transportant son chevalet au sud du cours Chabrol afin de peindre le ciel qui, en ce début de matinée, revêtait un aspect menaçant.
Refusant la présence de Kâmeshvarî, elle gagna en pousse le rivage. De gros rouleaux agitaient l'océan et, dans un bruit sourd, se fracassaient à ses pieds tandis qu'elle observait les tonalités de gris qui, du plomb à l'argent, se déclinaient depuis les nuages jusqu'aux flots. Dans cette atmosphère oppressante qui précédait la première mousson, elle trouvait un écho à son tourment. N'était-elle pas, elle aussi, prête à tous les débordements ? Un crayon entre les doigts, elle scruta l'horizon où se détachaient clippers et dhonys[1] autour desquels allaient et venaient les chelingues et les catamarans des pêcheurs. A sa gauche, les silhouettes minuscules des ouvriers s'activaient sur la jetée dont la construction était bien entamée et qui, devant le débarcadère, surplombait les vagues. A grands traits, elle traça les contours de son sujet puis s'abandonna à l'am-

---

1. Bateaux du pays.

biance. Rasant la surface de l'eau, la lumière n'osait donner sa pleine mesure et, pourtant, elle aveuglait. Comment rendre cette impression de dureté et de tristesse ? Juliette prépara sa palette puis elle travailla avec rapidité. Prise au jeu, elle ne perçut pas la présence du promeneur qui, intrigué, s'était approché.

— Ce n'était pas facile et vous vous en êtes bien sortie, lui dit-il après avoir contemplé le tableau.

Prise de court, elle se retourna pour se trouver face à l'homme croisé quelques jours plus tôt au débarcadère.

— Louis Tempête, se présenta-t-il.

A son salut, Juliette répondit par une brève inclinaison de tête puis poursuivit sa tâche, mais la concentration l'avait désertée.

— Excusez-moi... je ne supporte aucune présence lorsque je travaille, murmura-t-elle avec agacement.

D'une voix adoucie, elle ajouta :

— Cela m'intimide.

En même temps qu'elle prononçait ces paroles, Juliette se sentit ridicule. Contre qui, contre quoi se protégeait-elle ? Pour la seconde fois, en l'espace de quelques jours, son regard croisa celui de son interlocuteur et, dans les yeux gris qui se plissaient sous l'effet de la réverbération, elle retrouva la lueur de désenchantement qui l'avait surprise au débarcadère.

— Avez-vous de la famille à Pondichéry ? demanda-t-elle alors qu'il s'apprêtait à prendre congé.

— Pas la moindre relation.

— Mon Dieu, souffla-t-elle.

Sa réaction le fit rire et, bientôt, elle l'imita.

— Je m'appelle Juliette Fournel, dit-elle en lui tendant sa main tachée de couleurs, et j'en ai fini pour aujourd'hui, poursuivit-elle en rangeant son pinceau.

— Alors, je peux vous tenir compagnie !

Tandis qu'elle s'affairait, elle l'observa. Une redingote marron glacé soulignait sa silhouette sportive et mettait en valeur son teint hâlé. Brièvement, elle le comparà à Mathieu Trigance. S'il n'en avait pas l'allure de dandy, il n'en était pas moins séduisant. Encadré de cheveux châtains et bouclés, son visage aux traits fiers et harmonieux devait plaire au sexe féminin. Sous le nez droit et la bouche bien dessinée, une fossette creusait un menton énergique. Tout en le détaillant, Juliette admettait que le hasard avait bien fait les choses et que Louis Tempête méritait son nom ; rien dans sa personnalité ne trahissait les demi-mesures ou les compromis.

— Je m'étais trompée en imaginant que le jeune garçon, dont vous vous préoccupiez lors de votre arrivée, était votre frère.

— Emile ! Je l'ai connu sur le bateau. Son père est mort peu après sa naissance et sa mère, très malade, n'a plus la force ni les moyens de l'élever en France. Elle l'a confié à sa sœur qui vit ici, mariée à un militaire. Non seulement le malheureux se sentait abandonné mais il était effrayé par ce qu'il découvrirait à Pondichéry. J'ai promis de lui rendre bientôt visite.

— Et monsieur Trigance, vous le connaissez bien ? demanda Juliette en se sentant rougir.

— Peu.

Etonnée par la sécheresse de la réponse, elle se préparait à d'autres questions quand des éclairs strièrent le ciel.

— Enfin ! s'écria-t-elle alors que la pluie commençait de tomber à grosses gouttes.

— Il faudrait protéger votre tableau, remarqua Louis en cherchant autour d'eux un semblant d'abri.

— Mais non, oublions-le. Je n'en suis pas contente.

— Et vous ? Vous allez être trempée !

— Le pousse qui m'a amenée aura peut-être l'idée de venir me chercher avant l'heure que je lui avais indiquée.

Contrairement à la jeune fille qui, sa capeline

détrempée à la main, oubliait la torture de la canicule, Louis scrutait le cours Chabrol, hélas peu construit à cet endroit.

— Venez, ordonna-t-il tandis qu'il s'emparait du chevalet et de la boîte de peinture.

Pataugeant sur la chaussée où se formaient déjà de grandes flaques, ils avancèrent en aveugles puis Juliette, oublieuse de tout principe, releva sa robe qui n'avait plus de forme et courut derrière Louis Tempête vers un entrepôt désaffecté.

— Eh bien, nous voilà beaux ! s'exclama-t-elle.
— De vrais naufragés, renchérit Louis.

Depuis combien de temps n'avait-il connu ce rire libérateur de toute tension ? En tordant pour l'essorer sa chevelure qui tombait lamentablement sur ses épaules, Juliette s'abandonnait elle aussi à la gaieté.

— Je ne peux même pas vous protéger avec ma redingote, remarqua Louis sur un ton piteux.
— Oh, je ne risque pas d'attraper froid.

Semblable à celle d'un hammam, une moiteur les enveloppait, ni agréable ni désagréable, nouvelle pour Louis.

— J'aime le crépitement de la pluie, avoua Juliette redevenue sérieuse. Il me berce, m'envoûte, m'apaise.
— Moi, j'aime le bruit de l'eau sous toutes ses formes, répliqua Louis.

Pendant qu'il parlait, il se souvenait des places au cœur des villages provençaux où d'une fontaine coulait le précieux liquide dont les femmes emplissaient leurs cruches. Sources, torrents, rivières, ressac, giboulées ou orages, chacun et chacune l'avait, pour différentes raisons, séduit voire enchanté.

— Vous ne pouvez rester ici, dit-il alors que s'intensifiait l'orage. Je cours chercher un pousse et vous l'envoie.

Du côté de Pondichéry

— Mais non ! La maison n'est pas loin. Il suffit de nous organiser.

Ajoutant le geste à la parole, Juliette ôta ses souliers dont les talons entravaient sa course puis lança un « Je suis prête » qui ne supportait pas la contradiction.

Cinq minutes plus tard, essoufflée, elle poussait le porche du jardin.

— Entrez, insista-t-elle.

— Merci, mais je préfère courir jusqu'à chez moi et enfiler au plus vite des vêtements secs.

La pluie tomba toute la journée et l'air saturé de vapeur devint vite aussi insupportable que la canicule. En fin d'après-midi, Charles rentra contrarié de son bureau. L'avarie d'un bateau retardait le départ d'un chargement de salpêtre qui, venant du Bengale, devait gagner la France.

— Personne ne peut me dire combien de jours durera cette réparation, lança-t-il à Juliette en jetant dans un cendrier la cigarette qui se consumait entre ses doigts.

Elle allait répliquer lorsque Joséphine les rejoignit.

— Charles, je suis désolée de vous causer un souci supplémentaire, mais Juliette ne se comporte pas comme une jeune fille de son rang. Elle est sortie seule ce matin et...

— Je vous ai répondu maintes fois que jamais je n'accepterai un chaperon.

— Enfin, tu sais bien qu'à Pondichéry les gens ne demandent qu'à jaser !

— Et alors ! Je n'ai rien fait de mal !

— On m'a dit qu'un homme t'avait accompagnée jusqu'à la maison.

— De quoi s'agit-il ? s'interposa Charles sur un ton sévère.

En quelques mots, Juliette narra sa rencontre avec Louis Tempête.

— Vous voyez que la situation ne prête pas à mal, conclut-elle en jetant un regard de défi à sa belle-mère.

— Ce n'est pas à toi d'en juger, la tança Charles, et cette discussion tombe à point car tes agissements laissent depuis quelque temps à désirer.

— Qu'avez-vous à me reprocher ?

— Ton indifférence aux conventions... Ta rébellion...

— Si tu ne t'assagis pas, tu ne trouveras jamais un mari convenable, s'interposa Joséphine.

— Tant mieux !

— Cesse d'être stupide ! s'écria Charles.

— Est-ce stupide de refuser une existence médiocre auprès d'un homme qui m'aura épousée pour ma dot ? Est-ce stupide de ne pas vouloir régner sur une ribambelle de domestiques plus sournois les uns que les autres ?

La colère faisait bafouiller Juliette qui, sans réfléchir aux représailles, se libérait du poids de ses inquiétudes.

— La campagne t'aidera à retrouver des idées saines. Tu partiras pour le Grand Etang à la fin de la semaine, lui annonça son père.

Le Grand Etang ! Qu'y ferait-elle alors que Mathieu Trigance serait à Pondichéry ! Même si elle ne l'avait plus rencontré, l'intérêt qu'elle lui portait n'avait pas faibli. La maison de villégiature dont elle avait toujours apprécié le charme prenait soudain des allures de punition. Comment échapper au courroux de son père et à la perfidie de Joséphine ? Simuler une maladie ne s'avérerait pas une bonne solution car elle serait obligée de garder la chambre. Désespérément, elle cherchait une idée mais savait que seul un miracle la sauverait de cet éloignement forcé.

De gros orages se succédèrent et Louis, qui devait lui aussi se rendre au Grand Etang pour y concevoir de nouveaux canaux d'irrigation, maudissait les caprices d'un climat qui l'empêchait d'accomplir son travail. Pour combler son inactivité, il commença de lire des manuels sur l'histoire générale des Indes et celle de Pondichéry. Dans le silence de sa chambre, il oubliait le présent pour réfléchir à la destinée de François Martin, remarquable administrateur, qui en 1692 avait reçu du roi Louis XIV une lettre d'anoblissement en raison « de sa sagesse, de sa fermeté, et des services si distingués rendus en Inde ». En 1702, il entama la construction d'un fort à la Vauban puis se pencha sur le développement de l'agglomération. Au sud, où Louis résidait maintenant, autour de l'église des Capucins, vouée à Notre-Dame-des-Anges et inaugurée en 1707, avaient été édifiées de nombreuses et belles maisons. Semblables à celles d'aujourd'hui, elles étaient faites de briques enduites de coquilles d'huîtres pilées et brûlées. Chacune possédait sa terrasse soutenue par des poutres en bois de teck. A l'ouest, s'étaient installés les Jésuites, qui eurent une influence prépondérante sur la vie religieuse et intellectuelle du comptoir. Les artisans choisirent, quant à eux, de résider au nord-ouest. Le commerce s'intensifia et la Compagnie des Indes orientales envoyait vers la France les fameuses cotonnades blanches et bleues, baptisées « guinées » ou « palempouris », d'autres textiles teints et les soies ou les mousselines qui faisaient la fierté du Bengale. Les épices occupaient le quart des envois, auquel s'ajoutaient du thé, du café, de l'encens et du bois rouge. En imagination, Louis voyait les vaisseaux qui, prêts à essuyer ouragans, tempêtes et naufrages, prenaient la mer pour apporter en Occident des trésors parés de légendes.

Parallèlement à l'aventure française, il s'intéressait à la culture et aux rites des indigènes. Il décida même d'apprendre la langue tamoule.

— Vous n'y parviendrez jamais, lui répondit le fonctionnaire auprès duquel il se renseigna pour trouver un professeur.

— J'ai tout de même envie d'essayer.

— Libre à vous, mais pourquoi vous donner tant de mal alors que vous rentrerez en France dans deux ans ?

Louis passait pour un original mais peu lui importait. Intéressé par l'être humain, il aimait en connaître les multiples facettes, et les premières leçons dispensées par un Indien qui venait deux fois par semaine lui enseigner les rudiments d'un langage complexe lui ouvrirent les portes d'un monde à la fois codifié et déroutant.

Vêtu d'un pagne qui révélait un corps chétif, Krishna avançait avec difficulté jusqu'au tapis où il s'asseyait en tailleur tandis que son élève prenait place face à lui. Après avoir peiné sur la répétition des mots qu'il ne parvenait pas à prononcer correctement, Louis appréciait la fin des exercices quand il se faisait expliquer les castes, fondement de l'hindouisme. Chacune d'entre elles représentait un groupe fermé et attentif à se protéger du monde extérieur qui pouvait être une source de souillure. Appartenant tout au long de son existence à la caste dans laquelle il était né, l'hindou se trouvait non seulement dans l'incapacité d'en sortir mais il devait en respecter la loi et en perpétuer la tradition.

Contrairement au reste du pays, il n'existait pas à Pondichéry de castes entre les brahmanes, dont la suprématie était incontestée, et les sudra. Pour compliquer les choses, les brahmanes se divisaient en plusieurs castes : les mantel formaient le principal noyau tamoul et se livraient à l'étude de la tradition. Les adisaïval vénéraient le dieu Shiva tandis que les vaishnava se consacraient au dieu Vishnou. Les uns et les autres portaient le cordon des « deux fois nés », lisaient les Veda et certains célébraient au temple la prière, psalmodiaient les mantras[1], accomplissaient les rites sacrés, établissaient les horoscopes, célébraient les mariages ou les funérailles et purifiaient les habitations souillées. Une autre catégorie de brahmanes se tournait vers l'enseignement, l'écriture et la médecine en appliquant les prescriptions de l'Ayurveda. Ecrire avec la plume qu'utilisaient les Européens était pour eux une redoutable épreuve car cet objet était impur et, pour se purifier, ils s'adonnaient à de multiples ablutions.

En l'absence des kahatriya, représentant la caste des guerriers, et des vaishya, correspondant à celle des commerçants, les sudra venaient directement sous les brahmanes. Ils étaient divisés en nombreuses sous-castes dont les vellaya constituaient l'aristocratie. Parmi celles-ci, se présentait celle des chetty qui régnait sur la banque et le commerce. Les retty veillaient sur le monde rural tandis que les canaker produisaient des comptables. A des rangs inférieurs, on trouvait des marchands d'huile parmi les vanouva, des cultivateurs chez les pally, des tisserands chez les kœkkilava.

Pour ne pas se fourvoyer dans cette société cloisonnée, Louis en notait les subtilités dans un gros calepin et prenait, au fur et à mesure, conscience qu'au sein de ce pays chaque individu était l'« intouchable » de l'autre. Cette impossibilité de transgresser l'ordre établi choquait le jeune Français ainsi que la notion de karma qui empêchait la personne de s'élever contre son sort. Obligés de payer des fautes commises dans des vies antérieures, les hors-castes, qui se composaient de pêcheurs, bateleurs, barbiers, blanchisseurs et cordonniers, accomplissaient des tâches subalternes et s'attiraient le mépris des castes supérieures. Pire pour les parias qui inspiraient l'horreur en travaillant comme domestiques chez les Européens (eux-mêmes « hors

---

1. Formules sacrées.

castes »), en mangeant de la viande de bœuf, en buvant du calou et en adorant des divinités inférieures.

Compliquant encore la situation, il existait à Pondichéry le dualisme « Main Droite — Main Gauche » dont les origines restaient obscures. Certains les attribuaient au roi Karikâla Chola (65-115) qui aurait divisé son peuple en deux grands blocs, chacun contenant quatre-vingt-dix-huit castes : le premier formé par les agriculteurs et leurs serviteurs, le second par des artisans et des commerçants. Ils auraient été créés afin d'assurer la paix mais très vite la discorde s'était infiltrée entre les deux clans et cette situation perdurait. Les basses castes attachaient une grande importance à leur distinction et défendaient les privilèges de leur Main.

Peu à peu, Louis se familiarisa avec les usages et, lorsqu'il pénétrait dans la ville noire qui continuait de l'attirer, il était moins confronté à des énigmes. Plusieurs fois, il tenta d'analyser ce qu'il éprouvait. Etait-ce de la fascination pour ce peuple qui, en dépit de famines et de cyclones, s'était toujours redressé ? Etait-ce de l'admiration pour l'instinct de survie qui animait hommes, femmes et enfants, pour une singularité que rien ni personne n'était jamais parvenu à entamer ? Etait-ce de l'agacement face à des superstitions puériles ? Il était encore trop tôt pour qu'il se prononçât mais, déjà, il savait que son incursion en terre indienne, lentement, insidieusement, changerait le cours de ses pensées et peut-être de sa destinée.

6

Fidèle à sa promesse, Louis rendit visite au jeune Emile qu'il trouva mélancolique et peu bavard.

— Peut-être parviendrez-vous à l'égayer, lui confia en aparté la tante du garçon avant de les laisser seuls.

Assis devant une fenêtre sur laquelle glissait la pluie, Emile fixait la pointe de ses bottines.

— Qu'as-tu fait depuis ton arrivée ? lui demanda Louis.

— Pas grand-chose.

Après un silence, l'adolescent ajouta :

— Je déteste cette ville.

— La connais-tu suffisamment pour te forger une opinion ?

— Il n'y a rien à découvrir.

— Je n'en suis pas certain.

— Vous ne me ferez pas changer d'avis.

— C'est dommage.

— Comment pourrais-je me plaire chez des gens qui sont des étrangers ?

— Il s'agit de ton oncle et de ta tante.

— Cela ne change rien.

— Ils ont certainement des qualités.

— Celle d'être charitables et de me recueillir ?

Emu par la détresse d'Emile, Louis s'approcha.

Du côté de Pondichéry

— Ce qui, au début, obéit à un élan de compassion peut se transformer en véritable affection.
— Je n'aimerai personne d'autre que ma mère.
— Crois-tu que ce discours lui plairait ?
— Comment pourrais-je le croire alors que je ne sais même pas si elle est encore vivante !

Prononcer ces mots aida Emile à évoquer la crainte qui l'étouffait.

— Les nouvelles sont si longues à nous parvenir et elle était si faible quand je suis parti.

Lorsqu'il s'était éloigné de Lyon, sa ville natale, sa mère, atteinte de phtisie, était condamnée. En la quittant, il avait eu la sensation de l'enterrer. Plus jamais il ne reverrait le visage aux pommettes rougies par le bacille et le regard fatigué qui l'enveloppait. Elle avait voulu lui parler, sans doute pour lui adresser d'ultimes recommandations, mais, contenant ses sanglots, il avait serré sa main entre les siennes pour la supplier de se taire. Le silence les avait alors unis et Emile, en quelques minutes, avait tourné le dos aux derniers vestiges de l'enfance. Arrivé à Marseille, son appréhension devint insupportable et il fut tenté de fausser compagnie au cousin chargé de veiller à son embarquement. Toutes les errances lui semblaient meilleures qu'un exil sans retour. Hélas, son accompagnateur se montra un remarquable vigile et Emile fut remis aux bons soins de l'équipage qui avait d'autres préoccupations que celle de consoler un jeune passager. Louis Tempête fut le seul à lui porter de l'intérêt et à le protéger contre les sarcasmes d'un certain monsieur Trigance qui l'avait choisi comme tête de Turc.

— Excusez-moi de ne pas me montrer plus aimable, murmura-t-il en revenant au présent.
— Là n'est pas la question, renchérit Louis avant d'ajouter : Je comprends ce que tu ressens mais...
— Personne ne peut comprendre !

— Lorsqu'on est malheureux, on a la certitude d'être le seul à souffrir.

Surpris par l'intensité contenue dans ces mots, Emile observa son interlocuteur.

— Avez-vous perdu votre mère ?

— Non. Je songeais à mon frère aîné.

— Vous ne m'en avez jamais parlé !

— Certaines confidences réclament du temps. Il est tombé de cheval alors qu'il sautait une haie. Néanmoins, dit Louis en se reprenant, nous ne nous aidons pas en nous penchant sur nos mutuelles souffrances. La vie est là, Emile, et il faut en faire quelque chose.

Indifférent au mutisme du garçon, Louis s'entendit ajouter :

— Essaie de t'intéresser à ton entourage et à ce pays qui n'est pas forcément doté de tous les maux. Il est vrai que tu es mal tombé en arrivant pendant les vacances mais, dès que le collège reprendra son activité, tu te feras des amis.

— A quoi cela me servira-t-il ? répliqua Emile. J'en avais à Lyon et je ne les reverrai sans doute jamais.

Accompagnée d'un domestique qui apportait de la citronnade et des biscuits, Jeanne Lamy les rejoignit.

— J'aurais aimé montrer à Emile les environs mais les intempéries ne nous donnent pas envie de sortir.

Son hôtesse habitant depuis plus de dix ans Pondichéry, Louis la questionna sur son existence et fut étonné par la neutralité des réponses. Etait-il possible que la vie aux colonies ôtât à tout un chacun son avis personnel ou était-il malséant de le formuler ? La plupart des Français ou des créoles implantés sur la côte avaient évoqué leur lassitude du climat, leur difficulté à côtoyer des Indiens dont ils redoutaient l'ignorance et le fanatisme religieux, l'aptitude à mentir et à voler des domestiques. Hormis Juliette, il n'avait encore croisé personne qui semblât obéir à un quelconque dessein. Brièvement, il se remémora son comportement moderne et sa surprenante spontanéité. Quelle force et quelle volonté avaient dû lui être nécessaires pour ne pas s'abandonner à la langueur des tropiques ! Sans pouvoir se l'expliquer, il avait l'impression qu'elle ne resterait pas à Pondichéry. Sa place était ailleurs, dans un monde de création, d'idées et de mouvement. Dans un lointain écho, il entendait Jeanne Lamy qui évoquait la fête de charité qu'organiseraient, la semaine prochaine, les sœurs de Saint-Joseph-de-Cluny. L'ennui le gagnait. Il regarda Emile qui avait renoué avec le silence et songea aux encouragements qu'il lui avait prodigués au début de leur conversation. Pour avoir lui-même connu une adolescence qui l'avait à jamais meurtri, il se promettait de l'aider à ne pas s'engluer dans l'anxiété et le sentiment d'abandon.

Les sœurs de Saint-Joseph-de-Cluny avaient ouvert les portes de leur couvent aux âmes charitables et la majorité des habitants de la ville blanche répondirent présents à la kermesse bi-annuelle dont le profit permettrait aux fillettes de familles démunies d'accomplir leurs études au sein de cette prestigieuse institution.
Isabelle Lebreton, boudinée dans une robe de vilain satin bleu, arriva l'une des premières et sortit d'un grand sac les napperons et les mouchoirs qu'elle avait brodés pour la circonstance. Après les avoir disposés sur un étal, elle rejoignit la Mère Supérieure afin de lui donner la liste des articles pour qu'elle y apposât sa signature.
— Vos prix me paraissent un peu élevés, remarqua celle-ci.
— Soyez tranquille, ma mère, personne ne trouvera à y redire, répondit Isabelle d'une voix vibrante de certitude.
D'autres bienfaitrices arrivèrent peu à peu, les unes

Du côté de Pondichéry

chargées de friandises, les autres porteuses d'objets confectionnés avec plus ou moins de talent. Dans un état d'agitation extrême, des fillettes enrubannées et paradant dans leurs plus beaux atours cherchaient de menues tâches à accomplir. Juliette, qui pénétra à son tour dans la salle des fêtes, leur trouva une ressemblance avec les perruches qu'affectionnait Joséphine et qui s'ébattaient dans la volière du Grand Etang.

Elle sourit car ce nom n'évoquait plus une menace. Le miracle tant espéré s'était produit. Une cousine habitant à Karikal avait rendu aux Fournel une visite familiale. Charles et Joséphine durent alors ajourner le départ de la jeune fille pour la campagne, ce qui expliquait sa présence à cette fête.

— Que nous avez-vous préparé, mademoiselle Fournel ? la questionna la religieuse qui lui avait enseigné le latin.

— Je n'ai eu que deux jours pour confectionner ces planches de découpages, répondit-elle en sortant d'un carton les feuilles sur lesquelles elle avait dessiné puis colorié des animaux vêtus comme des humains.

Le raffinement du trait et la fraîcheur des illustrations attirèrent l'approbation générale, mais elle y fut peu sensible. Quelle importance pouvait revêtir le jugement d'un entourage dont elle connaissait les limites et les peurs ? Pour avoir, dès son plus jeune âge, refusé le moule dans lequel on avait essayé de l'emprisonner, elle se sentait affranchie des compliments et des blâmes. Non sans amusement, elle se souvenait du dilemme qu'elle avait posé à ses éducatrices.

« Une excellente élève, répétaient celles-ci à Charles Fournel, mais un caractère emporté ! »

Néanmoins, de quelle manière punir une élève qui récitait à la perfection ses leçons et rendait des devoirs que l'on donnait en exemple ? Juliette avait, en effet, compris que pour bénéficier d'une certaine tranquillité, elle ne devait pas être prise en faute quand il s'agissait du travail. D'autre part, étudier la distrayait des propos inintéressants qui fleurissaient dans la classe. Avoir de vraies amies ne lui était, jusqu'à présent, pas arrivé. Nombre de fois elle avait regretté l'impossibilité de se confier, de s'amuser d'un rien, de rire aux éclats... mais se forcer n'étant pas dans sa nature, elle avait fini par se faire une raison.

Après avoir salué quelques connaissances, elle prit place derrière le stand tenu depuis des années par les Fournel, qui faisaient figure d'aristocrates à Pondichéry. L'ancêtre de Charles, membre de la Compagnie des Indes, avait rendu de loyaux services à la Couronne et cette attitude s'était perpétuée chez ses descendants pour lesquels le négoce était une seconde respiration. L'un d'entre eux avait été un proche de Dupleix et ne l'avait jamais désavoué. On avait le sens de l'honneur chez ces créoles dont on retrouvait les origines en France, dans une bourgade proche de Tours. Ces marques de respect avec lesquelles on saluait Juliette l'agaçaient. Depuis qu'elle avait lu *Les Misérables* de Victor Hugo, elle supportait mal la différence des classes sociales, si proche de celle des castes, qui sévissait avec encore plus d'acuité dans les colonies. A ses yeux, la vraie valeur ne s'acquérait que par les actes personnels et, aujourd'hui, elle considérait n'avoir rien accompli qui méritât une quelconque admiration. D'un regard circulaire, elle engloba celles qui avaient partagé ses années d'école et dont les bonnes manières étaient évidentes. Derrière cette façade, elle connaissait les jalousies et les rancœurs larvées, l'étroitesse d'esprit et le manque de cœur. Elle en respirait l'odeur nauséabonde et, plus que jamais, aspirait à se démarquer de ce monde délétère.

Au milieu de l'après-midi, la kermesse battait son plein. Dans une chaleur de serre, hommes et femmes faisaient des emplettes ou achetaient des billets de tombola. Isabelle Lebreton avait réussi à vendre la moitié de ses mouchoirs et aurait eu besoin de ceux qui restaient pour essuyer son visage ruisselant de transpiration. Indifférente à son apparence, elle cherchait au milieu de la foule son pensionnaire Mathieu Trigance qui lui avait promis de venir. Il arriva sur les pas de Joséphine Fournel qui le salua d'un air faussement distrait avant de rejoindre Juliette.

— Me voici. Que dois-je vendre ?

— Papa a fait livrer tout à l'heure des paquets de thé et des coupons de soie.

— Ah oui ! Où sont-ils ?

— Dans les caisses, derrière vous.

— Tu ne les as pas sortis !

— J'étais occupée avec ma marchandise.

Joséphine allait répliquer mais la Mère Supérieure, en la saluant, l'aida à retrouver le sourire.

— Votre présence parmi nous me réjouit, disait la religieuse, et, surtout, n'oubliez pas de remercier monsieur Fournel pour sa générosité.

Plus loin, Mathieu, vexé du peu d'intérêt que lui avait manifesté Joséphine, mit un certain temps à s'approcher, et Juliette, qui l'avait aperçu déambulant à travers les allées, ne parvenait pas à se concentrer sur les demandes de sa clientèle. Allait-il la remarquer ? Son cœur battait à tout rompre tandis qu'elle l'observait. Tout à son émoi, elle ne perçut pas la présence de Louis Tempête. Au bout de la table, il passait en revue avec Emile les planches de découpages qui n'avaient pas encore trouvé d'acquéreurs. Joséphine les découvrit la première.

— Nous nous sommes déjà rencontrés, dit-elle à Louis.

— En effet, au bal du gouverneur.

A son tour, Juliette s'approcha.

— Joséphine, vous étiez mécontente, l'autre jour, à l'idée qu'un galant homme m'eût accompagnée jusqu'à la maison. Il s'agissait de monsieur Tempête. Vous voilà, je pense, rassurée.

Son regard d'orage s'adoucit dès qu'elle s'adressa à Emile.

— Voudrais-tu des billets de loterie ?

— Oui, murmura le garçon avec timidité.

— Alors choisis, proposa-t-elle en lui présentant une corbeille.

Lorsqu'il se fut servi, elle se tourna vers Louis.

— Et vous...

Il se préparait à prendre une enveloppe quand une main masculine devança son geste et plongea dans le panier.

— Voyons si la chance saura me sourire, lança Mathieu qui avait fini par rejoindre leur groupe.

Surprise par une telle goujaterie, Juliette resta, pour une fois, sans voix.

— Pourriez-vous avoir la patience d'attendre votre tour ? déclara Louis avec fermeté.

Sans qu'aucune menace n'eût été proférée, Mathieu comprit qu'il devait s'incliner, ce qu'il fit en déclarant avec une désinvolture forcée :

— Loin de moi, mon cher, l'idée de vous froisser.

Juliette eut la sensation qu'en l'espace de quelques secondes s'était clairement exprimée l'inimitié des deux hommes. Signe de nervosité, un tic agitait la paupière gauche de Mathieu, qui ne tarda pourtant pas à reprendre sa superbe.

— Que nous proposez-vous, belles dames ? disait-il en riant. Du brandy, des jeux de cartes...

— Chut, répondit Joséphine... les sœurs vont vous mettre à la porte.

— Les sœurs ? Ne sommes-nous pas au Jockey Club ?

Contrairement à Joséphine, aucune de ces plaisanteries n'amusait Louis ou Juliette, qui, avec dépit, découvrait un homme différent de celui qu'elle avait imaginé. Soudain, tout s'écroulait, mais, loin de s'avouer vaincue, elle se promit que les événements tourneraient en sa faveur. Tôt ou tard, Mathieu retrouverait l'attitude qui en avait fait son héros romantique. Incarnation de l'amour absolu, il saurait à nouveau affoler son cœur.

L'affluence avait atteint son paroxysme et, malgré eux, Louis et Emile furent entraînés vers le centre de la salle où des jongleurs distrayaient des enfants aux joues barbouillées de sucre. Sur des chariots décorés de fleurs et de rubans pastel, s'amoncelaient gâteaux, chocolats, nougats et berlingots vers lesquels se tendaient de petites mains poisseuses. Aux rires se mêlaient les cris aigus des plus jeunes et parfois des pleurs. Le gouverneur n'allait pas tarder à faire son entrée et, déjà, on répandait des pétales de roses sur l'allée qu'il emprunterait.

Juliette avait soif mais un flot continu de jeunes clients l'empêchait de se rendre à la buvette. Le succès remporté par ses découpages ne détournait pas son attention de Joséphine et de Mathieu qui, à sa droite, n'en finissaient pas de bavarder et de s'amuser. Que se racontaient-ils qui allumait leurs regards et faisait oublier à sa belle-mère son rôle de vendeuse ? Juliette tentait d'étouffer sa jalousie quand Emile s'approcha pour lui tendre un verre de jus de fruits.

— Comme c'est gentil, s'exclama-t-elle. J'en mourais d'envie !

— L'idée vient de monsieur Tempête, répliqua le garçon avec franchise.

Un va-et-vient annonça la venue de Bontemps qu'accompagnaient les notables du comptoir. Une petite fille dont les pantalons de dentelle dépassaient élégamment de sa robe ornée d'un gros nœud de satin pervenche s'avança, plongea dans une parfaite révérence puis récita un compliment. Il y eut des discours que Juliette écouta avec peu d'intérêt. Sans la moindre innovation, il y était question de l'empereur Napoléon III, du rôle prépondérant des colonies et des efforts que chacun devait accomplir afin de perpétuer le rayonnement de la culture française. Puis le gouverneur, bavardant avec la Mère Supérieure, avança au travers des allées où l'animation reprenait ses droits. Avec déplaisir, Juliette vit que Mathieu ne quittait pas sa belle-mère. Mieux, il vantait à la cantonade les mérites du thé de Darjeeling et déployait les coupons de soie.

— Comment vous remercier ? lui demanda Joséphine quand la vente se termina.

— En m'invitant plus souvent chez vous, répliqua Mathieu en même temps qu'il soutenait le regard furieux de Juliette.

7

Des avaries ralentissaient le commerce et Charles pestait contre les retards de la navigation. Il n'était pas le seul ! François Tourvel, dont deux navires étaient bloqués à Chandernagor, calculait déjà la perte qu'engendrerait cette situation tandis que, cibles privilégiées de ses colères, ses employés courbaient l'échine. Comme tous les patrons, Tourvel était craint mais, contrairement à son confrère Fournel qui savait se montrer juste, il était détesté pour sa violence. Depuis plusieurs générations, ce défaut s'avérait hélas l'une des caractéristiques de la famille. Son grand-père et son père s'étaient non seulement illustrés dans la traite des Noirs mais leur attitude au sein de leurs plantations de canne à sucre à la Réunion avait été décriée par d'autres colons. Loin d'en nourrir de la honte, François Tourvel s'était toujours moqué de ce passé peu reluisant. Sa richesse lui tenait lieu d'arbre généalogique et quotidiennement il savourait le goût de son pouvoir. Le reste était verbiage. Les gouverneurs successifs et les hauts fonctionnaires de l'administration avaient toujours fait cas de son avis et ne dédaignaient pas ses invitations dans la maison qui fourmillait de serviteurs et offrait l'une des meilleures tables du comptoir. A plusieurs reprises, on avait tenté de le fiancer mais aucun des partis proposés ne possédait une dot capable de lui faire oublier son manque de grâce. Ses goûts pour les plaisirs faciles n'étant un secret pour personne, les mères se remettaient vite du camouflet en se persuadant que leurs filles auraient été malheureuses auprès d'un homme qui aimait s'encanailler avec les indigènes. Les sentiments comptant peu pour François, celui-ci s'était en effet satisfait de brèves et peu reluisantes étreintes jusqu'à ce qu'il s'intéressât à Joséphine, mariée depuis bientôt cinq ans à Charles, qui, parti pour travailler à Mahé, l'avait laissée seule et désœuvrée. Pour combler son ennui, elle devint sa maîtresse et ils prirent l'habitude de se retrouver avec mille précautions dans une maison abandonnée que possédait François au nord de la ville. Pour s'y rendre, Joséphine prétextait des visites chez une Indienne qui, à l'aide de philtres, aidait les femmes à devenir mères. Si cette clandestinité donna, au début, du piquant à leur histoire, Joséphine s'en trouvait maintenant fatiguée. François n'était pas un mauvais partenaire mais, à choisir, Charles possédait davantage d'imagination et de compréhension face à ses souhaits.

Alors qu'elle se reposait auprès de son amant, cette évidence occupa une nouvelle fois ses pensées.

— Je dois rentrer, murmura-t-elle en se redressant sur les oreillers.

— Rentrer ! Il est à peine cinq heures !

— C'est déjà trop tard.

François soupira puis s'étira. Plus il sentait Joséphine lui échapper, plus il la désirait. Aucune femme ne l'avait jusqu'à présent rendu dépendant et cette situation l'exaspérait. Paupières closes, il attendit qu'elle revînt du cabinet attenant. Coiffée, habillée, elle semblait davantage sortir d'un confessionnal que d'une alcôve.

— Tu restes chez toi, ce soir ?
— Non. Nous sommes invités chez les Lebreton.
— Les Lebreton ! Quel courage ! Lui est triste à mourir... quant à elle, on la dit assez dérangée...

Sans répondre, Joséphine noua sous son menton les rubans de son chapeau. François avait oublié que Mathieu Trigance habitait chez le couple Lebreton et elle priait pour qu'il ne retrouvât pas la mémoire.

Il venait de sortir du lit et, en le regardant déambuler, elle chercha ce qui avait pu pendant quelques mois l'attirer. De taille moyenne, trapu, il se tenait voûté et sa peau trop blanche lui donnait un aspect malsain que confirmait un visage fatigué par les veilles et l'alcool. Tel qu'elle le découvrait, elle ressentait du dégoût, mais comment se débarrasser de lui sans qu'il se vengeât, car elle le savait orgueilleux et rancunier. Sans broncher, elle le laissa s'approcher puis l'enlacer.

— Tu es tendue, remarqua-t-il.
— Mais non. J'ai seulement peur que Charles n'arrive à la maison avant moi.
— Ne peux-tu l'oublier ?
— Je n'ai aucune envie qu'il découvre la vérité.
— Nous y voilà ! Si tu tiens tant à lui, que fais-tu ici ?
— Tu ne vas pas recommencer, se défendit-elle en le repoussant. Il faut toujours que tu gâches tout.

Sans répondre, François commença de s'habiller tandis que Joséphine, qui avait hâte de quitter cette demeure sombre et inhospitalière, se dirigeait vers l'escalier où flottait une odeur de bois vermoulu et de renfermé. Dérangé dans sa promenade, un rat s'enfuit en frôlant ses pieds, ce qui la fit hurler.

— Que se passe-t-il ? s'écria François inquiet.

Terrorisée par les rongeurs, Joséphine avait descendu quatre à quatre l'escalier et, en sanglotant, tentait d'ouvrir la porte du vestibule.

— La clé, cria-t-elle à son amant qui ne cachait pas son amusement... Vite, lance-la-moi.

Sourd à sa demande, il retourna vers la chambre où il continua de se vêtir. Alors, elle ouvrit une fenêtre puis essaya en vain de repousser les volets. Depuis l'enfance, elle avait peur des rats dont les piaillements l'éveillaient au milieu de la nuit. Elle n'était jamais parvenue à contrôler cette phobie et ne pardonnerait pas à François sa désinvolture. Lorsqu'il la rejoignit, elle lui tourna le dos puis essuya ses larmes avec un mouchoir de dentelle.

— Ne me dis pas que tu es fâchée.

Avec un haussement d'épaules, elle sortit dans le jardin.

— Voyons, cette comédie est ridicule, dit-il en la rattrapant.

Une nouvelle fois, elle s'en voulut d'avoir pris des risques et perdu du temps pour une aventure dénuée de signification.

— Arrête de jouer les petites filles, continuait François.

Toujours silencieuse, elle marcha vers l'endroit où un pousse, jamais le même, l'attendait pour l'emmener à la lisière de la ville noire, près de la maison qu'occupait l'Indienne détentrice de pouvoirs. Après avoir bu un philtre susceptible de la rendre féconde — ce qui était un comble alors qu'elle sortait des bras de son amant —, elle retrouvait l'attelage de la famille Fournel qui depuis plus de deux heures l'attendait dans une rue transversale. Si ce manège l'avait jusqu'à présent préservée des indiscrétions, il devenait compliqué et fatigant.

— Dis-moi au moins quelque chose, répétait François.

— Au revoir, répondit-elle du bout des lèvres.

— Si j'avais su que la vision d'un rat te bouleversait !

Du côté de Pondichéry

— N'en parlons plus et, maintenant, laisse-moi. On ne doit pas nous voir ensemble.

Joséphine ferma les yeux pendant la première partie du trajet. La pluie s'était momentanément arrêtée mais, aux abords de la ville noire, les pagnes des femmes étaient détrempés et maculés de boue. Dans le roulement des tambours, on se rendait au bazar où la marchandise abritée sous des auvents de fortune attendait les clients. Rien dans ce spectacle n'intéressait Joséphine qui depuis longtemps ne regardait plus vivre Pondichéry.

Née dans une famille de modestes fonctionnaires où s'étaient mêlés au fil des générations Portugais et Français, elle avait connu une éducation étriquée et marquée par les prières et les exhortations à l'économie. Pour combattre les maux d'une contrée insalubre, sa mère n'en finissait pas de faire nettoyer par les servantes la maison qui exhalait une perpétuelle odeur de savon noir, un souvenir qui aujourd'hui lui donnait encore la nausée. Quant au reste : la morale brandie à tout va et les punitions... elle en sentait encore l'étau. Face à cette situation, elle avait eu le choix entre la rébellion et l'hypocrisie. Elle opta pour la seconde solution, ce qui la rendit dissimulatrice et méchante.

A la fin de son adolescence, une idée fixe s'imprima dans son cerveau tourmenté : devenir riche puis partir pour la métropole. En épousant Charles, elle gagna un premier jalon mais rien, hélas, ne semblait pouvoir pousser son mari à abandonner la ville où s'étaient distingués ses ancêtres. Parfois, Joséphine s'imaginait veuve. Elle gagnait alors Paris avec son héritage et évoluait enfin dans un univers digne de ses aspirations.

Ses conversations avec Mathieu Trigance exacerbaient son désir. Il avait évoqué Tortoni, le célèbre glacier devant lequel, sur les grands boulevards, s'arrêtaient des calèches où les femmes étalaient avec grâce leurs crinolines, et il avait si bien décrit l'avenue de l'Impératrice, lieu privilégié du monde et du demi-monde, qu'elle n'avait eu aucune difficulté à l'imaginer. D'autres endroits semblaient grisants, la Closerie des Lilas que fréquentaient les courtisanes et les lorettes, l'hippodrome de Longchamp et le Salon officiel où exposaient les peintres en vogue. Ajoutées aux revues qu'elle avait coutume de feuilleter, ces informations aiguisaient sa frustration. Allait-elle perdre ses plus belles années sous un soleil meurtrier et dans un monde méprisé par les gens puissants ? Au moment où elle commençait à se décourager, l'arrivée de Mathieu lui avait donné un coup de fouet. Le grand-père du jeune homme s'était fait un nom en soutenant Bonaparte qui l'avait récompensé par l'attribution d'une charge dans la haute magistrature. Le père, Nicolas, avait su faire fructifier la fortune familiale et, les règnes des Bourbons et des Orléans terminés, bénéficiait des faveurs de Napoléon III. Ils s'étaient rencontrés avec Charles pendant l'unique séjour du créole à Paris vingt ans plus tôt. En dépit de leur différence d'âge, une amitié était née entre les deux hommes.

« Nicolas n'a hélas pas légué ses qualités à Mathieu, se plaignait souvent Charles. Ce garçon fait preuve dans son travail d'une rare désinvolture.

— Accordez-lui le temps de s'habituer à notre climat, tempérait Joséphine.

— Il ne changera pas. Je vous en fais le pari. »

Agacée de vivre auprès d'un homme qui consacrait la majeure partie de son existence à ses affaires, Joséphine ne trouvait pas déplaisant que Mathieu eût d'autres préoccupations, en particulier celle de s'occuper d'elle.

Il le prouva le soir même en cherchant son regard pendant le dîner qui, depuis plusieurs jours, avait mobilisé l'énergie d'Isabelle Lebreton. Les moyens de son époux Gabriel ne leur permettant pas de vivre sur un grand pied, la malheureuse était affolée à l'idée de recevoir les Fournel qui, avec les Le Faucheur et les Gallois-Montbrun, comptaient parmi les plus illustres familles de la ville. Avec d'infinies précautions, elle avait sorti la vaisselle destinée aux grandes occasions et l'argenterie sans charme qui ternissait dans un coffre fermé à clé. Le cuisinier indien avait préparé des plats français, ce qui donnait un résultat pour le moins surprenant.

Mathieu, qui ne prenait jamais ses repas chez sa logeuse, avait fait une entorse et son estomac ne lui en était pas reconnaissant. Le consommé trop épicé, la sauce trop riche qui noyait une viande difficile à identifier et des vins aigres ne faisaient pas honneur à la gastronomie. Quant aux propos, ils auraient été indigents si Joséphine n'avait raconté ses séjours à Madras où la vie était, selon ses dires, beaucoup plus amusante qu'à Pondichéry.

— A condition d'accepter de frayer avec les Anglais, souligna Gabriel Lebreton.

— Nous ne sommes plus en guerre, que je sache, se défendit Joséphine, et j'aime leurs coutumes, leur élégance, leur goût.

Isabelle, cramoisie, fixait la nappe avec l'espoir que Gabriel saurait se contenir. Evoquer l'ennemi juré n'était pas mieux que de brandir Satan.

— Que serait ce pays s'ils ne s'y étaient implantés ? poursuivait Joséphine imperturbable.

— Nous en serions sans doute les rois, répliqua Gabriel qui avait oublié toute courtoisie, et nous n'aurions pas à traverser des territoires britanniques entre les aldées qui entourent notre ville, encore moins à acquitter d'inadmissibles droits de douane.

Sans prêter attention à cette réponse, la jeune femme

continua d'évoquer les parades militaires, les fringants chevaux et les uniformes rutilants, les parties de cricket et les bals.

Mathieu, qui avait compris qu'elle cherchait à exaspérer son hôte, commençait de s'amuser et, pour mieux entrer dans son jeu, se renseigna sur les moyens de se rendre là-bas.

— Deux jours de route, lorsque le temps n'est pas défavorable, déclara Joséphine.

Le repas touchait à sa fin et Isabelle, pressée de créer une diversion, entraîna les convives dans le salon attenant. Fatigué, Charles avait de la difficulté à suivre les conversations. Le climat humide réveillait ses douleurs musculaires mais, de crainte de paraître vieux aux yeux de sa femme, il n'osait s'en plaindre. Avec tendresse, il la regardait tandis qu'elle sucrait le café que lui avait présenté un serviteur. Il aimait son aplomb, même si celui-ci le mettait souvent dans des situations embarrassantes. Mais que n'aurait-il accepté de cette femme qui, pourtant plus jeune que lui, l'avait initié à de subtils plaisirs ? Après un premier mariage où les étreintes tenaient peu de place et quelques aventures sans gloire, cette toute jeune fille, qui à défaut d'une grande beauté recelait des trésors de sensualité, lui avait enseigné le langage des corps et appris à repousser les limites du désir. Cette entente, ajoutée aux chants de sirène dont elle connaissait à la perfection les intonations, le rendait peu objectif quant à sa véritable personnalité. Son indolence, sa superficialité et sa coquetterie l'amusaient et pas un instant il ne l'aurait imaginée infidèle. Non sans une certaine vanité, il observait ce pauvre Trigance qui jouait les jolis cœurs. Ne se rendait-il pas compte qu'il n'avait aucune chance d'entrer en grâce ? En revanche... Charles dévisagea Isabelle Lebreton tandis que celle-ci buvait les paroles de son pensionnaire. Non... l'idée était ridicule, et pourtant ! Il la regarda avec davantage d'insistance. Jamais il n'avait vu sur ses traits habituellement placides une telle expression d'adoration et de dépit.

8

Isabelle Lebreton n'avait jamais été amoureuse de Gabriel mais il avait été le seul à s'intéresser à elle alors qu'elle allait avoir vingt-cinq ans. Elle l'avait épousé juste avant leur départ de Nantes pour les Indes. Imaginant vivre un conte de fées, quelle n'avait été sa déception lorsqu'elle avait découvert, sous un ciel tourmenté, des cataractes de pluie et une ville où la population blanche se tenait dans les maisons en attendant des jours meilleurs. Occupé par ses fonctions au sein de l'administration, Gabriel passait la majeure partie de son temps au bureau quand il n'était pas envoyé en mission dans les autres comptoirs français : Mahé, sur la côte de Malabar, Chandernagor, au nord du golfe du Bengale, Yanaon et Karikal, heureusement plus proches. Pour s'occuper, elle avait noué des relations avec les femmes des employés de la colonie puis s'était consacrée à des œuvres de charité ; néanmoins son vœu le plus cher, avoir un enfant, n'était pas exaucé. Au fil des années s'amenuisait son espoir d'entendre résonner babils et rires dans son foyer mais, si le médecin avait tenté de lui ôter ses illusions, à l'exemple de Joséphine elle recherchait auprès des indigènes un remède à sa stérilité. A cette démarche, elle ajouta des prières aux saints et saintes de la religion catholique puis se tourna vers le panthéon hindouiste. Dans une petite pièce où personne ne pénétrait se dressait un autel consacré à la déesse de la Fécondité à qui elle faisait quotidiennement des offrandes. Non sans effroi, elle avait conscience que bientôt elle atteindrait l'âge où elle ne pourrait plus être mère. Vers quel but se tournerait-elle alors et qu'aurait signifié son existence ? Elle s'adonnait à ces pensées moroses quand Mathieu Trigance était arrivé. Oubliant qu'elle n'était pas jolie, elle se promit que, la promiscuité aidant, il finirait par apprécier sa présence et, à mesure que grandissait ce rêve, son jugement s'obscurcissait. Non seulement elle guettait les faits et gestes de son pensionnaire mais profitait de ses absences pour pénétrer dans son logement où elle s'imprégnait de sa personnalité, de ses goûts. Jamais Gabriel n'avait possédé semblable garde-robe et autant d'objets de toilette. Peignes et brosses en écaille, polissoirs à ongles, ciseaux pour la moustache, eaux de vétiver et de santal, rien qui ne flattât la coquetterie n'était oublié. Après une courte hésitation, elle avait ouvert les tiroirs de l'écritoire pour découvrir avec étonnement qu'ils ne contenaient ni souvenirs ni correspondance. Quel était le passé de Mathieu ? Quand Charles Fournel leur avait demandé d'héberger son futur employé, il ne leur avait guère donné de détails. Sa caution morale était suffisante et Gabriel n'était pas mécontent de recevoir un peu d'argent en échange de deux pièces inutilisées.

En dépit des attentions dont l'entourait son hôtesse, Mathieu continuait de l'ignorer. A peine éveillé, il buvait un café que lui apportait le domestique puis se rendait à son travail qu'il quittait à la mi-journée pour déjeuner avec de jeunes employés de la colonie dans une salle qui leur tenait lieu de cercle. Après une sieste réparatrice chez les Lebreton, il retrouvait ses amis pour jouer aux cartes, lire les journaux ou deviser jusqu'au soir où il était invité à dîner dans les familles créoles les plus représentatives. L'ennui était immanquablement au rendez-vous mais, n'ayant d'autre solution que d'écouter des propos insipides et de croiser les regards des jeunes filles rougissantes, il prenait son mal en patience en attendant de se rendre dans la ville noire. Il lui avait fallu peu de temps pour se familiariser avec les quelques lieux où il était possible de s'amuser. On était loin des trésors que recelait Paris mais, faisant taire ses réticences, il avait fini par oublier sa peur de la syphilis en nouant des aventures avec des indigènes.

« Au début, on déteste leurs cheveux lustrés d'huile de coco, leur bouche maculée par le bétel et puis on s'habitue », l'avait prévenu Ernest, un employé des douanes.

Il n'avait pas menti et Mathieu trouva bientôt une certaine volupté à rejoindre les parias qui gagnaient de quoi subsister en satisfaisant les désirs des Occidentaux. Kali était devenue sa préférée. Elle devait avoir une quinzaine d'années, parlait peu et lui obéissait en tout.

A plusieurs reprises, il avait rencontré François Tourvel qui, sans l'éviter, ne recherchait pas non plus sa compagnie. Cette attitude soulagea Mathieu qui, en réalité, se sentait peu à l'aise face au créole dont le mélange d'autorité et d'indifférence le déconcertait, pire, l'intimidait. Etait-ce de le savoir à la tête d'une considérable fortune ? Etait-ce de le voir évoluer avec autant d'aisance dans ce monde fangeux ou de le sentir plus rusé, plus amoral et plus perverti que lui ?

« Personne ne lui connaît d'amis, simplement des relations, lui avait dit le même Ernest avant d'ajouter : On le craint plus qu'on ne le respecte. Il a des intérêts dans de nombreuses affaires.

— Pondichéry ne lui appartient tout de même pas !

— Pas tout à fait, mais s'il épousait une riche héritière... »

L'idée de marier François avait traversé l'esprit de Joséphine depuis qu'elle cherchait un moyen de se débarrasser de son trop possessif amant. Pourquoi n'épouserait-il pas Juliette qui, en janvier prochain, aurait dix-huit ans ? Plus elle remuait cette pensée, et plus elle la jugeait satisfaisante, car, en se libérant de François, elle ôterait à sa belle-fille l'opportunité de séduire les hommes. Non sans cruauté, elle l'imaginait sous la domination de cet individu ombrageux et bientôt mère d'une ribambelle d'enfants dont les naissances auraient altéré sa beauté. En premier lieu, il lui fallait convaincre Charles. Mettant toutes les chances de son côté, elle attendit le moment propice qui se présenta lorsque son mari reçut les félicitations du gouverneur pour les excellents résultats de ses exportations.

— Du royaume que vous a légué votre père, vous avez fait un empire, lui dit-elle en nouant ses doigts aux siens.

— L'amour vous rend trop admirative, répondit Charles flatté.

— Je voudrais tellement vous donner un fils, soupira-t-elle.

— Cessez de vous tourmenter ! Que vous me donniez ou non un enfant, je suis heureux avec vous.

— Tout de même, il vous faudrait un héritier.

— Il y a Juliette et...

— Je parlais d'un garçon, l'interrompit Joséphine.

— Un jour ou l'autre, elle en aura.

— Justement, il faudrait y songer.

— Me voyez-vous déjà dans la tombe ?

— Certes non... mais elle a l'âge de fonder un foyer.

— Personne ne m'a encore demandé sa main.

— Fantasque comme elle est, on ne peut la laisser choisir.
— Auriez-vous déjà un candidat en tête ?
— Je pensais à François Tourvel.
— Tourvel ! Sa réputation est plutôt douteuse.
— Vous oubliez combien les gens sont jaloux et médisants.
— Ce n'est tout de même pas un saint.
— Il pourrait changer, et ce mariage réunirait deux importantes fortunes.
— L'idée n'est peut-être pas mauvaise, néanmoins rien ne presse.

Loin d'imaginer ce qui se tramait, Juliette vivait dans l'espoir de rencontrer Mathieu. Elle ne pouvait compter que sur les soupers organisés par sa belle-mère mais, si chaque fois elle avait senti son regard l'envelopper avec un intérêt qu'il ne cherchait pas à dissimuler, sa famille, les invités et les domestiques les avaient empêchés d'échanger des propos personnels. Comment aurait-elle pensé que cette situation convenait à Mathieu qui, ne sachant encore si Joséphine tomberait dans ses bras, maintenait à distance Juliette qu'il sentait capable des plus grandes folies ? Toutes les deux lui plaisaient : la plus âgée pour son originalité et sa rouerie, la plus jeune pour sa fougue et son aptitude à l'idéaliser. Il ne lui était, en effet, pas difficile de lire sur ses traits le trouble qu'il lui inspirait, comme il ne lui était pas difficile de soupeser les soucis que lui attirerait une romance avec l'un des meilleurs partis de la colonie. Fatigué par les scandales, Mathieu cherchait à s'amuser sans prendre de risques et il devinait chez Joséphine la même aspiration. Très vite, il avait compris que Charles ne comblait pas une insatisfaction qu'exacerbaient l'oisiveté et la monotonie de son existence. Avait-elle déjà eu des amants, et lesquels ? Il ne pouvait encore se forger une opinion car elle savait à la perfection protéger sa réputation. Pour la pousser à se dévoiler, il avait évoqué lors d'un aparté l'un des plus beaux fleurons de l'Empire, les courtisanes qui, à Paris, faisaient et défaisaient les modes : Cora Pearl, la première à avoir irisé ses cils ; Marguerite Bellanger, qu'avait crainte pendant un temps l'impératrice Eugénie ; Céleste Mogador, qui de son propre chef s'était lancée dans la prostitution avant de devenir écuyère à l'hippodrome ; Alice Ozy, immortalisée par le peintre Chassériau.

— Comme vous, elle affectionnait le vert et, lorsqu'elle portait cette couleur, elle ne la mélangeait à aucune autre.

— Et leurs bijoux ? soufflait Joséphine. Décrivez-les-moi.

Emportée par son avidité, elle se projetait dans un rêve chatoyant où elle recevait des lettres enflammées et des écrins contenant diamants et émeraudes.

— Ces femmes ont une meilleure vie que les épouses légitimes, remarqua-t-elle.

— Elles sont en effet les reines de la capitale et portent ce titre avec insolence et panache.

« Comme elles ont de la chance », se retint de murmurer Joséphine sans réfléchir que toute médaille avait un revers.

— Qu'êtes-vous en train de comploter ? demanda Charles en les rejoignant. Vous avez des mines de conspirateurs.

— Monsieur Trigance évoquait l'Exposition universelle qui se tiendra à Paris dans quatre ans. Ne serait-ce pas l'occasion de nous rendre enfin en France ?

Mieux qu'une promesse, le mensonge que venait de proférer Joséphine donnait à Mathieu des raisons d'espérer. Avait-elle voulu cacher le sujet libertin de leur conversation ou bien le début d'intimité qu'instauraient de tels propos ? En observant Charles, il comprit que celui-ci avait déjà perdu la bataille. Sa liaison avec la séduisante madame Fournel ne dépendait plus que de circonstances propices.

Les orages accompagnant la première mousson connurent une accalmie, laissant derrière eux une nature régénérée et une chaude humidité. Après des semaines d'enfermement, Juliette aspirait à se promener dans la campagne. Le Grand Etang l'appelait et ce fut elle, cette fois-ci, qui demanda à son père la permission de s'y rendre.

— Toute seule ? s'inquiéta Charles.
— Oncle Auguste veut bien m'y accompagner.
— Dans ce cas !

Le vieil homme et la jeune fille quittèrent Pondichéry dans un attelage tiré par des chevaux pommelés. Kâmeshvarî les accompagnait, heureuse elle aussi de retrouver un lieu qui lui était cher.

Dans les champs bordés de tamariniers et de palmiers, les buffles menés par des hommes en dhoti et coiffés de turbans préparaient la terre avant qu'elle ne fût ensemencée. En riant, des femmes quittaient leurs paillotes pour rejoindre les rizières tandis que des enfants nus saluaient avec des cris et des gestes de la main le passage des voyageurs.

— Mon Dieu, comme j'aime ces tonalités de vert, disait Auguste en regardant autour de lui, et cette vie qui reprend.

Juliette acquiesça de la tête. Attentive à la vibration de l'air, à la lumière, elle s'abandonnait aux charmes des hameaux au centre desquels trônait l'autel fleuri d'une divinité. Une jarre sur la tête, des fillettes avançaient en groupes avec une démarche qui faisait onduler leur pagne coloré. Leurs regards se posèrent sur Kâmeshvarî dont elles ne savaient si elles devaient ou non envier le sort. Celle-ci n'aurait d'ailleurs pas su leur répondre, mais s'était-elle jamais posé la moindre question quant à sa condition ? Aujourd'hui, cependant, elle allait voir son frère aîné qui travaillait comme jardinier chez les Fournel. C'était le seul membre de sa famille qui lui prêtait de l'attention, le seul être auprès duquel elle ne se sentait pas un objet rebutant et, pour la première fois depuis longtemps, elle éprouvait de la joie. Des corbeaux tournoyaient avec force croassements dans le ciel. Sans doute avaient-ils repéré la dépouille d'un animal. Auguste essuya son front avec son mouchoir puis rajusta son chapeau de paille. En dépit de la fatigue que lui occasionnaient les changements de climat, il s'amusait de l'effervescence des oiseaux qui, de branche en branche, n'en finissaient pas de s'ébrouer et de saluer la renaissance d'une contrée qu'avait épuisée la sécheresse puis lavée les orages.

Au détour d'un virage, apparut l'étang d'Oussoudou, immense étendue lacustre qui permettait d'irriguer par de nombreux canaux les environs, en particulier les rizières qui nourrissaient la population. Frangé de cocotiers, bordé d'ajoncs, il offrait sa sérénité aux Pondichériens qui, depuis des décennies, avaient choisi d'y bâtir leurs maisons de villégiature.

Celle que possédait Charles Fournel n'était peut-être pas la plus imposante mais elle exhalait un charme que beaucoup lui enviaient. Ornée d'un étage que surplombait une terrasse, elle s'articulait autour d'un perron formé par un escalier à double révolution tandis que, de l'autre côté, les salons ouvraient sur une véranda que soutenaient de gracieuses colonnes. De grands stores blancs protégeaient d'une trop forte luminosité ceux qui choisissaient d'y séjourner mais, à la tombée du jour, lorsque les serviteurs les relevaient, l'étang, s'il avait été rempli par les pluies, offrait aux admirateurs ses tonalités irisées par les jeux subtils du soleil et de l'ombre grandissante.

Le cocher les arrêta devant l'entrée où les attendait dans son uniforme blanc soutaché de galons rouges l'intendant. En pénétrant dans la demeure, Auguste se souvint de son enfance quand avec son frère, le grand-père paternel de Juliette, il séjournait dans cette retraite que les fées avaient certainement dû effleurer de leur baguette magique. Rien n'avait changé, ni les sofas recouverts de soie jaune d'or ni les meubles fabriqués au XVIIIe siècle par les charpentiers des bateaux. Savamment disposés sur des tapis des Gobelins, cabriolets et bergères incitaient à la conversation tandis que des miroirs installés au-dessus de commodes aux poignées de bronze renvoyaient le reflet des laques de Chine qui, réunies en paravents, étaient omniprésentes dans cette pièce où soufflait l'esprit des voyages. A quelques pas, Juliette renouait elle aussi avec ce décor qu'elle avait toujours préféré à celui de Pondichéry. Nulle part ailleurs elle n'avait ressenti une telle impression d'espace, de gaieté et, pour se conforter dans cette idée, elle gagna la véranda où, dans une volière, la fixèrent avec dédain des perruches dont le plumage rappelait les couleurs de l'arc-en-ciel. Un souffle chaud sur la main, suivi de deux pattes qui, en la prenant au dépourvu, manquèrent de la renverser, lui arrachèrent un cri auquel répondirent les jappements d'un grand chien jaune. En flattant son encolure, elle ferma les paupières. Parviendrait-elle à garder en mémoire la perfection de cet instant où le bonheur s'était laissé apprivoiser ?

9

En dépit de leur grande différence d'âge, Juliette et Auguste partageaient un goût prononcé pour l'étude et les conversations à bâtons rompus. Chaque fin d'après-midi, ils s'installaient dans le salon et, en buvant du thé, se confiaient leurs réflexions du moment.

— N'est-ce pas merveilleux que personne ne soit là pour nous imposer ce qui pourrait nous déplaire ? remarquait avec un rire léger la jeune fille.

Cette constatation trouvait un écho favorable chez Auguste Fournel qui avait toujours détesté la société.

— Papa m'a souvent dit que vous supportiez mal le milieu dans lequel vous avez grandi mais que vous étiez trop attaché à ce pays pour lui faire des infidélités.

— En effet, la philosophie des Indiens me convient. Comme eux, l'ambition me laisse indifférent. J'aspire simplement à utiliser chaque instant pour tenter de parfaire mes connaissances et pour comprendre un peu plus le sens de ma destinée.

— Y parvenez-vous ?

— Plus j'approche de la fin, plus cela devient difficile. Je me pose tant de questions quant à notre place dans l'univers, au rôle que nous y jouons. Notre trajectoire me semble à la fois dérisoire et grandiose, mais, s'excusa-t-il, je parle comme un vieillard qui a préféré la solitude à...

Du côté de Pondichéry

— Vous n'avez jamais connu la tentation de vous marier ? l'interrompit Juliette.
— Non. J'étais un homme d'engouement. Je me lassais aussi vite que je tombais amoureux. En réalité, j'étais trop idéaliste et, lorsque j'ouvrais les yeux, j'étais déçu.
— Ne regrettez-vous pas de ne pas avoir d'enfants ?
— Pas plus que le reste.
— Alors, vous êtes en plein accord avec vos convictions !
— Je l'espère.

Auguste avait vécu en compagnie de ses livres et des écrits qu'il enfermait dans les tiroirs d'un imposant bureau. Il avait peu d'amis et s'en moquait. Ce n'était pas de la misanthropie mais, à ses yeux, le temps devait être considéré comme un bien précieux.

— J'ai mes priorités, avoua-t-il, et tu en fais partie, Juliette. Notre mutuelle affection empêche mon cerveau de se rouiller.
— Et le mien, grâce au vôtre, se dégourdit, répliqua-t-elle. Vous seul m'encouragez à m'ouvrir au monde.
— D'autres, je l'espère, prendront la relève.
— J'en doute. En tous les cas, pas à Pondichéry.

Juliette s'éveillait de bonne heure afin de regarder par la fenêtre le voile qui se levait sur la campagne où, par intermittence, la pluie tombait en petite quantité. Il en serait ainsi jusqu'à la fin du mois d'août où la jeune fille regagnerait la ville. En attendant, son chien sur les talons, elle se promenait le long de l'étang qui ne se remplirait qu'avec la mousson du nord-est, la plus violente. Elle commencerait en octobre pour se terminer à la fin décembre. Chaque année, on l'attendait car de sa régularité dépendait la vie des habitants.

Ajoutées aux eaux de ruissellement, la rivière Gingy, avec ses deux bras, Ariancoupam et Choudambar, et la rivière Ponnéar qui se divisait en trois branches, Pambéar, Coudouvéan et Malattar, irriguaient la région. Cependant, « tanks[1] » ou étangs constituaient l'élément caractéristique du paysage rural. On en comptait une soixantaine et, parmi les plus importants, figuraient Bahour et Oussoudou, ce dernier ayant été creusé bien avant l'arrivée des Occidentaux par le rajah de Villenour. Laissé à l'abandon pendant l'occupation britannique, il avait été amélioré par les Français entre 1818 et 1822. Puis il connut une nouvelle tranche de travaux en 1836 quand on le relia par un canal d'alimentation à la rivière Gingy. Cette réalisation représenta un bienfait pour la culture auquel s'ajouta l'agrandissement de l'étang dont le plan d'eau fut relevé. Simultanément avait été construit le canal de Villenour qui devait son existence à l'ingénieur Rabourdin. Son principal intérêt était d'irriguer les rizières pendant la saison sèche face au problème omniprésent : comment tirer le plus grand profit d'une terre qui, la moitié de l'année, ne recevait aucune goutte de pluie. Les étendues qui n'avaient pas été transformées en rizières étaient communément appelées « terres à menus grains ». Elles produisaient le kambu, le tinai, le kyvaragu et le kevru mais aussi l'arachide, la banane et la noix de coco. Denrées d'exportation, celles-ci constituaient avant tout l'alimentation de toute une population, aussi rien qui ne fût susceptible d'améliorer leur culture n'était laissé au hasard.

Dans ce but, Louis Tempête avait rejoint une équipe d'ingénieurs afin de réviser et d'améliorer les barrages en rivière, les ponts à vannes, les aqueducs de traversée des canaux et tout ce qui touchait à l'hydraulique agricole. Il travaillait à la modification d'une prise d'eau quand Juliette le rencontra. N'osant le déranger, elle allait passer son chemin quand, à son tour, il la recon-

---

1. Citernes.

Du côté de Pondichéry

nut. Son chapeau à la main, il s'approcha puis, sur un ton surpris, la salua.

— Je séjourne dans la maison blanche que vous apercevez à travers ces arbres, expliqua la jeune fille.

— Comme je vous envie, répliqua-t-il alors que son regard englobait le parc qui s'étendait jusqu'au rivage.

En cette saison, le ponton n'avait pas d'utilité mais il imaginait sans difficulté le charme de l'endroit quand l'eau léchait les pilotis et que les barques se balançaient avec douceur le long des roseaux.

— Si vous aviez un moment, mon oncle serait heureux de faire votre connaissance.

L'invitation avait jailli avec une spontanéité qui, en tout premier lieu, étonna celle qui l'avait formulée.

— Demain, j'aurai davantage de temps, répondit Louis avec la même simplicité.

— Retournez-vous chaque soir à Pondichéry ?

— Non. Pendant la durée des travaux, nous sommes logés à Villenour.

— Alors, venez souper.

Juliette ne s'était pas trompée en pensant que leur hôte plairait à Auguste Fournel. Tous deux aimaient la poésie et les sciences, Socrate et les bons vins. Pendant qu'ils conversaient, elle observa Louis Tempête qui semblait apprécier l'intimité et la sérénité de ces instants où chacun des protagonistes éprouvait l'étrange sensation de connaître depuis des années son interlocuteur. Sensible aux intonations profondes de sa voix, à la clarté de son discours, elle découvrit peu à peu certaines facettes de son passé.

— Je suis né au sud de la France et, très tôt, la proximité de la mer m'insuffla le désir de voyager. Non sans naïveté, je croyais qu'une vie intense et pleine d'heureuses surprises m'attendait sur d'autres continents.

Du côté de Pondichéry

— Les Indes sont-elles votre première destination ? demanda Auguste.

— Oui. J'avais l'intuition que j'y rencontrerais mon destin.

— En êtes-vous toujours convaincu ?

— J'essaie.

En même temps qu'il parlait, Louis cherchait dans le regard de Juliette un assentiment à ses propos. Eclairé par les flammes des bougies, son visage exprimait avec vivacité et sensibilité les pensées qui l'habitaient. Séduit par son sourire qui aurait adouci les cœurs les plus secs et la grâce de ses gestes, il se surprit à ne plus parler que pour elle. En sonnant dix heures, la pendule le rappela à la réalité.

— Il est tard, s'excusa-t-il.

Comment aurait-il expliqué qu'au cours de cette soirée il avait renoué avec de précieux souvenirs ? Brièvement, il avait revu le salon de son enfance. Devant un grand feu, sa mère plantait son aiguille dans son canevas tandis qu'il disputait une partie d'échecs avec son frère. De son père, il n'apercevait que le crâne dégarni. Assis dans une bergère, celui-ci lisait les journaux en ne manquant jamais de critiquer Napoléon III, qu'il appelait Badinguet. De ces moments, Louis gardait l'image d'une entente familiale indéfectible et un inégalable sentiment de sécurité. Pourtant, tout avait volé en éclats. La blessure jamais cicatrisée le faisait à nouveau souffrir. De quel pouvoir était dotée cette maison créole pour lui insuffler tour à tour tant de plaisir et un cruel tourment ?

— Revenez nous voir, proposa Auguste Fournel en lui tendant la main.

A quelques pas, Juliette ne disait rien. Non seulement elle avait perçu la nostalgie de leur invité mais compris que le mal du pays n'en était pas la seule raison. Un drame s'était incrusté dans sa mémoire, dans son âme, et d'une parole, d'un geste, elle aurait aimé l'adoucir mais, pestant contre les règles de bienséance qui l'obligeaient à ne rien manifester, elle se contenta de l'accompagner jusqu'au perron où les accueillit l'odeur de la campagne détrempée. Ce fut seulement après l'avoir salué, quand il monta sur son cheval, qu'elle descendit les marches et le rattrapa.

— J'ai aimé cette soirée, lui avoua-t-elle.
— Moi aussi.
Après un court silence, Louis ajouta :
— Ne laissons pas s'écouler trop de temps...

Pour ses quinze ans, Juliette avait reçu un cadeau qui répondait à son plus cher désir : son père lui avait fait construire, dans un endroit retiré du parc, un kiosque en bois où elle se réfugiait pour lire, peindre ou rêver. De forme hexagonale, il était coiffé d'un toit de palmes et abrité des regards par un enchevêtrement d'arbustes et de fleurs. Il fallait monter trois marches pour accéder à une petite galerie où s'épanouissaient des roses du Bengale, puis on pénétrait dans l'unique pièce au centre de laquelle trônait une imposante statue du dieu Shiva symbolisant la création, le feu intérieur et le temps qui s'écoule. Tel un diadème, un croissant de lune ornait son front où s'ouvrait le troisième œil. Ses cheveux étaient en broussaille et des serpents entouraient son cou. Doté de quatre bras, il portait le trident et la hache. Auguste Fournel, qui possédait une superbe collection de sculptures, avait offert celle-ci à sa nièce après l'avoir surprise à la contempler. L'un et l'autre savaient que la colonie créole n'aurait pu que réprouver un tel cadeau, mais ils s'en moquaient ! Tout autour, sur des fauteuils en fer forgé étaient disposés des coussins dont les broderies rappelaient les animaux de la jungle, mais Juliette leur préférait une méridienne recouverte d'une soie fatiguée par ses flâneries.

Du côté de Pondichéry

Combien de fois n'avait-elle réfléchi sur elle-même et son entourage dans cette retraite qui s'apparentait à la liberté ? Depuis trois années, personne hormis Auguste n'avait été autorisé à l'y rejoindre. Au cœur de la nature et en compagnie des oiseaux, elle contemplait le banian dont les racines noueuses ressemblaient à des griffes. Parfois, elle ouvrait sa boîte de couleurs, préparait sa palette puis, s'abandonnant à ses sensations immédiates, retranscrivait son paradis personnel.

Kâmeshvarî ne pouvait s'empêcher de l'observer à travers les feuillages. Les mains et la blouse maculées de gouache, Juliette semblait alors étrangère à tout ce qui n'était pas élan créateur. Concentrée sur ce qu'elle voyait et éprouvait, elle tentait d'en laisser un témoignage sur la toile, et la petite Indienne savait que celui ou celle qui se risquerait à la déranger serait froidement congédié.

Pour avoir grandi dans le bruit et la promiscuité, la recherche d'isolement lui semblait suspecte voire anormale. La nuit tombée et son service terminé, elle était contente de rejoindre les domestiques dans les dépendances, à l'arrière de la maison. Tandis que les femmes vaquaient à leurs occupations, les hommes, à l'écart, fumaient ou mâchaient des noix d'arec. Ils devisaient et riaient jusqu'à ce que le sommeil les surprenne. A l'aube la vie reprenait et chacun faisait ses ablutions avant d'accomplir la puja. Ces rites terminés, Kâmeshvarî pouvait parfois échanger quelques mots avec son frère aîné.

A dix-sept ans, Aruni était marié et père de deux enfants qu'il nourrissait avec son travail de jardinier chez les Fournel. S'il n'avait entendu parler d'émigration, il se serait probablement contenté de son sort, mais le poison s'était infiltré dans ses veines quand il avait appris que des garçons de son âge s'étaient embarqués pour des îles lointaines où l'existence était meilleure. Depuis, il ne cessait de penser à des ailleurs qu'il ne pouvait néanmoins visualiser. Il s'imaginait à bord de l'un des vaisseaux qu'il avait aperçus l'unique fois où il était allé à Pondichéry. Cette image était tour à tour grisante et inquiétante. Qu'existait-il au-delà de la mer ? Vénérait-on les mêmes dieux ? La tentation était si grande qu'il voulait s'en persuader.

Pas plus que les autres, Kâmeshvarî ne connaissait son rêve, mais, depuis son arrivée au Grand Etang, elle avait remarqué l'éclat de son regard. Elle en fit la remarque à Avarâ, sa belle-sœur, dont les préoccupations se résumaient à balayer la maison des maîtres, donner le sein au dernier-né et cancaner avec les autres servantes. Celle-ci la dévisagea comme si elle avait perdu la raison. Sans doute était-ce de travailler pour la jeune maîtresse qui donnait des idées bizarres à Kâmeshvarî. A quoi cela rimait-il de se poser des questions ? Les jours défilaient et il y avait suffisamment à faire avec les grossesses, les maladies, l'ouvrage à accomplir... Le reste relevait de la volonté des dieux !

— L'hindouisme est un ensemble de concepts religieux éternels. Ses adeptes ont foi en une entité qui régit l'univers et peut être vénérée sous différents aspects, expliquait Auguste Fournel à Louis qui, pour la seconde fois, lui rendait visite. Dans le Mahâbhârata et le Râmâyana, sont rassemblées des histoires où domine le dépassement de soi pour accéder à la divinité.

Pendant que les deux hommes parlaient, leurs pas les avaient menés vers le kiosque de Juliette qui, alertée par leurs voix, referma le volume qu'elle essayait de lire.

En apercevant Louis, elle se leva avec brusquerie et, d'un geste nerveux, lissa en vain ses cheveux puis tapota sa robe chiffonnée.

— Je suis venu à l'improviste, s'excusa-t-il.

— Vous avez bien fait, le rassura Auguste avant d'ajouter : Juliette, nous permets-tu d'entrer chez toi ?

— Je peux même vous offrir un thé, renchérit la jeune fille.

Kâmeshvarî, qui n'était jamais loin, reçut l'ordre de courir jusqu'aux cuisines et, bientôt, sur une petite table recouverte d'une nappe d'organdi, fut dressé un service en porcelaine de Chine. Ces préparatifs aidèrent Juliette à reprendre contenance. Les battements de son cœur ralentirent et elle respira mieux. Sans doute était-elle troublée par la venue d'un étranger dans son refuge.

Assis devant la statue de Shiva, Louis regardait celle-ci avec intérêt.

— L'une des trois divinités du panthéon brahmanique, disait-il. Une émanation du Rudra védique.

— Eh bien, vous n'avez pas perdu de temps pour vous familiariser avec les dieux de ce pays, remarqua Auguste. Cette attitude est suffisamment peu commune de la part d'un jeune Français pour que je la souligne.

— En effet, j'ai remarqué que mes compatriotes ont une réaction de dégoût face aux rites religieux.

— De dégoût ! Vous voulez dire de rejet ! On m'a vite considéré comme un illuminé quand on a su que je me penchais sur cette métaphysique si éloignée de notre christianisme.

— Alors nous serons deux illuminés, car je veux profiter de mon séjour aux Indes pour confronter mes croyances avec ce qui m'était jusqu'à présent étranger. Je ne sais pas ce qu'il en résultera sinon que j'aurai regardé au-delà du carcan dans lequel j'ai toujours pensé que m'enfermait la religion catholique.

Après avoir renvoyé Kâmeshvarî, Juliette servit elle-même le thé à ses hôtes dont elle n'écoutait plus les propos. Loin de l'importuner, la présence de Louis donnait une couleur à cette journée de doute. Qu'allait-elle devenir maintenant qu'elle avait terminé ses études chez les sœurs de Saint-Joseph-de-Cluny ? Cette rentrée dénuée de but l'inquiétait, tout comme l'inquiétait un avenir plus lointain. La sensation de perdre son énergie et de gâcher ses aptitudes, si elle en avait, lui serrait la gorge. Néanmoins, au bout de plusieurs minutes, sa tension diminua. Du fauteuil où elle était installée, elle suivait les allées et venues des rats palmistes qui couraient d'un arbre à l'autre. Au loin, devant les tamariniers et les bananiers, les pagnes des femmes qui travaillaient aux champs éclataient en taches vives. La pluie était à peine tombée et cette accalmie prodiguait une atmosphère particulière.

— Dès qu'il fait chaud, nous prions pour que la mousson nous délivre d'une intolérable fournaise et, maintenant, nous souhaiterions presque revenir à la situation inverse, remarquait Auguste. Lorsque le ciel est allégé de ses nuages et que la nuit est claire, nous pouvons avec Juliette contempler nos chères étoiles.

— Vous aussi ! s'exclama Louis avant d'ajouter d'une voix plus basse : Avec mon frère, nous avons passé notre dernier été à ne pas dormir pour scruter le firmament.

— Ah oui... vous êtes tous les deux des passionnés.

— Henri est mort, répondit Louis avec brusquerie. Une chute de cheval.

Comme s'il se parlait à lui-même, il ajouta :

— Il avait seize ans et moi quinze. Chaque dimanche, lorsque nous rentrions du pensionnat, nous nous amusions à sauter des obstacles. J'ai insisté pour passer une haie plus haute que les autres en pensant que, comme d'habitude, il gagnerait. Il était bien meilleur cavalier que moi.

Juliette était devenue attentive. Chaque mot prononcé par Louis vibrait d'une intensité et d'une retenue qui le lui rendaient proche.

— Tout fut fini en l'espace de quelques secondes, disait-il dans un murmure, et depuis je me sens coupable d'exister. Je l'ai senti aussi dans le regard de mes parents qui ne m'ont pas pardonné.

Jusqu'à présent, Louis ne s'était jamais confié. Etait-ce de se sentir si loin de chez lui qui l'aidait à formuler ce qui l'étouffait ? Etait-ce les sortilèges des Indes ou tout simplement les qualités d'écoute et de cœur de ses interlocuteurs ?

Le silence s'installa mais personne n'en éprouva de gêne. Des affinités se tissaient entre le vieil homme, sa petite-nièce et leur visiteur. Aucun des trois n'aurait su en expliquer la raison mais leur compagnie réciproque donnait à cette fin d'après-midi une valeur particulière et, si cette découverte ne gommait pas leurs tourments ou leurs interrogations, elle les adoucissait.

— Je vous connais depuis peu mais, moi, je suis heureux que vous existiez, dit simplement Auguste avant d'ajouter avec une légèreté voulue : Juliette, sois gentille, donne-moi l'un de ces petits gâteaux à la noix de coco. J'en raffole.

10

Le moment vint de rentrer à Pondichéry et Juliette éprouva de la nostalgie à quitter l'étang, son charme et sa poésie. Cette retraite l'avait aidée à mûrir et elle se sentait à présent capable d'aborder les êtres et les événements avec davantage de pondération. Elle eut même la naïveté de croire que son peu d'élan envers Joséphine s'était transformé en indifférence, mais ce fut une illusion.

A peine eut-elle pénétré dans la belle maison de la ville blanche que des cris et des insultes retentirent à l'étage. Joséphine tempêtait contre ses servantes qui, tête baissée, attendaient que l'ouragan s'apaisât. En corset et entravée dans ses mouvements par la cage qui constituait la crinoline, elle jetait à terre la robe et les accessoires qu'elle avait préalablement choisis. Puis elle revint vers la psyché pour constater que les rougeurs qui marquaient son visage n'avaient toujours pas disparu malgré les onguents.
— Je n'ai jamais été aussi laide, siffla-t-elle avant de malmener sa coiffure dont l'échafaudage avait demandé des mains expertes et un temps infini.
Dominée par le désir de tout saccager, elle tira d'un geste sec sur son collier dont le fermoir, en se brisant, permit aux perles de rouler aux quatre coins de la pièce. A l'aya qui se précipitait pour les ramasser, elle cria :

— Tu t'en occuperas plus tard, idiote, quand tu auras terminé de me recoiffer. Et, cette fois-ci, essaie de te montrer plus adroite.

Afin d'échapper à l'image d'elle-même que lui renvoyaient les nombreux miroirs qui ornaient les murs, Joséphine ferma les yeux. Aurait-elle imaginé dans ses pires cauchemars qu'elle serait un jour malmenée sur le terrain de la séduction, celui où elle ne s'était jusque-là jamais sentie en danger ? Hélas, il avait suffi d'un caprice du destin pour qu'une rivale se présentât : Manon Vigier-Galbret. L'évocation de ce nom augmentait son malaise. Non seulement la jeune femme en question était jolie mais elle venait de Paris et possédait une confortable fortune à laquelle s'ajouterait bientôt le produit des ventes qu'elle était venue accomplir aux Indes.

La famille Vigier avait autrefois connu une certaine notoriété à Chandernagor puis à Pondichéry. Mort sans héritier direct, Raymond Vigier avait légué ses biens à une cousine lointaine qui, décédée à son tour, laissait à une nièce des propriétés qu'elle n'avait jamais connues.

Contrairement à sa donatrice, qui n'avait pas quitté Rouen pour fouler le sol indien, Manon ne laissa pas filer l'occasion qui se présentait. Son mari Jules Galbret possédait des aciéries dont il pouvait être fier. Il leur consacrait la majeure partie de son temps et réservait le reste pour les danseuses et les comédiennes. Ce penchant pour le sexe faible, qui n'était pas inconnu de Manon, permit à celle-ci d'obéir à son attrait pour l'exotisme. Après avoir quitté Paris, elle séjourna quatre mois à Chandernagor où elle vendit aux voisins qui la convoitaient une propriété rongée par les pluies et le manque de soins. Elle vint ensuite à Pondichéry où l'attendait une autre maison sur laquelle veillait tant bien que mal un vieux couple d'Indiens. Bontemps, le gouverneur, l'avait sans attendre invitée à souper et, depuis, elle était devenue le centre d'intérêt du comptoir. Même Charles Fournel n'était pas insensible à son charme.

Joséphine ouvrit les paupières puis arracha le peigne des mains de la servante et termina de se coiffer.

— Donne-moi du rhum, ordonna-t-elle.

D'un trait, elle but le contenu du verre. Pourquoi n'avait-elle utilisé ce remède plus tôt ? Rien de tel pour dénouer les nerfs ! Elle se versa une nouvelle rasade qui donna un peu plus de couleur à ses joues surchargées de fards et, plus tard, quand elle rencontra dans le vestibule sa belle-fille qui se dirigeait vers la bibliothèque, elle n'était déjà plus tout à fait lucide.

— Juliette ! s'étonna-t-elle.

— Aviez-vous oublié que je rentrais aujourd'hui ?

Incapable de cacher son ressentiment, Joséphine siffla entre ses dents :

— Rien, décidément, ne me sera épargné.

Un concert avait lieu chez François Tourvel et le fait était suffisamment rare pour être souligné.

— Ce n'est pas moi qu'il faut remercier, répétait-il à ses hôtes, mais madame Lebreton, qui a trouvé les artistes.

— Votre salon offre une acoustique qui ne trahira pas leur talent, répliqua celle-ci, rouge de contentement.

Installées en demi-cercle et sur plusieurs rangées, des chaises recouvertes de damas cramoisi attendaient les invités qui, peu à peu, prenaient place. En dépit de leur jalousie, aucun d'entre eux ne pouvait se retenir d'admirer les tapisseries d'Aubusson qui recouvraient les murs, le grand lustre de cristal, les meubles Louis XV, tous fabriqués en France, et le magnifique cartel placé au-dessus d'une commode à décor chinois.

Mathieu Trigance conversait avec un avocat lorsque

Joséphine fit son entrée. François lui baisa la main avant de se tourner vers Charles qui, appréciant peu la musique, assimilait cette soirée à une corvée. Avec de la chance, il parviendrait à s'assoupir... En attendant, il fit semblant de s'intéresser au programme que lui avait tendu Isabelle Lebreton.

— Les préludes de Liszt et les nocturnes de Chopin, voilà qui me plaît, disait Joséphine.

Elle s'arrêta de parler quand Manon Vigier-Galbret entra. Rien chez la nouvelle venue n'était étudié, encore moins ostentatoire. De taille moyenne, elle ne paraissait pas les vingt-huit ans que lui attribuait la rumeur. Des cheveux blonds retenus par des épingles rehaussées d'améthystes encadraient un visage à l'ovale parfait où brillaient de grands yeux noisette dont l'expression rêveuse et profonde captait l'attention. Le nez un peu long surmontait une bouche aux lèvres fines que marquait à la commissure un grain de beauté. Tout dans son attitude et dans ses gestes révélait son habitude de fréquenter un monde sophistiqué. Pour chacun des invités, elle trouva le mot juste et, à mesure qu'elle évoluait dans la pièce, Joséphine prenait conscience que sa robe de taffetas violine soutaché de broderies et de jais avait certainement été créée par Worth, le couturier favori de l'impératrice Eugénie.

Loin d'imaginer la jalousie qu'elle suscitait, Manon prit place à côté du maître de maison qui, intimidé par sa présence, fut reconnaissant au pianiste de se présenter devant son auditoire.

En même temps que s'égrenaient les notes, Manon s'abandonnait à ses impressions. Rien à Pondichéry ne correspondait à ce qu'elle avait jusque-là connu et cette découverte comblait sa nature romanesque. La demeure où elle habitait, près de l'église Notre-Dame-des-Anges, n'offrait qu'un pâle reflet des fastes d'antan, toutefois elle s'y sentait heureuse. Indifférente au passé des Vigier, elle privilégiait l'idée de n'appartenir à personne. La France lui semblait si loin qu'elle était de moins en moins pressée d'y retourner. Parfois, elle songeait à Jules Galbret, un époux qu'elle estimait mais dont elle n'avait jamais eu l'idée de tomber amoureuse. Elle avait dix-sept ans quand son père, avant de mourir, le lui avait présenté, et leur mariage n'avait été qu'un contrat unissant les intérêts de deux familles d'industriels.

Des applaudissements interrompirent sa réflexion. Le jeune homme quitta son tabouret pour saluer le public puis madame Lebreton annonça un second artiste.

— Elle protège quelques musiciens, expliqua François Tourvel.

Comme Charles Fournel, il trouvait le temps long. L'art, sous ses différents aspects, l'avait toujours laissé indifférent, et ce sentiment s'étendait à de plus en plus de sujets. Seul l'accroissement de sa fortune lui semblait digne d'intérêt et il n'était pas mécontent d'avoir acheté puis remis à flot un navire qui, bientôt, s'ajouterait à ceux qu'il utilisait pour transporter des indigènes vers de prometteuses contrées. A la dérobée, il observa Joséphine qui s'éventait avec une certaine nervosité. Depuis quelques semaines, leur relation s'étiolait et, avec inquiétude, il en prenait conscience.

Le concert terminé, il y eut quelques raclements de gorge puis, dans un joyeux brouhaha, chacun se leva pour gagner la salle à manger.

— Quel excellent moment, répétaient à tour de rôle et plus ou moins sincèrement les notables de la colonie.

Profitant du va-et-vient, Mathieu se glissa auprès de Manon Vigier-Galbret.

— J'ai l'impression de vous avoir rencontrée à Paris.
— Ah oui... peut-être.
— N'êtes-vous pas une amie des Montbrun ?

— En effet.
— J'ai fait mes études avec leur fils, André, au lycée Henri-IV.

D'emblée Manon éprouva de l'antipathie pour son interlocuteur qu'elle jugea fat. « La parfaite incarnation du dandy », se disait-elle alors qu'elle détaillait les cheveux trop bien disciplinés, la moustache pommadée et les mains presque féminines à force d'être soignées. Il sentait une eau de toilette ambrée et son sourire enjôleur ne correspondait pas au regard de chasseur avec lequel il la fixait.

— Je suis heureux de pouvoir enfin parler avec une personne qui a connu autre chose que cette insupportable bourgade.

— Au risque de vous décevoir, je ne partage pas votre avis, répliqua Manon sur un ton sec.

— Je ne vous comprends pas, insista Mathieu déconcerté.

— Cela n'a pas d'importance.

Le souper allait être servi et les convives prirent place autour de tables rondes. Mathieu bénit les circonstances qui ne lui infligèrent pas le voisinage de cette mijaurée. Ne chuchotait-on pas qu'elle écrivait des poèmes à ses heures perdues ? Encore une exaltée qui devait oublier une union malheureuse dans de fumeuses chimères ! Il avait toujours détesté les femmes qui se piquaient de littérature. Non sans dégoût, il se souvenait avoir, un jour, rencontré Marie d'Agoult qui avait l'aplomb de se faire appeler Daniel Stern. Elle était en compagnie de George Sand. Le pire restait qu'on leur prêtait de nombreux amants... et pas les moins célèbres... Mathieu songea à sa mère qui n'osait adresser la parole à son époux que si celui-ci l'en avait priée. Sans autre but que de le contenter, elle avait élevé les cinq enfants que lui avaient donnés des étreintes fugitives dont elle devait garder un pâle voire un mauvais souvenir. Mais le plaisir n'avait pas à prendre la place du devoir dans la vie maritale. Il se trouvait ailleurs. Mathieu regarda une nouvelle fois autour de lui pour se rendre à l'évidence que seule Joséphine pouvait agrémenter son séjour colonial.

Assise à la gauche de François Tourvel, la jeune femme ne brillait pourtant pas de son habituel éclat. Etait-elle souffrante ? Son visage marbré le laissait supposer. Il la vit boire un verre de vin puis s'éventer.

Indifférent à son malaise, François se préoccupait de Manon qu'il traitait comme un objet précieux. Choisissant son vocabulaire, il répondait aux questions qu'elle lui posait sur les navires qui, lors des tempêtes et des cyclones, avaient coulé dans la rade.

— Les coups de vent ont lieu pendant les mois d'octobre et de novembre, précisa-t-il.

— Vous voulez dire... très bientôt...

— Grâce à Dieu, il n'y en a pas chaque année. Ils sont en général précédés par une période de sécheresse.

— Si je comprends bien, la population indigène risque soit la famine, soit la destruction de ses biens.

— Ces fameux biens se résument dans le meilleur des cas à une paillote, s'interposa monsieur Lebreton.

— Et personne ne trouve à y redire ?

— Chère madame, vous comprendrez, lorsque vous aurez séjourné plus longtemps parmi nous, que nous avons irrigué des terres, planté du riz, organisé le commerce, ouvert écoles et hôpitaux.

— Dans l'unique but de vous enrichir, souligna Manon.

— Et alors, pourquoi nous en priverions-nous ? s'exclama Joséphine dont la voix pâteuse révélait l'état. Notre empereur ne nous en a-t-il pas donné l'ordre ? Et, surtout, ne me dites pas que votre mari ne fait pas la même chose en France... et que vous n'en profitez pas.

Il y eut un silence que Manon décida d'ignorer en se tournant vers Isabelle Lebreton afin de lui demander si elle-même jouait du piano. En agissant de la sorte, elle savait qu'elle ridiculisait Joséphine qui aurait voulu la voir s'énerver. Que lui avait-elle fait pour qu'elle lui déclarât la guerre ? Sans doute voulait-elle régner sans partage sur ce petit monde étriqué où, pendant que les hommes vaquaient à leurs occupations, les femmes ne bénéficiaient d'aucun dérivatif. Il n'y avait, en effet, ni salle de spectacle, ni musée, ni courses de chevaux, encore moins (hormis ceux du bazar) de magasins pour les distraire.

A la fin du souper, Joséphine se réfugia dans le jardin. Sa tête tournait et une stupide envie de pleurer la submergeait. Par les fenêtres ouvertes lui parvenait le bourdonnement des conversations. Les hommes allaient bientôt gagner le fumoir tandis que, sur la terrasse, leurs compagnes parleraient de leurs enfants ou critiqueraient leurs domestiques. Elle se dirigeait vers un banc quand des pas la firent se retourner.

— Je vous cherchais, lui dit Mathieu.

Sans répondre, elle le laissa s'avancer. Parvenu à sa hauteur, il tendit la main vers son épaule où, à son insu, venait de tomber l'une de ses boucles d'oreille.

— Laissez-vous faire, murmura-t-il pendant qu'il fixait le bijou à son lobe.

Puis ses doigts suivirent la courbe de son cou. Joséphine aurait voulu le repousser mais la caresse provoquait des frissons qui réveillaient sa sensualité. Le visage de Mathieu se découpait sur la pénombre. Il était sans conteste l'homme le plus séduisant de la colonie et elle n'était pas la seule à le penser. Savoir qu'elle allait le prendre à toutes celles qui rêvaient de s'en faire aimer aiguisait son plaisir.

— Nous devons être prudents, souffla-t-elle.

— Mais comment faire ? Jamais je ne vous rencontre seule !

Elle allait répliquer que rien ne pressait lorsque la nausée ressentie depuis le début de la soirée s'intensifia. Désemparée, elle chercha autour d'elle un abri puis se précipita derrière un flamboyant pour vomir. Au bout de longues minutes, elle reprit ses esprits et, avec inquiétude et honte, vérifia si son soupirant avait eu l'heureuse initiative d'entrer dans la maison. Ne voyant personne, elle sortit de sa retraite pour se diriger vers le vestiaire afin d'y recouvrer une apparence normale.

Isabelle Lebreton l'y avait précédée et, tout en se repoudrant, échangeait des propos avec une amie.

— Cette madame Vigier ! Quelle charmante personne... et si simple.

— Je l'imaginais tout autrement, répliqua son interlocutrice.

— Moi aussi. Il est certain qu'une femme voyageant sans chaperon, habitant seule... passe vite pour une aventurière.

— Ce qu'elle n'est vraiment pas !

Découvrant dans le miroir la présence de Joséphine et sa mine défaite, Isabelle se retourna avec brusquerie.

— Mon Dieu, qu'avez-vous ?

— Rien de grave... un peu de fatigue.

Joséphine lut de l'étonnement et presque de la compassion dans les yeux d'Isabelle. Le sentiment de défaite qui pour la première fois l'envahissait était-il si évident ? Pour échapper à ce face à face gênant, elle sortit de son réticule un flacon de sels dont elle respira le contenu en murmurant :

— Qui résisterait à semblable existence ?

11

Juliette fit la connaissance de Manon le surlendemain alors qu'elle apportait à l'église Notre-Dame-des-Anges des fleurs pour orner l'autel.

Autour d'un harmonium, des fillettes en robes bleu ciel répétaient sous la direction de leur professeur un hymne à la Vierge Marie. Manon, qui, de l'extérieur, avait aperçu la scène par une fenêtre entrouverte, était entrée et, debout près du bénitier, observait les enfants dont les voix acidulées rompaient le silence recueilli de quelques fidèles. Puis son attention fut attirée par une jeune fille chargée d'une brassée de roses et de feuillage. Avec une démarche gracieuse, celle-ci se dirigea vers un placard dont elle sortit deux vases en cristal.

— Accepteriez-vous que je vous aide ? proposa Manon après l'avoir rejointe.

— Pourquoi pas ? répondit Juliette.

Ainsi commença leur amitié. Pour être l'une et l'autre dotées d'intuition et de sensibilité, elles avaient d'emblée compris qu'elles devaient avoir de nombreux sujets d'entente. Ce fut donc le plus naturellement du monde que, leurs compositions florales terminées, Manon invita Juliette à venir boire une limonade.

— J'habite de l'autre côté de la rue, précisa-t-elle.

Au milieu d'une cour où s'étiolaient des plantes qui

n'avaient guère reçu de soins, un bassin disparaissait sous la mousse. La peinture blanche des colonnes qui soutenaient la véranda s'écaillait et, dans le salon, de larges taches de salpêtre marquaient les murs. Un Indien à la silhouette voûtée et aux jambes arquées se présenta puis, après avoir écouté les ordres de Manon, retourna vers les offices.

— La maison s'écroule, néanmoins j'y suis heureuse, avoua la jeune femme avant d'ajouter : J'ai l'impression de la réveiller après vingt ans d'oubli. Mais allons dans mon boudoir, nous y serons mieux.

L'escalier qu'elles empruntèrent les mena à l'étage où la maîtresse des lieux avait préféré s'installer.

— Cette pièce est en meilleur état et on y voit l'océan.

En quelques secondes, Juliette se sentit transportée dans l'univers chatoyant des *Mille et Une Nuits*. Dans cette retraite qui ouvrait sur une terrasse, Manon avait rassemblé les plus beaux meubles et objets que recelait la demeure. Au-dessus d'un divan recouvert de soieries et de coussins mordorés, de délicates peintures du XVIIe siècle relataient les quatre saisons. Une odeur de jasmin s'échappait des brûle-parfums et, dans une grande jarre posée à même le sol, flottaient des pavots. Sur un guéridon, des volumes reliés en beau maroquin vert attendaient d'être lus et voisinaient avec un plumier. Le regard de Juliette se posa ensuite sur une écritoire de voyage rehaussée de nacre.

— On me l'a donnée pour ma communion. Je la transporte partout, expliqua Manon.

En même temps qu'elle observait cette femme dont elle ne savait rien, Juliette prenait conscience de se trouver face à l'incarnation de tout ce qu'elle souhaitait devenir. Manon possédait une beauté singulière qui révélait une âme frémissante et riche de qualités. Dans ses yeux se lisaient la compréhension des êtres ainsi qu'une attirance pour tout ce qui n'obéissait pas à la frivolité. Chacun de ses gestes, chacune de ses paroles confirmait qu'elle vivait comme elle l'entendait et se moquait de l'opinion générale.

Le domestique était revenu avec les boissons qu'accompagnaient des biscuits aux amandes.

— Je crois avoir rencontré votre famille chez monsieur Tourvel, déclara Manon.

— Vous parlez de mon père.

— Oui... monsieur Fournel...

— Et de sa seconde femme.

L'indication avait été donnée sur un ton qui ne cachait pas l'antipathie de Juliette pour sa belle-mère, aussi Manon préféra-t-elle changer de sujet.

— Lorsque j'avais votre âge, j'aurais pactisé avec le diable pour vivre, comme vous, dans un pays envoûtant.

— La réalité n'est hélas pas à la hauteur de ce que vous avez dû imaginer.

— Pourtant, vous paraissez plus épanouie, plus sûre de vous que les jeunes Parisiennes.

— Ah oui ? répliqua Juliette sans parvenir à cacher sa fierté.

Manon s'en rendit compte et avec amusement se retrouva dix ans en arrière quand elle avait pris la décision de mener à bien ses passions. Dans ce but, elle avait accepté d'épouser Jules Galbret même si celui-ci approchait de la quarantaine. Il sut se montrer respectueux, discret et compréhensif. Elle s'acquitta de ses devoirs en lui donnant un fils, Eugène, qu'elle entoura d'affection jusqu'à ce qu'il partît pour le pensionnat dont, contre toute attente, il aima l'atmosphère et les coutumes. Elle eut alors le temps de s'abandonner à la poésie et, enfermée dans sa chambre, rêva sa vie plus qu'elle n'y participa. En effet, qu'existait-il de plus intense, de plus enrichissant que ces moments où elle oubliait le présent pour capter les infimes nuances de ses sentiments et de ses sensations afin de les restituer dans de fiévreux poèmes ?

Juliette s'était levée pour admirer la statue en bronze d'un saint Sébastien qui datait de la Renaissance italienne.

— Il était enveloppé dans de vieux chiffons et mélangé à de la vaisselle. L'une des flèches qui perçaient son torse a disparu mais voyez les proportions, la finesse du visage, l'ondulation des cheveux. N'est-il pas magnifique ?

Après avoir renchéri, Juliette évoqua pour son hôtesse la beauté des sculptures qui ornaient les temples dravidiens.

— Vous ne pouvez pas quitter ce pays sans connaître l'œuvre des Chola.

— On m'a parlé, en effet, de Tanjore. Je pensais m'y rendre au mois de janvier, à la fin des pluies.

— Si vous voulez bien de moi, je demanderai la permission de vous accompagner !

Juliette ne connaissait rien de Manon, toutefois elle devinait qu'elle pourrait peu à peu lui confier ses aspirations et ses secrets... et celle-ci comprenait au même moment que son esseulement en terre indienne prenait fin. La loi des affinités, une mutuelle attirance pour l'art et leur tempérament entier tissaient déjà entre elles des liens qui laissaient augurer des journées riches d'entente et d'émulation.

— Maintenant que vous connaissez le chemin, dit Manon à son invitée alors qu'elle l'accompagnait jusqu'au porche, n'hésitez pas à revenir.

Manon s'allongea sur son sofa puis de son écritoire sortit une feuille de vélin et une plume pour commencer une lettre à son fils. Après des vacances à Biarritz, Eugène avait dû regagner le pensionnat pour une nouvelle année d'études. Elle avait beau savoir qu'il ne s'y déplaisait pas, il arrivait comme aujourd'hui qu'elle se reprochât de l'avoir quitté. Ils s'étaient séparés sept mois auparavant et, plusieurs fois par jour, elle contemplait avec tendresse son portrait qui, dans un cadre en argent, ne quittait pas sa table de chevet.

Manon avait découvert la maternité avec un bonheur qui la surprit car, n'ayant pas connu de relation privilégiée avec sa mère, une femme taciturne et timorée, elle se croyait à l'abri des débordements d'affection. Chétif à la naissance, le bébé réclama des soins vigilants, ce qui renforça la tendresse et la sollicitude dont elle l'entoura. Plus tard, il devint un garçon turbulent et particulièrement éveillé. Sa curiosité et son inlassable besoin d'obtenir des réponses à ses questions dépassèrent vite les compétences de la gouvernante qui veillait à son éducation. Alors, sourde aux normes en vigueur, Manon lui consacra une grande partie de son temps, ce qui lui attira les remontrances de son mari.

« Vous vous montrez trop compréhensive avec cet enfant qui ne voudra jamais s'éloigner de vos jupons ! »

Il se trompait ! Un précepteur sut lui inculquer le goût du travail et ce fut sans heurts et sans pleurs qu'il s'habitua à la discipline des Maristes. Manon put dès ce moment songer à découvrir l'héritage qui lui était tombé du ciel. Ce n'était pas tant sa valeur qui l'intéressait que l'aventure humaine qu'il représentait.

« Sans vouloir vous vexer, nous survivrons sans vous, lui avait dit Jules avec humour. Mais promettez-moi que vous ne vous attarderez pas trop longtemps chez les fakirs.

Avec davantage de sérieux, il avait ajouté :

— Si je vous empêchais d'aller là-bas, vous ne me le pardonneriez pas. Hélas, ce périple n'est pas sans danger, nous le savons tous les deux.

— Je serai prudente. »

Du côté de Pondichéry

Accoudée au bastingage, la jeune femme avait vu s'éloigner avec un pincement au cœur la côte méditerranéenne. Elle débarqua à Alexandrie, et l'Egypte lui plut suffisamment pour qu'elle se promît d'y séjourner à son retour. A bord du navire qui l'emmenait de Suez à Calcutta, la vie fut amusante. Le capitaine la courtisa ainsi que plusieurs passagers dont elle avait oublié les noms. Puis ce fut l'arrivée au cœur des Indes britanniques. Un ami anglais de Jules, qui travaillait pour les services administratifs de la Couronne, la reçut dans sa famille. Située sur la rivière Hooghly, qui se jetait dans le golfe du Bengale, la capitale du Raj la séduisait avec ses imposants monuments, ses demeures entourées de parcs luxuriants en dépit d'une canicule que fuyaient les Occidentaux pour se réfugier en Himalaya. A deux reprises, Manon se rendit à Chandernagor, peu éloigné, et, la vente de ses biens conclue, prit le chemin de Pondichéry. Les Vigier y avaient créé en 1831 des filatures où, grâce à une machine à vapeur, se tissaient des toiles bleues appelées guinées, des blanches et des écrues qu'ils exportèrent pendant une dizaine d'années vers le Sénégal. Ce fut la source d'une fortune que le fils d'Ernest Vigier, un fainéant velléitaire, dilapida en concluant de mauvaises affaires. L'entreprise dut fermer et de cette gloire éphémère ne restèrent que les demeures de Chandernagor et de Pondichéry.

Dans cette dernière, sa préférée, Manon avait retrouvé d'émouvants souvenirs : des hochets d'enfant en argent terni, des portraits piqués par la moisissure, une liasse de lettres reçues par Ernest de la métropole, du linge chiffré et jauni par des années d'oubli et les verres en cristal utilisés sans doute pour boire les grands crus dont regorgeait le cellier. Attentive à ce passé qui lui avait été offert, Manon tenta par l'esprit de le restituer. A ses oreilles résonna l'écho des fêtes qui avaient animé le grand salon où, sous leurs housses, les meubles étaient devenus la proie des rongeurs. Du piano désaccordé, elle n'obtint qu'une ébauche de polka et, pour jouer au billard, il eût fallu remplacer le tapis troué en plusieurs endroits. Sous la véranda se balançaient encore les perchoirs des perroquets et les lambeaux d'un store. Toutefois, Manon était tombée amoureuse de cette retraite au point de ne plus vouloir s'en séparer. Mais pour qui la restaurer ? Son séjour en ces lieux n'excéderait pas une année et elle doutait qu'Eugène partageât un jour son engouement pour l'Orient.

Aujourd'hui encore, ces préoccupations la tourmentaient mais, pour ne pas assombrir une journée riche en amitié, elle préféra se concentrer sur un poème. Déjà, les rimes se formaient. Elle les murmura puis d'une voix plus forte en mesura l'effet, changea des mots, joua avec les consonances. Et soudain toute notion de lieu ou de temps disparut. Dans le monde sans repères de la création, elle était devenue l'instrument d'une force qui la dépassait.

Un coup de vent secoua, une semaine plus tard, le comptoir français. Pour Manon, qui n'en avait jamais connu, celui-ci revêtit vite des allures de fin du monde. Désemparée, elle vit ses domestiques fermer avec une insoupçonnable rapidité les volets puis placer des meubles devant les portes et les fenêtres déjà maintenues par des barres. Au mugissement s'ajouta bientôt le bruit des objets qui, à l'extérieur, tombaient et se cassaient. Renouant avec ses terreurs enfantines quand éclatait un orage, elle se réfugia dans sa chambre éclairée par des bougies et glissa sa tête sous l'oreiller.

A quelques rues, enfermé dans ses entrepôts, Charles Fournel s'inquiétait pour ses bateaux, en particulier le *Mélusine* qui, arrivé la veille au soir, se trouvait ancré dans l'endroit le plus vulnérable de la rade.

Du côté de Pondichéry

— Treguen est à son bord, dit-il à Mathieu, mais son expérience de navigateur ne peut rien contre cette foutue tempête.

Chargés de menaces, le ciel et l'océan revêtaient une couleur sombre et métallique qui engendrait une atmosphère d'apocalypse. Ployant sous les rafales, les cocotiers résistaient tant bien que mal aux sévices d'une nature déchaînée tandis que les vagues se brisaient dans un assourdissant vacarme le long de la plage. Comme Manon, Mathieu éprouvait une forte inquiétude.

— Cela peut-il se transformer en cyclone ? demanda-t-il d'une voix sourde.

— Qui sait ?

Charles se souvenait de 1853, année fatidique où, en pleine saison sèche, un 27 mars, huit navires avaient été engloutis. La presse métropolitaine s'était fait l'écho du désastre... Aujourd'hui, il serrait les poings en espérant qu'il n'y aurait pas de pertes humaines. Tous les hommes d'équipage étaient, en effet, à bord du *Mélusine* qui, en provenance de Rangoon, avait fait une escale à Chandernagor. Autour de lui, les contremaîtres restaient silencieux. Dans ce pays, on ne pouvait augurer de l'avenir proche ou lointain et, si l'on faisait des projets, c'était avant tout pour conjurer le sort. Le vent s'intensifia et chacun songea aux dégâts terrestres qui s'additionneraient aux pertes maritimes. Charles ne se faisait guère de souci pour Joséphine et Juliette qu'il savait à l'abri. Restait les hommes, femmes et enfants qui travaillaient à Villenour et au Grand Etang. A l'inverse de ses confrères, le créole se sentait responsable de ses employés et il n'avait, hélas, aucune difficulté à imaginer les paillotes détruites, les toits de palmes qui s'envolaient ainsi que le peu de biens qu'ils abritaient. Privée de logements, la population indigène serait davantage à la merci des cataractes de pluie qu'occasionnait la seconde mousson.

Du côté de Pondichéry

Une journée et une nuit s'écoulèrent avant que les éléments ne s'apaisent. Ebranlé par l'expérience, Mathieu sortit à l'aube sur les talons de Charles. Des arbres déracinés barraient le cours Chabrol ainsi que des matériaux destinés à la construction de la jetée. Un groupe d'Indiens arriva en courant pour expliquer que des dhonys s'étaient fracassés contre le rivage et que l'un d'entre eux avait coulé.

— Et le *Mélusine* ? cria Charles.

Ecoutant à peine la réponse, il marcha à grandes enjambées à travers les débris qui jonchaient la chaussée. Sur son chemin, il rencontra des négociants qui couraient aux nouvelles. Puis les familles arrivèrent... Des femmes, en pleurs, venaient s'assurer que leurs pères, époux ou frères étaient sains et saufs. Essoufflé, Charles entra dans le bureau maritime.

— Le *Mélusine* ? Savez-vous quelque chose ?

— Selon nos renseignements, seul le *Ramada II* aurait sombré, lui répondit un commissaire.

12

Hervé Treguen dut hélas constater que son clipper aurait à subir d'importantes réparations avant de reprendre la mer. En proie à une vive contrariété, il prit place à bord de la chelingue qui allait l'amener jusqu'au rivage. Ce n'était pas la première fois qu'il essuyait un coup de torchon mais celui-ci risquait de lui coûter cher en temps perdu. Contrairement à la plupart des marins qui se seraient félicités d'avoir sauvé le bateau, les hommes d'équipage et la cargaison, il pestait contre le mauvais sort qui, au cours des semaines à venir, allait faire de lui un citadin.
Il trouva Charles assis derrière son bureau.
— Treguen ! Quel mauvais sang je me suis fait !
Les deux hommes se donnèrent une longue poignée de main puis le navigateur déclara :
— Il y a eu de la casse.
Après avoir énuméré les avaries, il passa une main sur son front. Soudain, la fatigue l'envahissait.
— Il me reste à donner mon rapport au bureau maritime puis je veillerai sur le déchargement des marchandises.
— Le rapport, nous sommes d'accord, mais le déchargement attendra demain matin. Cela fait plus de quarante-huit heures que vous n'avez pas dormi.

— Je suis tellement contrarié que je ne pourrai pas fermer l'œil.

Charles connaissait suffisamment l'entêtement de son interlocuteur pour ne pas insister. Il en avait toujours été ainsi depuis qu'ils s'étaient associés.

— Je tiens la barre, vous vous occupez des comptes, lui disait Treguen dans ses élans de bonne humeur.

Hervé avait tout d'abord travaillé pour Charles puis, au bout de deux ans d'observation réciproque, ils avaient ensemble acheté le *Mélusine* qui, après avoir fait du commerce d'Inde en Inde, se tourna vers des destinations plus lointaines. Non seulement son capitaine n'avait pas son pareil pour ruser avec la mer mais il se montrait un intraitable acheteur et Charles n'était pas mécontent de le laisser marchander la gomme ou le bois, le thé et l'indigo.

Hervé Treguen était né en Bretagne, au nord de Lorient. Bercé par les hauts faits de ceux qui étaient entrés dans la Compagnie des Indes comme on entre en religion, il avait tout naturellement décidé de s'engager comme mousse à bord d'un vaisseau en partance pour l'Extrême-Orient. Lorsqu'il doubla le cap de Bonne-Espérance, il sut que sa vie commençait seulement. L'aventure l'appelait avec une intensité qui lui aurait fait prendre les plus grands risques pour se rapprocher des pays de légende. La Chine l'envoûta et jamais il n'oublierait sa première escale à Canton où, dans une activité de fourmilière, se déroulait nuit et jour l'un des plus grands marchés du globe. Sans perdre de temps, il gravit les échelons de la marine car son désir de liberté le poussait à travailler pour son compte. Avant de rencontrer Charles, il était entré au service d'un créole de Mahé dont il avait épousé la fille en croyant avec naïveté qu'elle serait attentionnée et docile. Ce fut sa plus grande erreur car Françoise se plaignit très vite de ses absences et utilisa la santé chétive de leur second enfant pour demander, en dépit de ses origines créoles, à vivre en France.

« Pour quelle raison resterions-nous ici alors que nous ne vous voyons jamais ? »

Sachant qu'il serait incapable de lui donner ce qu'elle attendait, il l'autorisa à le quitter pour aller s'installer dans la petite ferme dont il avait hérité au sud du Finistère.

« En les voyant partir, je me suis senti plus malheureux que je ne l'aurais cru, confia-t-il à Charles un soir où ils avaient tous les deux bu. Si je ne me faisais aucune illusion sur notre couple, j'aimais retrouver les enfants... »

Aujourd'hui, alors qu'il regagnait sa maison le long du canal, il mesurait le poids de sa solitude mais l'épuisement expliquait sans doute cette réaction.

Un domestique ouvrit la porte et, après l'avoir dévisagé à la lueur d'une lampe à huile, remercia les dieux d'avoir protégé le maître. L'abandonnant à ses litanies, Hervé traversa la cour gorgée de pluie puis pénétra dans le salon qui, plongé dans l'obscurité, exhalait une odeur de rance. La chambre n'était pas plus accueillante mais, n'aspirant qu'à dormir, il se dirigea sans se déshabiller vers le lit dont les ressorts gémirent sous son poids. Au milieu de la nuit, il s'étonna de ne pas sentir le roulis du bateau et, dans un demi-sommeil, chercha la lampe-torche, puis il se souvint... Pondichéry... Il se rendormit jusqu'à l'aube où des psalmodies le ramenèrent à la réalité. La puja avait commencé dans un temple de la ville noire. Les prières au dieu Shiva se déroulaient en sanskrit et Hervé se revit enfant de chœur dans la petite église romane de son village breton où, en coiffes et tabliers brodés, les femmes égrenaient leurs chapelets en priant pour le retour de leurs maris qui souvent bravaient le mauvais temps afin de rapporter du poisson. A peine âgée de vingt-cinq ans, sa mère avait grossi le lot des veuves. Chez les Treguen, on n'était pas riches, aussi, dès l'adolescence, Hervé rejoignit-il les pêcheurs. Sur le quai, elle attendait ses retours puis, rassurée, retournait accomplir son travail de blanchisseuse.

Afin d'éviter une inutile nostalgie, il se leva. Un début de nettoyage s'organisait dans son logis mais aucun miracle ne parviendrait à lui donner un aspect avenant. Qu'importait puisque le *Mélusine* représentait son seul domicile ! Il but une tasse de thé d'Assam au parfum corsé puis, à travers la fenêtre, contempla la pluie qui tombait en abondance. Il en serait ainsi jusqu'à Noël mais lui serait déjà parti vers d'autres rivages.

Après avoir enfilé un caoutchouc, Hervé Treguen se fit conduire au port. Charles n'était pas dans les entrepôts mais il y trouva Mathieu qui, avec nonchalance, surveillait l'inventaire d'une cargaison en partance pour Jaffna. « Fournel est tombé sur la tête... Quelle idée d'engager ce petit marquis », se dit le marin en toisant son interlocuteur qui, avec une mine dégoûtée, brossait la manche de sa redingote maculée de poussière. Sans s'attarder il alla saluer le contremaître qui l'avertit que du courrier l'attendait depuis plusieurs semaines. Avec une certaine appréhension, Hervé brisa le cachet de cire puis déplia la missive sur laquelle se détachait l'écriture de sa femme. La France était si loin qu'il pouvait s'y dérouler des événements dont il ne découvrait la teneur que beaucoup plus tard. Avec rapidité, il parcourut les lignes. Sa fille et son garçon poussaient comme de vrais petits campagnards et Françoise semblait s'accommoder des rigueurs du climat et de sa solitude. Fréquemment, Hervé se demandait s'ils se reverraient un jour. Leur union lui semblait tellement éthérée. Mais comment en aurait-il été autrement alors qu'ils s'étaient à peine vus pendant leurs cinq années de vie commune ?

Après une journée consacrée au déchargement du *Mélusine*, Hervé observait l'avancement de la jetée qui bientôt éviterait le va-et-vient des chelingues quand il fut hélé par François Tourvel.
— J'ai appris vos soucis, lui dit le créole.
— Et moi, les vôtres.
— Ne m'en parlez pas ! Deux bateaux endommagés, et ce n'est pas tout ! J'avais des coolies à bord. Ils ont été malades comme des bêtes.
— Vous les avez débarqués dès que le calme est revenu ?
— Pas avant qu'ils n'aient nettoyé leurs souillures.
Peu désireux de s'attarder auprès d'un homme dont il n'appréciait ni le comportement ni les choix, Hervé tenta de prendre congé mais l'autre lui emboîta le pas.
— J'ai acquis un nouveau navire.
François aurait aimé qu'Hervé lui posât des questions mais un silence s'étira jusqu'à ce qu'il reprenne :
— Ne voudriez-vous pas travailler pour moi ?
— Je n'y ai jamais pensé.
— Justement ! Vous auriez de meilleurs bénéfices !
— Ce n'est pas forcément ce que je recherche.
— Qui refuserait se s'enrichir ?
— Moi, surtout au détriment de malheureux !
— Que dites-vous là ! Personne ne les force à embarquer.
— Vous les dupez, ce n'est pas mieux.
— Je ne vous permets pas de mettre en doute ma bonne foi !
— Votre bonne foi ! Ils crèvent à bord de vos bateaux ! Ils crèvent par manque d'hygiène et de nourriture. Du bétail serait mieux traité.
Sous l'insulte, Tourvel blêmit mais Treguen avec sa

réputation de grand navigateur et d'insoumis l'intimidait suffisamment pour qu'il se retînt de lui envoyer son poing dans la figure.

— Vous avez tort d'écouter les envieux. Les clippers peuvent couler, Treguen, et un jour, peut-être, me supplierez-vous de vous engager.

— Le monde est assez vaste, les ports assez nombreux pour que je puisse me passer de vos propositions, répliqua Hervé avant de tourner les talons.

Cette altercation lui avait ôté le plaisir de marcher le long de la plage, toutefois rentrer chez lui le rebutait. Si la solitude ne ressemblait jamais à une punition lorsqu'il se trouvait en mer, sa maison privée de vie familiale lui était devenue insupportable. Une visite chez ses amis Lefébure représenta soudain la diversion dont il avait besoin et il rebroussa chemin en direction de l'église Notre-Dame-des-Anges qu'il contourna avant de traverser la rue des Capucins pour s'arrêter devant un porche qu'ouvrit au bout d'un long moment un garçonnet à demi nu.

— Monsieur et madame Lefébure sont-ils là ?

— Partis... partis, répéta le petit Tamoul.

— Pour longtemps ?

L'enfant fit « non » de la tête, ce qui signifiait « oui » pour les Indiens.

Une femme arriva en rajustant son pagne.

— Le maître a attrapé la fièvre, dit-elle après avoir reconnu le capitaine Treguen.

— Où est-il ? A l'hôpital ?

— Non, dans le cimetière des Blancs.

Mort, René Lefébure ! La gorge serrée, Hervé regardait la servante avec l'espoir qu'elle allait revenir sur ses dires.

— Il est tombé malade quand les pluies ont commencé.

— Et madame Lefébure ?

— Elle a pas voulu rester. Tout de suite, elle a pris le bateau avec les enfants.

Désemparé, Hervé contemplait la maison où ils avaient si souvent, Françoise et lui, conversé et ri avec leurs amis. Une immense tristesse l'envahissait à laquelle s'ajoutait une nostalgie pour tout ce qui avait été interrompu : son couple et le leur, l'amour et l'amitié, les espoirs et les projets. Que de sacrifices pour rester dans un pays qui ne cessait de leur prouver, aux uns et aux autres, qu'ils n'y avaient pas leur place ! A bientôt trente-deux ans, Hervé avait l'impression d'avoir gâché la meilleure partie de son existence et, pire, ce qui aurait dû en constituer l'essentiel... sa famille. Et dans quel but ? Celui de parcourir les océans ?

La porte s'était refermée sur les indigènes et, avec une démarche de somnambule, il s'apprêtait à partir quand un pousse s'arrêta à sa hauteur. Une femme en descendit. En voulant enjamber une flaque, elle manqua tomber et se tordit la cheville. Spontanément, il s'approcha.

— Ce n'est rien, le rassura l'inconnue. Voilà qui m'apprendra à porter de trop hauts talons.

— Etes-vous vraiment certaine que tout va bien ?

Alors qu'elle dévisageait l'homme qui lui portait secours, Manon lui trouva une mine défaite. Elle posa une main légère sur le bras qu'il lui offrait et dit :

— J'habite ici.

— Je ne savais pas que vous étiez la voisine des Lefébure.

— Oh, je suis arrivée depuis peu de temps à Pondichéry et je ne les connais pas.

— Ils étaient des amis très proches, mais permettez-moi de me présenter. Hervé Treguen.

Manon plongea son regard dans les yeux bleu ciel qu'abritaient d'épais sourcils châtains. Le nez était fort, la bouche caressée par une barbe fournie. Des cheveux drus encadraient un front hâlé où se dessinaient quelques rides. D'emblée, elle comprit qu'il était marin et que la mer le possédait corps et âme. Cette passion était inscrite sur ses traits énergiques et sensibles, dans sa démarche souple.

Aux Indes, aucun mouvement n'échappait à la vigilance ou plutôt à la curiosité des domestiques et le porche s'ouvrit avant même que Manon eût agité la cloche. Un court instant, elle hésita. A Paris, elle se serait permis d'inviter monsieur Treguen mais, ici, une telle offre ferait vite le tour de la ville blanche. A nouveau, elle l'observa et comprit qu'il se faisait violence pour masquer une peine qui entamait ses plus profondes certitudes.

— Me voici à bon port, murmura-t-elle, et je vous remercie pour votre obligeance.

— Je vous en prie.

Hervé Treguen s'éloigna à grandes enjambées. Devant lui s'étirait une longue route qui ne le menait nulle part. Il était rare qu'il s'adonnât à la dérision, pourtant, aujourd'hui, rien n'était à sa place. Etait-ce de fouler la terre ferme et de se confronter aux humains dont beaucoup ressemblaient, hélas, à Tourvel ? Au large, il était maître à bord et seule la nature lui imposait sa loi. Mais cette recherche ne ressemblait-elle pas à une fuite des responsabilités ? Incapable d'avoir été un bon époux, encore moins un père présent, il n'avait rien construit qui lui procurât de la fierté. Quant aux femmes, il y en avait eu des jeunes et des moins jeunes, à Canton et Rangoon, Yokohama et Port-Saïd. Certaines s'étaient offertes, d'autres vendues, mais aucune ne lui avait insufflé suffisamment de désir ou d'émoi pour qu'au fil des escales il eût songé à les retrouver. Margaret, peut-être, à Colombo...

Du côté de Pondichéry

Sans qu'il l'eût recherché, ses pas l'avaient mené devant le lieu qui faisait office de cercle. Quelques verres d'alcool parviendraient peut-être à apaiser sa tension. Dans la première salle envahie par la fumée de cigares et de pipes, des employés de l'administration ou du secteur privé lisaient les journaux. Ceux qui connaissaient Hervé se levèrent pour le saluer.

— Il y avait longtemps qu'on ne vous avait vu, remarqua un ingénieur colonial.

— Pas loin d'un an.

— Vous avez su pour Lefébure ?

— Je viens de l'apprendre.

— Le malheureux... On n'a rien pu faire !

Pour ne pas raviver la plaie, Hervé appela un serveur, commanda du porto puis gagna la salle de jeu où se disputaient des parties de whist, de bridge ou de poker.

Un mégot éteint à la bouche, Mathieu Trigance tentait de cacher son inquiétude. Louis Tempête ne cessait de gagner. Impassible, le jeune Français contemplait ses cartes et il était impossible de savoir s'il bluffait ou non. Acculé, Mathieu étala une quinte avant de demander « à voir ». Cette fois-ci, son adversaire ne pourrait que s'incliner. C'était mal connaître Louis qui répliqua avec un carré d'as. Furieux, Mathieu dut non seulement donner l'argent qui lui restait mais en emprunter. Dans quel guêpier s'était-il fourvoyé ? Mais comment aurait-il imaginé que Tempête bénéficierait d'autant de savoir-faire ? Jamais il ne l'avait connu autrement que réfléchi et tourné vers des occupations sérieuses ! Se sentant observé, Mathieu tourna la tête et découvrit le capitaine du *Mélusine* qui le regardait avec ironie. Il ne manquait plus que cet individu pour assister à sa défaite ! Qu'il aille au diable, lui et son clipper, car il semblait, hélas, plus clairvoyant et exigeant que Charles Fournel qui, jusqu'à présent, ne l'avait accablé ni de travail ni de remontrances.

Du côté de Pondichéry

Avec les verres de brandy qui se succédaient, l'ambiance avait monté d'un cran. Adossé contre le chambranle d'une porte-fenêtre, Hervé se laissait reprendre par les vieilles habitudes. Les murs s'étaient un peu plus lézardés, le tissu du panka élimé, mais le comportement et les gestes des uns et des autres demeuraient inchangés. Le chirurgien-chef de l'hôpital discutait politique avec un greffier du tribunal et le commissaire de la marine écrivait un peu à l'écart son courrier. Obéissant à la routine des colonies, leur existence ne risquait d'être bousculée que par de mauvaises surprises telles que la maladie, la mort ou le deuil. Hervé chercha des yeux le jeune homme auquel la chance avait souri quelques instants auparavant. Il le découvrit en train de parler avec un élégant et vieux créole qui, assis dans un fauteuil recouvert de velours violet, buvait un café.

— Bonsoir, monsieur, dit Hervé en s'approchant d'Auguste Fournel.

— Mon Dieu, un revenant !

La main du navigateur entre les siennes, Auguste ajouta :

— Vous êtes irremplaçable aux échecs, Treguen, et pendant votre absence je me suis ennuyé.

— Seulement aux échecs ! s'exclama Hervé avec un grand rire.

— Ce n'est déjà pas si mal !

Louis, amusé, écoutait les propos des deux hommes : le plus âgé, fragile et raffiné ; l'autre, plus rustre mais non dénué de charme.

— J'ai tenté d'initier ma petite-nièce, Juliette, mais ce jeu ne me semble pas destiné aux esprits féminins.

Louis n'avait pas croisé la jeune fille depuis leurs rencontres au Grand Etang. Parfois, son souvenir surgissait dans sa mémoire. L'image était toujours agréable, voire attirante. Néanmoins, depuis son retour à Pondichéry, il n'avait pas cherché à la revoir. S'occuper d'Emile prenait une grande part de son temps libre et de son énergie. L'adolescent venait, en effet, de recevoir la lettre fatidique lui annonçant le décès de sa mère. Muré dans son chagrin, il n'acceptait de parler qu'à son ancien compagnon de traversée.

« Il refuse d'aller au collège, s'était lamentée sa tante.

Pour avoir connu un état similaire, Louis l'exhorta à la patience.

— Plus vous lui demanderez d'accomplir des efforts, plus il se dérobera. »

Quotidiennement, il rendait visite à l'orphelin qu'il trouvait allongé sur son lit, les yeux fixés sur le plafond.

« Je ne veux pas rester ici, répétait inlassablement celui-ci.

— Tu n'as pas le choix, Emile, tout du moins pour les années à venir. A ta place, je m'en servirais de tremplin. Profite de l'apprentissage qui t'est proposé. »

Un jour, Louis décida d'utiliser la ville noire comme antidote. Sans le prévenir, il y entraîna Emile qui, jusque-là, n'avait jamais obtenu la permission de s'y aventurer.

« Mon oncle m'a dit que c'était sale et qu'on pouvait nous voler.

— As-tu de l'argent sur toi ?

— Non.

— Alors, que risques-tu ? » répliqua Louis agacé.

Ils s'enfoncèrent dans les rues où s'élevaient des églises et des couvents édifiés par les Européens et, après avoir contourné la magnifique maison tamoule d'Ananda Ranga Poullé, grand courtier et éminence grise de Dupleix, ils gagnèrent le bazar. Le bruit les empêcha vite de parler ainsi que la foule bigarrée qui les enveloppait.

Du côté de Pondichéry

« Si nous nous perdons, retrouvons-nous là-bas, sous la grosse horloge », cria Louis à son compagnon.

Emile acquiesça de la tête. Peu rassuré, il regardait les indigènes qui, eux-mêmes, le dévisageaient comme une curiosité. Des odeurs, certaines agréables, d'autres repoussantes, montaient à ses narines. Après être passé devant des marmites où cuisaient du riz et des lentilles, il s'arrêta devant un charmeur de serpents qui lui demanda de s'approcher, ce qu'il s'empressa de ne pas faire. Des enfants nus comme des vers coururent à sa rencontre et, en quête d'obole, ne le quittèrent plus. Dans leur langue tamoule, ils répétaient inlassablement des phrases susceptibles de flatter la vanité de l'étranger puis ils tentèrent quelques mots de français. Non loin, Louis suivait la scène. Il vit Emile fouiller dans ses poches pour en sortir du zan et des bonbons que lui arrachèrent les petites mains avides. Des femmes, leur bébé sur la hanche, déambulaient en riant entre les échoppes afin d'acheter les légumes dont les fameuses courgettes serpents et les fruits qui leur étaient proposés sur des nattes ou dans de grands paniers. Elles s'écartèrent pour laisser le passage à un vieillard vêtu d'un pagne crasseux et muni d'une sébile. C'était un sâdhu[1]. Pour vivre sa foi, il avait quitté famille, foyer, et ne subsistait qu'au gré des aumônes. Emile et Louis poursuivirent leur chemin. Peu à peu, le garçon s'abandonnait à la vie qui s'imposait. Face à la misère, la malnutrition, la détresse ou les infirmités, il ne se sentait plus le droit de se plaindre. En dépit de son deuil, de sa douleur, il avait la chance de connaître une existence décente et de ne pas être abandonné comme cette fillette estropiée qu'il voyait se traîner sur le sol dans l'indifférence générale.

Sans qu'aucune parole n'eût été échangée, Louis

---

1. Ascète errant.

comprit que la leçon avait atteint le résultat escompté. Confronté à l'injustice et au malheur des autres, son protégé ne pouvait que se reprendre. Sur le chemin du retour, Emile se montra peu bavard mais il ne regardait plus la pointe de ses souliers. Un voile s'était déchiré et le monde lui apparaissait dans sa réalité : magnifique, sordide, cruel, inquiétant et mystérieux. Mille questions se bousculaient dans son esprit. Pour se les être posées au même âge, Louis aurait pu les formuler. Certaines réponses lui échappaient encore mais, en lui enseignant l'humilité et la patience, les Indes l'aideraient tôt ou tard à se libérer du sentiment de culpabilité qui, depuis trop longtemps, l'empêchait de se réaliser.

13

Les pluies allaient cesser. Dans une dizaine de jours, on fêterait Noël et Louis appréhendait cette date qui lui rappellerait la crèche provençale, les santons, le gros souper et la pastorale. Depuis plusieurs jours, il n'avait pas quitté Pondichéry. Enfermé dans un bureau, il rectifiait les cartes fluviales de la région et réfléchissait, avec d'autres ingénieurs, aux travaux à entreprendre quand la terre se serait asséchée. Cette vie sédentaire lui permettait de suivre avec davantage de régularité ses leçons de tamoul auxquelles s'ajoutait l'étude du sanskrit. Le soir, dans sa chambre, il complétait son approche des Indes en lisant, dans une traduction française, les fragments des grands textes épiques que lui prêtait Auguste Fournel. Ses préférences allaient à la Bhagavad-Gîtâ, qui faisait partie du Mahâbhârata. Dans ce poème philosophique, rédigé entre le ve siècle avant J.-C. et le IIe siècle de notre ère, Arjuna, le guerrier, bénéficiait des conseils de Krishna avant de livrer un combat et, en même temps, s'ouvrait à la connaissance, la dévotion, l'action désintéressée et la méditation.

« Vous allez découvrir l'un des plus beaux morceaux de la littérature », l'avait prévenu le vieil homme.

A deux reprises, il l'avait invité dans sa maison

d'Ariancoupam dont la bibliothèque contenait un nombre impressionnant de volumes.

— J'aime cet endroit, confia-t-il à Louis. Le paysage change selon les saisons. En ce moment, les bateaux peuvent remonter la rivière mais, dans quelques mois, son embouchure sera obstruée par des bancs de sable.

— Habitez-vous ici depuis longtemps ?

— Mes parents n'aimaient pas cette villégiature. Ma mère, surtout ! Elle détestait la campagne. Dès ma majorité, je leur ai demandé de m'y installer et je n'en ai plus bougé.

Peu à peu, Auguste avait restauré la demeure dont les vastes proportions lui permirent de s'adonner à son penchant de collectionneur. Tableaux, statues, meubles, coquillages, instruments de musique trouvèrent leur place dans les pièces dont les hautes fenêtres ouvraient sur une véranda où avaient résonné les échos des nombreuses fêtes qui avaient jalonné son existence d'épicurien.

A soixante-neuf ans, il n'était toujours pas lassé des plaisirs, le sien et celui qu'il prodiguait aux autres, aussi décida-t-il d'inviter à déjeuner, le 25 décembre, ceux et celles dont il appréciait la compagnie.

Avec l'aide de Juliette, il commença de dresser la liste des invités.

— J'aimerais vous amener madame Vigier-Galbret. Elle vous plaira, j'en suis certaine.

— Vigier, répéta Auguste avec un regard malicieux. Autrefois, j'ai courtisé une jeune femme qui portait ce nom.

— Ce devait être une parente.

— Des épaules magnifiques, une carnation de blonde et un rire de gorge qui...

— Mon oncle ! Vous êtes incorrigible !

— Ah, petite, tu ne peux plus t'en rendre compte mais j'avais du succès.

— Non seulement je n'en doute pas mais je vous soupçonne d'avoir été un dangereux séducteur.

— Je savais écouter les femmes et surtout leur faire croire que rien d'autre au monde ne comptait pour moi que de les adorer.

— Ne m'en dites pas davantage, sinon je ne pourrai jamais accorder ma confiance à un homme.

Sur les pas de son père et de Joséphine, Juliette pénétra le matin de Noël dans l'église Notre-Dame-des-Anges où serait célébrée la grand-messe. Une crèche était installée dans une chapelle latérale et chacun des fidèles retrouvait une âme d'enfant pour contempler, sur sa couche de paille, Jésus entouré de Joseph et de Marie. La nef était presque pleine lorsqu'ils se faufilèrent jusqu'au banc qui leur était réservé. Son chapeau à la main, Charles répondit d'un signe de tête discret aux saluts tout aussi discrets de ses connaissances puis il s'assit à côté de sa femme qui sortit de son sac le petit missel sur lequel il avait fait graver en lettres d'or ses initiales. C'était l'un des tout premiers cadeaux qu'il lui avait offerts après leur mariage.

L'harmonium retentit à l'arrivée du prêtre que suivaient les enfants de chœur vêtus de robes incarnats et de chasubles en dentelle. Charles se signa ainsi que Juliette. Dès qu'il était accompagné de son épouse et de sa fille, le créole éprouvait de la fierté. En effet, l'une et l'autre pouvaient être considérées comme les fleurons féminins de la colonie.

Les prières succédèrent aux chants et Juliette aima en prononcer les phrases en latin. Ce n'était pas leur contenu qui lui plaisait, simplement leur sonorité. Devant elle s'agenouillèrent Isabelle Lebreton et son mari. Leurs mines compassées de dévots l'exaspéraient autant que la présence de François Tourvel qui, sans aucun doute, assistait à l'office dans le seul but de blanchir sa réputation. Au cours du prêche, elle l'observa. Croisant et décroisant les bras, il lui parut nerveux, préoccupé.

A l'inverse, Hervé Treguen semblait recueilli. Peu porté vers les bondieuseries, le navigateur tenait néanmoins, en cette journée particulière, à prier pour ses enfants qui devaient s'éveiller sur un autre continent où sévissait le froid et soufflait le vent. Il les imaginait quittant la tiédeur du lit pour courir vers une crèche, beaucoup plus petite que celle qu'il apercevait, et déballer les présents disposés à leur intention par leur mère qui, elle, avait la chance de les voir quotidiennement. Au sein de cette foule dont certains visages lui étaient familiers, il tentait de se persuader que son existence de bourlingueur lui convenait. Dès que le *Mélusine* avait pu reprendre la mer, il avait cinglé pour Colombo et en était revenu l'avant-veille.

La chorale reprit et Louis, assis près d'un confessionnal, renoua avec ses années au pensionnat lorsqu'il mêlait sa voix à celles de ses camarades pour chanter les louanges du Seigneur. A cette époque, il se passionnait pour les contes et légendes des pays lointains et, réfugié dans la bibliothèque de l'établissement, lisait les biographies et les mémoires des missionnaires. Depuis longtemps, il ne s'était senti aussi dispos. Le changement de climat n'était sans doute pas étranger à ce bien-être. En effet, il n'avait jamais connu cette brise caressante à Pondichéry, cette absence de canicule ou d'humidité qui permettait à son corps et à ses nerfs de se détendre. Les rayons du soleil pénétraient à flots dans l'église par les hautes fenêtres ouvertes sur le jardin où pépiaient les oiseaux qui saluaient la renaissance de la nature. A la sortie de l'office, il put constater la même allégresse chez les humains qui ne transpiraient plus en abondance ou n'avaient pas à s'abriter sous de grands parapluies.

Du côté de Pondichéry

Pour la circonstance, Mathieu Trigance arborait une redingote dont la couleur rappelait celle du beurre frais. Fleur à la boutonnière, sourire aux lèvres, il alla à la rencontre de Joséphine et de Juliette qui conversaient avec François Tourvel.

— Passez à la maison en fin d'après-midi, leur proposait celui-ci.

Joséphine fut d'abord tentée de refuser mais, se remémorant son plan, elle déclara :

— Pourquoi pas ?

— Vous oubliez que nous sommes invités chez mon oncle, s'insurgea Juliette.

— L'un n'empêche pas l'autre.

— Voici la réponse que j'espérais, se félicita François.

Sa liaison avec Joséphine avait repris, toujours ponctuée de chantages et de disputes, de bouderies et de retrouvailles.

« Cette vie de célibataire te rend trop ombrageux, avait-elle fini par remarquer.

— Me conseillerais-tu de me marier ? ironisa-t-il.

— Oui.

— Et tu dis m'aimer !

— Justement ! Nous serions plus tranquilles. Qui te soupçonnerait d'avoir une maîtresse ?

— Encore faut-il trouver une candidate qui me convienne.

— Juliette.

— Juliette ! Ta belle-fille !

— Pourquoi pas ? C'est un excellent parti.

— Là n'est pas la question.

— Personne ne t'oblige à en tomber amoureux.

— Mais elle... Pourquoi accepterait-elle de m'épouser ?

— Son avis est-il important ?

Du côté de Pondichéry

— Tout de même.

— Essaie de t'en faire apprécier.

Abasourdi, François cherchait à savoir si Joséphine se moquait de lui.

— Réfléchis bien, lui répétait-elle. Nous tirerions tous les avantages d'une telle situation. Sa dot accroîtrait ta fortune. Son caractère indépendant l'empêcherait d'être trop attentive à tes faits et gestes et, en devenant mon gendre, tu aurais toutes les occasions de me voir sans attirer la curiosité.

— Comment as-tu pensé à tout cela ?

— Je voulais protéger notre relation.

Percevant l'indécision de son amant, Joséphine s'était réfugiée contre sa poitrine.

— Rien ne changera entre nous, au contraire.

— Promets-le-moi.

— Douterais-tu de ma parole ?

— Oui. Quand je vois comment tu te joues de Charles, j'ai peur que tu puisses agir de même avec moi.

— J'ai suffisamment entendu de bêtises, murmura Joséphine, pour que maintenant tu t'occupes de m'embrasser. »

Alors que les cloches sonnaient à toute volée, François jaugeait la jeune fille dont il demanderait la main quand elle aurait fêté ses dix-huit ans, le 27 janvier prochain. S'il l'avait toujours jugée séduisante, sa personnalité l'intimidait. A plusieurs reprises, il avait mesuré son intelligence, l'originalité de son discours. Sous la capeline de paille nouée par des rubans jaune d'or, il détailla les yeux de félin, les hautes pommettes, le nez impertinent et la bouche qui adressa un sourire à Mathieu Trigance quand celui-ci approcha. Il fut d'autant plus agacé d'apprendre que le jeune homme était convié à déjeuner chez Auguste Fournel. Le vieillard avait décidément perdu le sens des convenances pour inviter un étranger de passage et l'oublier, lui, le Pondichérien. Toutefois, savoir que dans quelques semaines il serait obligé de le recevoir comme un futur petit-neveu égaya son humeur morose.

Les attelages se présentèrent les uns après les autres devant le perron où se tenait Gopal, le dobachi, qui depuis une trentaine d'années veillait sur la bonne marche de la demeure. Des guirlandes de verdure et de fleurs rouges couraient le long des murs du vestibule, annonçant l'impressionnant bouquet qui occupait le centre du salon.
— N'ayant pas de sapin, nous avons tenté d'y remédier avec nos moyens, déclara Auguste à Mathieu.
D'un regard circulaire, celui-ci chercha des visages familiers parmi les convives. Un verre à la main, Louis Tempête conversait avec Hervé Treguen. Décidément, ces deux-là réussissaient à s'infiltrer partout ! Une voix féminine dont il reconnut les intonations attira son attention. Sa main posée sur le bras de Manon Vigier-Galbret, Juliette se dirigeait vers le maître des lieux.
— Mon oncle, je vous présente madame Galbret dont je vous ai souvent parlé.
— Avec beaucoup de chaleur, précisa Auguste.
Manon, qui avait tendance à croire que les lieux ressemblaient à leurs occupants, avait une nouvelle fois la preuve que ce jugement n'était pas erroné. Le vieux monsieur dont les yeux brillaient de clairvoyance et de malice se retrouvait dans les détails surannés, insolites et inattendus qui, mêlés à des œuvres d'un extrême raffinement, adoucissaient l'atmosphère d'une demeure que sa magnificence aurait pu rendre intimidante. Escortée par son hôte, elle fit la connaissance d'un couple âgé venu de Karikal puis d'un professeur de français qui avait quitté son poste à Chandernagor pour

enseigner à Pondichéry. Un jeune inconnu répondant au nom de Louis Tempête s'inclina à son tour et elle aima l'expression harmonieuse et franche de son visage. Auguste l'entraîna ensuite vers un petit groupe.

— Vous connaissez bien entendu mon neveu Charles Fournel et son épouse.

Sans cesser d'agiter son éventail, Joséphine adressa à Manon un signe de tête imperceptible puis elle se tourna vers Mathieu dont elle semblait apprécier les propos.

Un peu à l'écart, un homme contemplait un tableau représentant un paysage de givre.

— L'avez-vous accroché pour nous rappeler qu'il neige peut-être en France ? demanda-t-il à Auguste. Je ne l'avais encore jamais remarqué.

— On ne peut décidément rien vous cacher... Mais vous devriez plutôt vous intéresser à notre charmante amie.

Hervé rougit, ce qui enchanta son interlocuteur.

— Madame Galbret a choisi de séjourner dans notre ville, à laquelle, paraît-il, elle trouve de l'attrait.

Si Manon reconnut sur-le-champ l'étranger croisé devant son porche quelques semaines auparavant, celui-ci semblait avoir tout oublié de cette rencontre. Peu habituée à ne laisser aucun souvenir, elle fut agacée par cette amnésie.

— Ce n'est pas comme vous qui ne songez qu'à fuir Pondichéry, poursuivait Auguste.

— Oublieriez-vous que j'y reviens toujours ? se défendit Hervé.

— Uniquement pour les besoins de votre métier !

Le déjeuner fut servi sous la véranda. Pour la circonstance, Auguste avait fait monter du cellier des crus dignes des plus fins connaisseurs. Il avait placé Manon à sa droite et Joséphine à sa gauche. En face de lui,

Juliette jouait les hôtesses. C'était à son intention qu'il offrait cette fête dont elle avait choisi la majorité des protagonistes. Sans avoir bénéficié des confidences de sa petite-nièce, Auguste avait depuis longtemps perçu son engouement pour Mathieu Trigance auquel il trouvait peu de qualités. Mais à quoi bon le lui dire ! Il faisait suffisamment confiance à son jugement pour que, tôt ou tard, elle s'en rendît compte. Avec tendresse, il l'observa. Pour narguer le soleil qui brillait dans un ciel sans nuages, elle portait une robe de soie jaune où s'entrelaçaient des fils d'or assortis à la résille qui retenait ses cheveux bruns. Dès qu'elle était entrée dans le salon, Louis avait songé aux modèles favoris des peintres vénitiens. Peau mate, yeux noirs et frangés de longs cils, grâce indéfinissable et sensuelle, Juliette possédait ces charmes et plus encore... Il n'était pas le seul à le penser car, en dépit de son attirance pour Joséphine, Mathieu ne cessait d'observer la jeune fille. Un instant, leurs regards se croisèrent et elle fut étonnée de n'en ressentir aucun trouble. Ses sentiments avaient-ils changé ?

On but le café au bord de la rivière, à l'ombre d'un banian dont les feuilles tremblaient sous la brise. Hervé, que n'intéressaient pas les propos mondains, contemplait le ballet des oiseaux qui volaient au ras de l'eau. Non loin, Manon discutait poésie avec Louis et le professeur de français. Leurs propos sur Baudelaire et Musset parvenaient aux oreilles du navigateur qui n'avait encore jamais vu une personne aussi étrange. Incapable de savoir si elle lui était ou non sympathique, il découvrait la sophistication parisienne. Non sans admiration, il observait Louis qui discourait avec aisance. Lui, Hervé, aurait été au supplice de mesurer ses piètres connaissances avec celles d'une jeune femme érudite et, il en convenait, séduisante.

Du côté de Pondichéry

Un bruit attira son attention vers le ponton où Mathieu, installé dans une barque, proposait à Juliette une promenade.

— Elle ne sait pas nager, s'interposa Joséphine.

— Qu'en savez-vous ? rétorqua sa belle-fille.

— Enfin, Charles, raisonnez-la !

— Elle ne risque rien, promit Mathieu en empoignant les rames.

Cachant mal sa satisfaction, Juliette prit place à la proue de l'embarcation qui s'éloigna de la berge. Silencieuse, presque recueillie, elle respirait l'odeur particulière qu'exhalait l'alliance de la végétation et de l'eau. Mathieu ramait avec énergie et, bientôt, ils se faufilèrent dans une enclave bordée d'ajoncs.

— Etes-vous contente que nous soyons enfin seuls ? demanda Mathieu avec un sourire que Juliette n'apprécia guère.

— Contente ?

— Je pensais que vous partagiez un peu mes sentiments.

— Ces sentiments ne s'adressent-ils pas à la plupart des femmes ?

— Quelle idée ! Vous êtes ma favorite !

Au risque de déséquilibrer la barque, Mathieu rejoignit sa passagère puis s'assit à ses pieds.

— Pour quelle raison douteriez-vous de ma bonne foi ?

Avec une moue moqueuse, Juliette défiait celui qu'elle avait tant chéri dans ses rêves. Comme il paraissait fat avec son sourire enjôleur ! De plus, son discours n'avait rien de captivant. Avait-il jamais lu ? Et à quoi s'intéressait-il hormis les loisirs ? Toute sa vie, Mathieu demeurerait un noceur, un dilettante, et cette pensée était trop déprimante pour qu'elle y consacrât plus d'une demi-minute. Sûr de lui, il approchait sa bouche de la sienne. Juliette hésita mais la curiosité l'emporta.

Du côté de Pondichéry

Depuis le temps qu'elle se demandait à quoi ressemblait un baiser, pourquoi ne pas le savoir ! Une main caressait sa nuque, des lèvres écrasaient les siennes, cherchaient à les écarter. Incapable de s'abandonner à cette étreinte, elle en suivait les différentes phases avec un intérêt d'entomologiste. Mathieu ne s'en rendit pas compte. Le souffle court, il posa des doigts impatients sur ses seins. Elle le laissa froisser la dentelle de sa robe puis son regard se fixa sur des silhouettes accroupies derrière un bosquet. Un groupe d'Indiens les observait. D'un geste brusque, elle repoussa Mathieu.

— Allons-nous-en.

— Mais pourquoi, ma colombe ? demanda-t-il, surpris.

Dès qu'il eut compris, il s'exclama :

— A côté des statues qui ornent leurs temples, nous sommes bien sages.

— Vous vous trompez ! Chez les indigènes, on ne s'embrasse pas.

Sur le chemin du retour, elle remit de l'ordre dans sa coiffure et ses vêtements.

— Suis-je présentable ? l'interrogea-t-elle sur un ton volontairement mondain.

— On vous donnerait le Bon Dieu sans confession.

Joséphine, qui guettait leur arrivée, ne trouva aucun indice susceptible d'éveiller ses soupçons. Le danger n'était pourtant pas écarté et il devenait urgent que François se déclarât. A l'inverse de Juliette qui se détachait de Mathieu, elle supportait mal de ne pouvoir obéir à son attirance. Les voyages de Charles ayant servi son précédent adultère, elle attendait avec impatience qu'il se rendît, début janvier, à Yanaon. Il lui resterait, néanmoins, à ne pas éveiller la jalousie de François. L'évocation de son amant lui rappela soudain la visite qu'elle avait promis de lui rendre.

— Nous devons partir, dit-elle à son époux qui expliquait à Manon l'origine des aldées autour de Pondichéry.

Sans attendre, Juliette se glissa auprès de son oncle pour lui chuchoter :

— J'aimerais rester. La nuit sera claire et nous pourrions scruter le ciel. Cela fait si longtemps !

— Quelle bonne idée ! s'exclama Auguste.

Quelques instants plus tard, Joséphine, dans l'impossibilité d'intervenir, assistait à l'anéantissement de son plan. A la suite de Charles, elle dut prendre congé des uns et des autres.

— Je ne rentrerai que demain après-midi, annonça Juliette à son père qui acquiesça.

Au moment où Manon se préparait elle aussi à s'éclipser, Auguste la retint.

— Rien ne vous presse... et j'aimerais vous garder encore un peu.

La même proposition fut faite à Hervé et Louis, toutefois le maître de maison profita du brouhaha général pour ne pas la formuler à Mathieu, qui allait repartir dans l'attelage des Fournel. Juliette lui reprocherait peut-être cet « oubli ». Il en prenait le risque !

14

Le couple de Karikal et le professeur de français étant à leur tour partis, Auguste proposa à Juliette, Louis, Manon et Hervé une promenade dans le parc.

N'ayant plus besoin de s'abriter du soleil dont les rayons s'étaient adoucis, les femmes fermèrent leurs ombrelles pour parcourir le chemin qui les mena vers une grotte artificielle où coulait la cascade qui alimentait un bassin bordé de rocailles. Intrigué, Louis s'approcha.

— L'eau vient de la rivière puis y retourne, expliqua Auguste.

— Alors, cet agrément n'existe qu'une partie de l'année ?

— Pendant et après la mousson. Mais il faut que les choses vous manquent pour en apprécier la valeur, rétorqua le vieil homme avant d'ajouter : D'ailleurs, n'en est-il pas de même avec les êtres humains ? On regrette les absents et on a tendance à parer de toutes les qualités les défunts.

— Peut-être, murmura Louis qui avait pâli.

A plusieurs reprises, depuis son réveil, il avait songé à son frère Henri et aux Noëls féeriques qu'ils avaient partagés depuis leur plus jeune âge. Le soir du 24 décembre, leur père allumait, devant la famille au grand complet, une bûche d'amandier. Ensuite, commençait le « gros souper », composé de morue et de légumes. Après avoir goûté aux treize desserts, tous se rendaient à la messe de minuit. Ensommeillés, les deux garçonnets se laissaient bercer par la liturgie, les chants, et surtout songeaient aux cadeaux qu'ils recevraient le lendemain.

Auguste rejoignit Manon, assise sous la tonnelle. Il appréciait la présence de cette femme que sa beauté ne rendait pas prétentieuse. Si seulement il avait eu trente ans de moins, il aurait cherché à la séduire... Ne plus pouvoir jouer les Casanova s'avérait l'un de ses plus grands regrets. Il y avait bien les bayadères qu'il payait pour lui donner l'illusion d'un plaisir qui n'était, hélas, que le simulacre de ce qu'il avait vécu.

— J'ai rarement connu une telle atmosphère de sérénité, avoua Manon. Vous devez être très heureux dans cet endroit.

— Très heureux me semble excessif. Disons que la vieillesse est moins difficile à supporter.

— La vieillesse ! J'ai toujours pensé qu'elle ne me pèserait pas !

A côté d'eux, Hervé écoutait et se taisait. Avait-il jamais songé à atteindre un âge avancé ? Oui, de façon floue, lorsqu'il était adolescent... Mais, maintenant qu'il venait de dépasser la trentaine, il pensait que son sursis n'irait pas au-delà d'une décennie. Il observa son hôte et se demanda s'il aurait aimé connaître une existence similaire à la sienne. Issu d'une famille fortunée, Auguste n'avait pas eu à se battre pour vivre selon ses goûts. Néanmoins, il ne partageait pas les défauts des oisifs. Un esprit éclairé, une générosité peu commune et l'écoute des autres le rendaient respectable et attachant.

— Les femmes, pourtant, redoutent de perdre leurs attraits, remarquait le vieux créole.

Du côté de Pondichéry

— Vous avez raison. Néanmoins, en ce qui me concerne, j'ai d'autres préoccupations que celle de compter mes futures rides.

Ces propos étonnèrent Hervé dont l'épouse s'était lamentée de s'être alourdie après ses deux grossesses. Madame Galbret était-elle mère ? Depuis le début de la réunion, elle s'était montrée discrète sur sa situation familiale. Elle se leva et le regard d'Hervé s'attarda sur sa silhouette juvénile. De dos, elle ne semblait pas plus âgée que Juliette. Avec un rire léger, elle se tourna vers lui.

— Et vous, monsieur, quelle est votre opinion ?

Pris au dépourvu, Hervé ne sut que répondre :

— Je n'aime pas réfléchir à l'avenir.

Avec le coucher du soleil, les ombres s'étendaient sur la pelouse où venaient d'être plantés les arceaux d'un jeu de croquet.

— Je serai l'arbitre, proposa Auguste.

Louis choisit Juliette pour partenaire et Hervé tendit un maillet à Manon qui lui déclara :

— Je ne suis pas certaine d'être une bonne recrue. Mon fils m'a toujours reproché ma maladresse.

Elle s'était sous-estimée ; aidée par les conseils du navigateur, elle franchit avec brio les étapes. Sa joie était communicative et, bientôt, Hervé oublia une part de sa timidité pour plaisanter sur les piètres prouesses de leurs adversaires. Ni Louis ni Juliette ne faisaient, en effet, preuve de concentration. En revanche, ils s'amusaient et Auguste, qui les observait, ne tarda pas à joindre son rire au leur.

Attentif au plus infime changement de lumière, il regardait l'obscurité noyer l'horizon et le cours d'eau où se croisaient deux embarcations de pêcheurs. Sur la rive opposée, des feux s'allumèrent puis des chants parvinrent à ses oreilles. Indifférents à une fête qui ne

Du côté de Pondichéry

serait jamais la leur, les indigènes accomplissaient leurs tâches quotidiennes. La fraîcheur lui provoqua un frisson. Il demanda un châle à un domestique puis, son bras glissé sous celui de Juliette, entraîna ses invités vers la demeure et insista pour les retenir à souper.

Dans un boudoir aux murs ornés de trompe-l'œil antiques, les servantes avaient préparé des eaux parfumées à l'intention de Manon et de Juliette.

— Quelle belle journée ! s'exclama la première en s'asseyant sur un tabouret afin que l'une des domestiques la recoiffât.

A ses côtés, Juliette humectait son cou avec un linge.

— Enlève-moi cette résille et laisse mes cheveux en liberté, ordonna-t-elle à l'Indienne qui s'approchait, un peigne à la main.

— Monsieur Treguen m'a semblé assez ténébreux, remarqua Manon. Est-il toujours ainsi ?

— C'est un homme bourru comme la plupart des marins.

— Le connaissez-vous depuis longtemps ?

— Plusieurs années. Il travaille avec mon père et mon oncle le tient en grande estime.

Puis, en quelques phrases, Juliette expliqua à son amie le départ pour la France de madame Treguen et des enfants pour conclure :

— Elle n'a jamais tenté de s'adapter à Pondichéry.

— Vous était-elle sympathique ?

— Oh, elle ne m'intéressait guère !

— Pourquoi ?

— Je la trouvais trop conventionnelle.

— L'inverse de son mari...

— Oui, l'inverse !

Après le souper, qui fut animé, tous montèrent sur

la terrasse où brûlaient des torchères. Le visage levé vers le firmament, Louis contemplait la Voie lactée.

— Observer le ciel ressemble à une drogue. Quand on y a pris goût, on ne peut plus s'en passer, lui dit Hervé en s'accoudant à la balustrade.

Si le bruit de la mer n'avait manqué, il se serait cru sur le pont de son clipper. Plongé dans la nuit, le paysage avait perdu toute consistance. Seule comptait la voûte céleste, à la fois intimidante et intime.

Appelé par Auguste qui, avec Juliette, réglait le télescope, Louis s'éloigna pour être bientôt remplacé par Manon.

— Il est presque intimidant de se trouver face à une telle perfection, remarqua-t-elle avant de se réfugier dans un silence qui ne les gêna ni l'un ni l'autre.

Pour la première fois depuis longtemps, Hervé avait déposé ses gardes. Rien n'expliquait cette réaction hormis l'intuition d'être en bonne compagnie. Le parfum fleuri de la jeune femme parvenait agréablement à ses narines et à peine esquissait-elle un mouvement que bruissait la soie de ses vêtements.

— Juliette m'a dit que vous habitiez à côté de Notre-Dame-des-Anges, murmura-t-il. J'avais des amis qui...

— Je le sais.

— Ah oui ? s'étonna-t-il.

— Vous m'en avez, vous-même, parlé.

— Excusez-moi... Je ne comprends pas...

— Nous nous sommes déjà rencontrés. Il pleuvait et vous sembliez malheureux.

— Pardonnez-moi de ne pas m'en être souvenu.

Elle sourit puis le questionna sur ses périples passés et à venir et il répondit avec aisance. Parler n'était pourtant pas son fort ! Françoise, son épouse, le lui avait maintes fois reproché. Ce n'était pas faute de lui avoir expliqué qu'en Bretagne, dans sa famille, on se mon-

Du côté de Pondichéry

trait peu disert, encore moins lorsqu'il s'agissait d'exprimer ses sentiments.

« Nous ne sommes pas à Lorient mais à Pondichéry, s'insurgeait-elle, et tu ne m'as encore jamais dit que tu m'aimais. »

Elle avait raison. Ces mots ne parvenaient pas à franchir ses lèvres car, s'il éprouvait de l'attachement et de la reconnaissance envers celle qui élevait leurs deux enfants, son désir le portait vers des femmes de rencontre et cette dissociation, qui lui convenait, ne correspondait pas à l'idée qu'il se faisait de l'amour.

— Vous avez tout à l'heure évoqué votre fils, dit-il à Manon. Quel âge a-t-il ?

— Huit ans, et il me manque. Mais, pour rester auprès de lui, je ne pouvais renoncer à l'occasion de venir jusqu'ici.

— Vous n'avez pas craint d'être déçue ?

— Non... et j'avais raison !

Après une légère hésitation, elle ajouta :

— Comment oublier un Noël comme celui-ci ? Toute la journée, j'ai eu la sensation de me promener dans un conte de fées où se concrétisaient mes souhaits.

— Notre hôte est un magicien, répliqua Hervé, qui ne recule devant aucun défi. N'a-t-il pas réussi à me faire venir...

— Etait-ce si difficile ?

— Je n'accepte aucune invitation en dehors des siennes !

— Me donnez-vous un avertissement pour que je ne vous convie jamais à la maison ?

Déconcerté par la spontanéité de la question, Hervé demeura sans voix. A côté de lui, Manon ne bougeait pas. De son visage, il ne discernait que les contours flous et il bénissait l'obscurité qui les enveloppait.

— Je vais souvent m'absenter et, dans quelques mois, vous repartirez pour la France.

— Ce n'est pas une réponse !
— Eh bien, qui sait... Vous parviendrez peut-être, vous aussi, à me faire changer d'attitude.

Manon se préparait à rétorquer lorsque Juliette les appela. Derrière Louis, elle attendait son tour pour coller son œil à la lunette astronomique.

— Voilà, je l'ai fixée dans l'axe de Vénus. Regardez...

Il lui laissa la place mais, ayant légèrement fait bouger l'appareil, elle ne trouva plus la planète.

— Attendez, lui dit Louis.

Son souffle dans ses cheveux, il l'entoura de ses bras puis approcha son visage du sien pour replacer le télescope dans la bonne direction. Cela dura moins d'une minute, néanmoins Juliette éprouva un trouble qui l'empêcha d'écouter ses explications. Il s'écarta et, les joues en feu, le cœur en émoi, elle ne songea plus qu'à l'étreinte involontaire qui, en la prenant au dépourvu, lui révélait ce qu'elle avait refusé d'admettre depuis son séjour au Grand Etang. Enfin, tout s'expliquait : son désintérêt pour Mathieu et le peu de plaisir que lui avait procuré leur baiser dans la barque. A la recherche d'une diversion, elle se tourna vers Auguste.

— A vous, mon oncle...

Le créole quitta avec difficulté son fauteuil. En dépit d'une journée riche en complicité, la fatigue le submergeait. Hervé s'en rendit compte et lui proposa son aide. Ils discutèrent un moment sur les dernières découvertes astronomiques puis le navigateur donna le signal du départ.

Dans le vestibule, Manon drapa autour de ses épaules un châle du Cachemire qui lui donna une allure de princesse orientale. Elle se préparait à monter dans son attelage lorsqu'elle entendit Hervé déclarer :

— J'escorterai madame Galbret jusqu'à sa demeure.

— Je n'en attendais pas moins de vous, répliqua Auguste en lui serrant la main.

Avant de se diriger vers son cheval, Louis se tourna vers Juliette.

— A bientôt, lui dit-il simplement.

— A bientôt, répéta-t-elle.

Dans la chambre qu'elle occupait depuis l'enfance, elle renvoya l'aya puis écarta la moustiquaire et, sans se déshabiller, s'allongea sur le lit. La maison résonnait des bruits qui précédaient le coucher mais, indifférente au monde extérieur, elle se concentrait sur son exaltation amoureuse. Etait-il possible qu'à son insu se fussent tissés des sentiments dont l'intensité l'effrayait ? Incapable de s'endormir, elle se remémora dans ses plus infimes détails les rencontres qui l'avaient placée sur le chemin de Louis. Mais l'avait-il seulement remarquée ? Elle se releva avec brusquerie pour courir vers le miroir qu'éclairaient des lampes à huile. Ses cheveux tombaient en une lourde masse sur ses épaules qu'elle libéra de la robe, puis elle se débarrassa de sa crinoline et, vêtue de son corset et de pantalons en dentelle, se demanda sans la moindre complaisance si elle possédait suffisamment d'atouts pour séduire. A quel genre de jeune fille ou de femme Louis s'était-il intéressé avant de venir aux Indes ? Avait-il des attaches en Provence ? Et, ici, se rendait-il comme la plupart des célibataires dans la ville noire, baptisée plus explicitement « ville des amours » ? Avec un regard fiévreux, elle s'observa. Si seulement elle avait possédé la beauté de Manon, son expérience ! Dehors, un oiseau poussa un cri strident et elle songea à Louis qui, peu à peu, se rapprochait de Pondichéry. S'attardait-il, lui aussi, sur cette journée si particulière ? Jusqu'à l'aube, elle remua cette question et bien d'autres...

Du côté de Pondichéry

Alors qu'elle parvenait enfin à s'endormir, Auguste, debout à la fenêtre de sa chambre, buvait sa première tasse de thé en contemplant les Indiens qui, dès le lever du jour, gagnaient la rivière afin d'y accomplir leurs ablutions. Jamais il ne s'était lassé de cette vision qui, par sa simplicité, son innocence primitive, lui faisait presque regretter de n'avoir pas été touché par la foi.

15

Juliette fêterait ses dix-huit ans au Grand Etang et Charles, avant son départ pour Yanaon, se pencha sur les préparatifs de cet événement qu'il voulait mémorable. Des listes furent établies, départageant les invités qui résideraient dans la maison et les autres, pour lesquels seraient montées des tentes à l'irréprochable confort.

« Heureusement que je n'ai qu'une fille », soupirait-il face au tracas qu'occasionnait la manifestation.

S'il voulait contenter Juliette, il souhaitait surtout tenir son rang et donner à ses concurrents une nouvelle raison de l'envier. Il en allait de sa réputation et de la bonne marche de ses affaires ! Joséphine, qui partageait cette opinion, se préoccupa de la décoration florale et du feu d'artifice. En revanche, sa belle-fille s'opposa à ce qu'elle l'accompagnât chez la couturière.

— Madame Galbret me conseille, répondit-elle.

— De quel droit ? s'insurgea Joséphine... Ce n'est pas elle qui paiera la facture. De plus, son influence sur toi est déplorable...

Fatigué par ces perpétuelles disputes, Charles ne fut pas mécontent de s'éloigner.

— Prenez soin de vous, murmura-t-il à Joséphine avant de la quitter, et n'oubliez pas de penser à nous.

Du côté de Pondichéry

A peine eut-il franchi la porte qu'elle se préoccupa de rencontrer Mathieu. Avec la belle saison, Pondichéry multipliait les occasions de se croiser et la promenade, le long de la plage, à la tombée de la nuit, en constituait l'une des plus agréables. Accompagnés par le bris des vagues, les créoles déambulaient au clair de lune. Personne n'aurait dérogé à ce rite qui, pendant trois mois, dispensait le plaisir de respirer un air tonique. La santé physique et morale de chacun s'améliorait, ce qui entraînait de meilleures relations entre les êtres et prédisposait davantage au marivaudage.

Avec de jeunes célibataires, Mathieu aimait à flâner avant de retrouver les attraits de la ville noire. C'était l'heure des plaisanteries et des confidences plus ou moins scabreuses.

Joséphine, qui connaissait son emploi du temps, attendit en bavardant avec Isabelle Lebreton qu'il revînt vers la place du Gouvernement puis, avec un sourire, alla à sa rencontre. Il lui fallait, néanmoins, se montrer prudente, aussi lança-t-elle d'une voix forte :

— Mon mari a oublié de vous laisser des instructions. Il les a écrites dans un pli que je dois vous donner.

— Puis-je passer demain ?

— Oui, en fin de matinée.

Onze heures et demie sonnaient lorsque Mathieu se présenta chez les Fournel.

— Si Monsieur veut bien attendre Madame, lui dit le dobachi en s'effaçant pour le laisser entrer dans le salon.

Devant le portrait de Charles, Mathieu rajusta ses manchettes, puis il se dirigea vers un miroir afin de vérifier l'ordonnance de ses cheveux lissés et pommadés.

Avec des gestes feutrés, un domestique lui apporta un café qu'il but à petites gorgées jusqu'à ce qu'un frôlement de jupe attirât son attention. Chapeautée et gantée, Juliette le dévisageait avec surprise.

— Bonjour, Juliette, lui dit-il avec une certaine gêne.
— Vous êtes venu voir mon père ! Il est parti...
Se ravisant, elle ajouta :
— Mais je suis stupide... Vous le savez mieux que moi puisque vous travaillez pour lui.
— Justement, il a laissé à mon intention des instructions écrites que doit me donner madame Fournel.
— Ah oui, répondit la jeune fille avec un sourire empli de sous-entendus.
— Et vous... vous semblez prête à sortir.
— On ne peut rien vous cacher.
— Les préparatifs de votre bal, sans doute...
— Quelle perspicacité !
— J'espère que vous me réserverez une valse.
— Il est encore tôt pour y songer.
— J'insiste.
— J'essaierai de ne pas oublier.
— Mon Dieu, qu'ai-je fait pour mériter pareille désinvolture !
— Juliette s'est-elle montrée désagréable ? demanda Joséphine qui venait de les rejoindre.
— Non, nous plaisantions, la rassura Mathieu.
— Ah bon... je préfère.
A sa belle-fille qui allait s'éclipser, Joséphine lança :
— Où vas-tu ?
— Chez madame Galbret.
— Encore ! Pas un jour ne s'écoule sans que tu lui rendes visite !
— Nous avons beaucoup de choses à nous raconter.
— C'est une femme charmante, s'interposa Mathieu qui, après avoir croisé le regard de Joséphine, regretta de s'être montré magnanime.
— Je ne manquerai pas de lui répéter votre compli-

ment, furent les dernières paroles de Juliette avant qu'elle ne les abandonnât.

Exaspérée, Joséphine se laissa tomber dans un fauteuil.

— Je suis furieuse contre les domestiques ! Impossible de retrouver le pli que mon mari m'avait laissé à votre intention.

— Voilà qui est fâcheux, répliqua Mathieu en entrant dans son jeu. Etes-vous certaine qu'il n'a pas glissé derrière un meuble ?

— J'ai tout fait retourner.

Après avoir vérifié que personne ne les observait, il s'approcha d'elle.

— Je deviens fou. Nous ne pouvons plus continuer ainsi...

Sans cesser de s'éventer, elle le fixait pour mesurer la sincérité de ses propos.

— Joséphine, poursuivit-il, jamais une femme ne m'a séduit autant que vous. Vous êtes si particulière.

— Particulière ? Comment dois-je interpréter cette réflexion ? soupira-t-elle.

— Comme un gage d'admiration.

En même temps qu'il parlait, il s'était baissé et, la bouche dans ses cheveux puis sur sa nuque, ajoutait :

— Depuis que je vous ai vue, je n'ai songé qu'à vous conquérir.

— Quelle prétention !

— Peut-être, chuchota-t-il.

Ce fut elle qui chercha sa bouche pour un baiser sans douceur.

— Partez maintenant, dit-elle en s'écartant.

— A la seule condition que vous me rejoigniez demain. L'un de mes amis m'a laissé sa maison pendant son séjour à Madras.

Il se garda d'ajouter que cet endroit était vite devenu

Du côté de Pondichéry

la garçonnière de plusieurs célibataires mais insista sur la certitude que personne ne les y surprendrait.

Pour trop ressembler à ce qu'elle avait connu dans les prémices de sa liaison avec François, la situation commençait à perdre de son attrait. Cependant, Joséphine avait un besoin vital d'aventure. Tout plutôt que cette monotonie qui résistait à l'opium ! Afin d'emporter son adhésion, Mathieu l'embrassa une nouvelle fois puis, lorsqu'il la sentit faiblir, relâcha son étreinte. Cette méthode avait toujours porté ses fruits, même avec les plus rebelles.

— Je vous attendrai à partir de cinq heures.

Et, à voix plus basse, il lui donna l'adresse.

Rien de leur manège n'avait échappé à Juliette mais elle n'imagina pas que sa belle-mère songeât à autre chose qu'à exercer sa coquetterie. En ce matin de janvier 1864, la lumière était vive et le vent soufflait de la mer où se croisaient les embarcations indigènes emplies à ras bord de denrées en tous genres. Dans quelques jours, on fêterait Pongal et, après la mousson qui avait irrigué les rizières, cette célébration se déroulerait dans la joie.

Alors qu'elle longeait en pousse le cours Chabrol, elle aperçut, non loin du débarcadère, une longue file d'Indiens composée en majorité d'hommes et de quelques femmes. Ils attendaient de pénétrer dans un entrepôt appartenant à François Tourvel, et Juliette comprit qu'ils allaient donner toutes leurs économies pour embarquer à bord d'un « coolie ship ». Une silhouette attira son attention et, alors qu'elle se rapprochait, elle reconnut Aruni, le frère de Kâmeshvarî. Ainsi lui aussi s'était laissé griser par de fausses promesses ! Juliette s'étonna que la petite servante ne lui eût soufflé mot de ce prochain départ. Mais en avait-elle été avertie ?

Manon écrivait sous la véranda quand Juliette franchit le porche de sa maison.

— Oh, je vous dérange, s'excusa-t-elle.

— Au contraire ! Je manque d'inspiration, aujourd'hui.

Du doigt, la jeune femme montra à sa visiteuse les boules de papier froissé qu'elle avait jetées sous la table puis elle regarda autour d'elle et, avec un soupir, avoua :

— Tout sollicite ma curiosité : les perruches, les lézards, le va-et-vient des singes sur la terrasse voisine.

De son sac, Juliette sortit un paquet enrubanné qu'elle tendit à Manon.

— C'est pour vous.

— Pour moi !

Avec des doigts impatients, Manon défit l'emballage puis ouvrit un éventail qui, en se déployant, révéla un paysage de ruines et de jungle.

— Que c'est beau, murmura-t-elle.

— Je suis contente qu'il vous plaise. Je l'ai peint à votre intention.

— Juliette, je ne sais comment vous remercier.

— Moi, je le sais ! Pourquoi n'écririez-vous pas un poème pour un nouvel éventail que j'illustrerais selon le sujet.

— Quelle bonne idée !

Depuis qu'elle avait rencontré Manon, Juliette ne manquait pas d'initiatives. En dehors du plaisir que lui procurait leur amitié naissante, elle découvrait l'émulation artistique. Avec la belle saison, elle se levait de très bonne heure et, installée sur l'argamasse, regardait et écoutait la ville qui, des quatre points cardinaux, se préparait à connaître une nouvelle journée. Il y avait d'abord l'appel des muezzins qui, du haut des deux minarets, invitaient la communauté musulmane à la prière, puis s'élevaient les incantations des temples hindous. Ensuite résonnaient les cloches des édifices chrétiens, celles de la cathédrale à la lisière de la ville noire puis, plus proche, le carillon de Notre-Dame-des-Anges. Mais aucune de ces manifestations ne rendait muets les oiseaux qui, de branche en branche, saluaient la lumière du jour. Attentive aux élans de vie, Juliette contemplait le cours Chabrol qui avec rapidité s'animait. Venus des faubourgs de la cité, les indigènes franchissaient le canal puis rejoignaient les entrepôts et les maisons qui les employaient comme coolies ou domestiques. Il y avait des laitiers, des dhobi qui venaient blanchir le linge. Juliette ne perdait rien de ce fleuve coloré qui se détachait sur la mer dont le gris-bleu s'avivait à mesure qu'avançaient les heures. Sur de grandes feuilles de papier, elle tentait, en utilisant l'aquarelle, de restituer la légèreté de l'air, l'intense activité des personnages et, plus loin, les clippers qui, dans la rade, goûtaient l'accalmie d'une escale.

Deux voies s'ouvraient devant elle : soit elle continuait de peindre en dilettante, soit elle devenait plus ambitieuse. Le second choix signifiait quitter Pondichéry pour gagner l'Occident. Il nécessitait d'entrer dans une académie où elle devrait s'imposer parmi les hommes qui la mépriseraient. Il l'appelait aussi à mener une existence hors des conventions. Trouverait-elle la volonté et le courage de sauter le pas ? Ces dernières semaines, Juliette n'avait cessé de réfléchir à son avenir. Elle allait avoir dix-huit ans, ce qui signifiait tout et rien. A partir de cette date où elle aurait accompli son entrée officielle dans le monde, elle marquerait de sa présence les bals et les soirées réservés aux adultes. En revanche, elle n'aurait pas davantage la permission de s'exprimer puisque toute jeune fille bien née se devait d'être réservée. Autant dire que si elle obéissait aux us et coutumes en vigueur, cette nouvelle situation ne l'autoriserait qu'à se montrer dans le but de trouver un mari. A Manon, elle confia le dégoût que provoquait en elle cette évidence.

— Et vous ? Aimiez-vous l'homme que vous avez épousé ?

— Je n'en étais pas amoureuse mais je l'estimais.

— Mon Dieu, comme vous avez dû être malheureuse !

— Non. Personne d'autre ne me plaisait.

— Et depuis ?

— Nous avons eu notre fils.

— Bien sûr, mais...

— Vous êtes très romanesque, Juliette. La vie n'est pas telle que vous l'imaginez.

— Pourtant, je veux croire au grand amour.

Etonnée par la fougue de la jeune fille, Manon la dévisagea avec insistance puis murmura :

— De tout mon cœur, je vous souhaite d'être exaucée.

16

Avant de se rendre au Grand Etang, Juliette essaya une dernière fois sa robe sous l'œil vigilant de la couturière qui venait plusieurs fois par semaine à domicile.

Madame Gomez et son époux étaient des « topa », ou « mixtes ». L'un et l'autre descendaient de Portugais qui, de leur liaison avec une Indienne de basse caste, avaient eu des enfants que les créoles et les Indiens rejetaient. Ils avaient quitté Karikal pour s'installer à Pondichéry et, peu à peu, les dames et les demoiselles du comptoir avaient oublié leur mépris pour se rendre à l'évidence : madame Gomez possédait un goût et un savoir-faire qui valaient toutes les redditions. De ses doigts de fée, elle apprivoisait les tissus les plus difficiles à travailler et, avec le concours de brodeuses qu'elle menait à la baguette, confectionnait des robes du plus bel effet.

Sur les conseils de Manon, Juliette lui avait demandé de reproduire un modèle de Worth qu'elle avait trouvé dans un catalogue et, ce matin, elle se félicitait du résultat.

Au blanc, elle avait préféré un taffetas ivoire moiré de reflets bleu pâle. Un volant du même ton soulignait le décolleté qu'elle demandait, chaque fois, plus plongeant.

— Madame Fournel va m'arracher les yeux, se défendait la couturière en obéissant néanmoins à sa jeune cliente.

Contrairement aux débutantes qui, pour leur premier bal, faisaient une surenchère de guipures et de dentelles, mademoiselle Fournel privilégiait la beauté des matériaux et la sobriété des ornements. Sur sa peau mate, les coloris les plus subtils prenaient toute leur valeur et sa silhouette élancée lui permettait certaines audaces qui, sur d'autres personnes, auraient paru vulgaires.

— Dix-huit ans, répétait la couturière, le plus bel âge !

— Vous trouvez ?

— Oh oui ! Après, tout est défini, établi.

— Cela dépend pour qui !

Ce fut au tour de madame Gomez d'être surprise. Juliette avait beau ne ressembler à personne, elle ne l'aurait cependant pas crue capable de tenir ces propos. Devenue silencieuse, elle souligna avec des épingles une pince de poitrine puis lissa les plis de la jupe qui s'étalaient sur une crinoline à laquelle la mode réclamait moins d'ampleur.

— Cela vous plaît ?

— Oui.

Juliette s'examina dans le miroir.

— Mais il manque un détail susceptible de faire ressortir les autres. Un nœud autour de la taille, par exemple.

— Vous croyez ?

— Essayons.

Au milieu de nombreux coupons, Juliette choisit une soie rose qui n'avait rien de mièvre mais dont la teinte, au contraire, soulignait le raffinement de la robe.

— N'avais-je pas raison ? demanda-t-elle.

Du côté de Pondichéry

La couturière hocha la tête. Au fil de sa carrière, elle n'avait encore reçu pareille leçon !

Pongal ! Juliette avait choisi de se rendre au Grand Etang pendant cette fête de la moisson où l'on honorait le soleil, la terre, et qui dans la presqu'île du Deccan revêtait une grande importance. Devant le seuil des maisons, les Indiennes avaient dessiné sur le sol, avec de la poudre minérale, des kolams représentant des fleurs. Après avoir rapporté du marché de la canne à sucre et des poteries, elles avaient nettoyé de fond en comble leur paillote puis déposé à l'extérieur tout ce dont elles voulaient se débarrasser afin d'y mettre le feu. Le 14 janvier, les familles avaient fait bouillir, dans des pots de terre neufs et emplis de lait sucré au jagre, le riz de la récolte jusqu'à ce qu'il déborde. Après avoir plusieurs fois crié « Pongolo, Pongueul », ils l'avaient mangé. Aujourd'hui, 15 janvier, hommes et garçonnets lavaient les vaches et les buffles dans des mares avant de les colorer avec des poudres et de peindre leurs cornes. Décorées de feuillages et de fleurs, elles seraient au crépuscule lâchées dans les rues.

Kâmeshvarî accompagnait sa maîtresse. En dépit de la joie qui s'étendait sur la population, elle se sentait préoccupée. Son souci remontait au matin où Juliette lui avait appris que son frère Aruni se préparait à quitter les Indes. Depuis, un poids oppressait sa poitrine et le sommeil la désertait. Aruni au loin, que lui resterait-il ? N'était-il pas le seul membre de sa famille qui, après son veuvage, ne l'avait pas méprisée ? De plus, n'avait-elle pas entendu que ces bateaux porteurs d'espérance n'arrivaient pas toujours à destination... Depuis qu'elle vivait à Pondichéry, elle avait assisté à suffisamment de tempêtes pour comprendre le danger que recelaient les océans. Mais comment convaincre son frère de renoncer à quitter la terre natale ?

Du côté de Pondichéry

— Tu n'y parviendras pas, l'avait prévenue Juliette. Il ne vit plus que pour ce projet... et il a certainement déjà dû payer une grosse somme pour ce voyage.

La jeune fille avait ajouté qu'il était maître de son destin, des mots qui pour Kâmeshvarî ne renfermaient aucune signification. Mais Juliette ne l'avait-elle pas déjà déconcertée, quelques mois auparavant, lorsqu'elle l'avait exhortée à se convertir au catholicisme.

« Certains Indiens le font pour échapper au système des castes qui n'existe pas dans notre religion. Réfléchis... tu ne serais plus une paria. »

Kâmeshvarî n'avait rien répondu tout en sachant que jamais elle ne renierait ses dieux et ses croyances pour se faire baptiser à la cathédrale puis assister aux offices chrétiens. Changer son karma était inenvisageable. Née paria, elle le demeurerait jusqu'à sa mort et peut-être, dans une vie prochaine, connaîtrait-elle un meilleur sort.

En milieu de matinée, le landau franchit les grilles du domaine. Le long de l'allée centrale s'élevaient les arceaux auxquels seraient accrochés les lampions qui éclaireraient le parc, le soir du bal et, du bord de l'étang qu'avaient empli les pluies, s'avançaient plusieurs pontons dont le plus vaste se transformerait en piste de danse.

A découvrir ces préparatifs, Juliette se sentit d'humeur joyeuse. Tout se conjuguait pour que son anniversaire se teintât d'une coloration particulière. Louis Tempête l'avait, en effet, assurée de sa présence.

Ils s'étaient revus le long de la plage mais, hélas, n'avaient échangé que des propos impersonnels qui l'avaient laissée inassouvie et songeuse. Que faisait-il jusqu'au moment où il s'endormait ? Qui voyait-il ? Non sans désagrément, elle avait constaté la présence de rivales dont certaines constituaient un danger. Parmi celles-ci, une Anglaise venue de Calcutta pour séjourner chez des amis créoles lui déplaisait particulièrement. Sans être jolie, Emily Sitwell possédait un charme auquel s'ajoutait un irrésistible accent lorsqu'elle parlait le français. Si ses reparties ne manquaient pas d'humour, Juliette lui enviait avant tout la liberté avec laquelle elle s'adressait aux hommes. Excellente cavalière, elle caracolait en leur compagnie et évoquait les chasses au tigre auxquelles elle avait coutume de participer dans le nord du pays. Il était évident que Louis Tempête ne la laissait pas indifférente et il était évident qu'elle l'amusait. Emily figurerait, hélas, parmi les heureux élus qui assisteraient au bal. D'autant plus que ses amis possédaient, au bord du Grand Etang, une propriété voisine de celle des Fournel.

« Ne pas les recevoir serait le pire des affronts », s'était exclamé Charles quand Juliette lui avait fait part de ses réticences.

Jusqu'au 27 janvier, la jeune fille s'adonna aux préparatifs. En premier lieu, il lui fallut tenir tête à Joséphine et à l'insistance que celle-ci mettait à tout régenter : le nombre des buffets, l'emplacement des orchestres, l'heure du feu d'artifice. Les derniers jours, elles veillèrent à ce que mobilier et objets fussent harmonieusement disposés à l'intérieur des tentes qu'ombrageaient de grands manguiers. Des tapis dissimulèrent la pelouse, des moustiquaires entourèrent les lits de camp sur lesquels furent étalés de confortables matelas que recouvriraient, au dernier moment, des draps chiffrés et des courtepointes brodées. Des bougies trouvèrent leur place dans les chandeliers en argent et, à côté des aiguières dans lesquelles serait versée l'eau bouillie, les vases de cristal recueilleraient des fleurs fraîchement coupées. Cette intendance nécessitait plus d'énergie que ne pouvait en produire le régiment de serviteurs qui, pourtant, travaillaient jour et nuit. On dut engager des renforts mais, chacune des recrues ayant un rôle défini, leur nombre devint vite impressionnant. Dès l'aube le jardin résonnait des coups de marteaux de charpentiers qui terminaient les enclos où seraient enfermés les chevaux des invités tandis que les palefreniers nettoyaient les écuries. Munis de râteaux et de serpes, les jardiniers peignaient les allées, élaguaient les buissons et nettoyaient l'étang. L'un après l'autre, des chars à bœufs se présentaient devant les remises où l'on déchargeait les denrées qui, au fur et à mesure, prendraient le chemin des cuisines. Sous la houlette du chef français des Fournel, les indigènes plumaient et vidaient la volaille, écossaient les légumes ou cassaient les noix de coco afin d'en extraire la chair et le lait. On attendait trois cents personnes dont plus d'une soixantaine venant de contrées reculées seraient hébergées.

— Cela promet pour ton mariage, remarqua Charles après avoir accompli une tournée d'inspection.

A son retour de Yanaon, il n'était resté à Pondichéry que le temps de répondre aux affaires urgentes puis avait rejoint sa femme qu'il trouva dans un état de grande fatigue.

— Ne couvez-vous pas une maladie ? lui demanda-t-il avec inquiétude.

— Que voulez-vous dire ?

— Vos yeux sont cernés, votre teint...

Sans écouter la fin de la phrase, Joséphine se précipita vers un miroir. A l'épuisement qu'occasionnaient les préparatifs s'ajoutaient ses récréations auprès de Mathieu. Pendant deux semaines, ils s'étaient rejoints dans une maison de la ville noire dont elle préférait ne pas connaître la véritable utilité. Certains indices indiquaient, en effet, que le passage y était fréquent. Mais qu'importait... tant qu'elle prenait du bon temps ! Mathieu s'était révélé l'amant qu'elle imaginait. Narcissique, il songeait trop à cultiver son image pour se montrer spontané, toutefois il ne manquait pas d'expérience et une sensibilité presque féminine lui permettait de deviner les souhaits de sa partenaire avant que celle-ci n'en fût consciente. Au creux de l'alcôve ornée de tableaux où prédominaient des Cupidons aux fesses charnues, ils faisaient l'amour avec vigueur et sans état d'âme. Bien qu'il cherchât à le dissimuler, Joséphine avait compris que Mathieu n'était pas mécontent d'emprunter à Charles l'un de ses biens les plus précieux. Sans doute se vengeait-il des remontrances essuyées ces derniers temps...

— Son père a raison. Ce garçon ne pense qu'à l'amusement. Il n'a qu'une ambition : celle de ne pas travailler, se plaignait Charles. Ce qu'il accomplit est approximatif et non seulement les employés ne le respectent pas mais ils n'obéissent pas à ses ordres. Si je n'avais promis de le garder, il aurait depuis longtemps regagné la France.

La France ! Joséphine songea avec amertume aux rêves qu'avaient nourris ses conversations avec Mathieu. N'avait-elle pas espéré qu'il l'y emmènerait ? Aujourd'hui, ses projets s'étaient envolés en fumée ; il était inenvisageable de compter sur un homme aussi peu fiable. Charles s'était engagé à le garder deux ans. Une période suffisante pour que leur liaison perdît tout son suc ! Déjà, la semaine au Grand Etang, loin de son amant, lui prouvait qu'il lui manquait peu.

Elle s'approcha de son mari qui s'était assis pour lire son journal. Après avoir souhaité son départ pour Yanaon, elle appréciait sa compagnie. A l'inverse de François qui l'épuisait avec sa jalousie et de Mathieu dont personne n'admirait les faits et gestes, Charles recelait de précieuses qualités. Energique, généreux, peu soupçonneux, empressé, attentif et fortuné, il appartenait à une espèce rare. Une main posée sur son épaule, elle contempla le domaine sur lequel, en l'épousant, il lui avait permis de régner. Le surlendemain s'y presseraient ceux et celles qui l'avaient méprisée lorsqu'elle n'était que la fille d'un petit fonctionnaire. Seule ombre au tableau, cette fête serait donnée en l'honneur de Juliette qui, hélas, n'était dépourvue ni de grâce ni de personnalité. Quand Joséphine Gauthier était devenue madame Fournel, elle avait cru ne faire qu'une bouchée de l'adolescente renfermée et studieuse. A tel point qu'elle avait abandonné toute méfiance. Cette erreur la plaçait devant une adulte qui n'avait peur de rien et surtout pas de la contrer. Elle éprouvait même la désagréable impression que Juliette la tenait pour quantité négligeable. Chaque jour, la lutte devenait plus âpre et, pour se débarrasser de son ennemie, il ne restait plus que la demande en mariage de François. Volontairement, Joséphine préférait ne pas évoquer cette éventualité devant Charles qui semblait l'avoir oubliée.

— Etes-vous satisfait de la décoration du jardin ? demanda-t-elle à son mari avant qu'il ne se plongeât dans sa lecture.

D'un regard circulaire, Charles engloba le va-et-vient des serviteurs qui ajoutaient une dernière touche aux préparatifs. Des buanderies situées à l'arrière de la maison, les ayas, vêtues du même pagne rose, emportaient avec précaution vers les tentes des serviettes de toilette et des napperons empesés. Non loin de l'étang, le dobachi veillait à la disposition de tables rondes où, sous la tonnelle, serait servi le souper.

— Tous les invités que nous avions prévu de loger le seront-ils ? demanda Charles.

— Oui, mais j'ai refusé à Juliette d'héberger des personnes qui habitent Pondichéry. Nous manquions de place.

— Ah oui ! Qui, par exemple ?

— Eh bien, madame Galbret et...

— Madame Galbret ! Juliette l'aime beaucoup. Vous auriez dû lui accorder cette faveur.

— Il n'était pas question de favoriser une femme que nous connaissons à peine au détriment d'amis de longue date, répliqua Joséphine sur un ton sans appel.

17

A Pondichéry, Manon préparait dans le plus grand secret le cadeau qu'elle destinait à Juliette. Sur une étole en lourde soie blanche, elle avait fait peindre en lettres bleu glacier les rimes d'un poème composé à l'intention de son amie. Phase après phase, elle en avait surveillé la réalisation, et le résultat qu'elle découvrait, quelques jours avant le bal, comblait ses espérances. Etalé sur le sofa avant d'être empaqueté, le tissu insufflait le désir de le palper puis de s'en envelopper et, au gré des pliures, d'offrir aux regards extérieurs les bribes d'une ode à la jeunesse.

Le carillon du porche la sortit de sa contemplation. Surprise, elle se demanda qui pouvait se présenter en ce milieu d'après-midi. S'agissait-il d'un fournisseur ou peut-être du professeur de tamoul que Louis Tempête devait lui envoyer ? Il y eut un bref échange de paroles dans la cour puis le domestique monta à l'étage pour lui présenter, sur un petit plateau, une carte de visite.

— Ce monsieur demande si Madame accepterait de le recevoir...

« Hervé Treguen », lut Manon sur le bristol.
— Où est-il ?
— Il attend la réponse sous la véranda.
— Dis-lui que je descends.

Hervé Treguen ! Manon ne l'avait pas revu depuis Noël. Aux dernières nouvelles, il était parti pour Madras afin de commander des pièces de rechange pour son clipper. En s'observant dans la glace, elle prit conscience de ses vêtements orientaux, une habitude qu'elle avait contractée depuis plusieurs semaines lorsqu'elle restait chez elle. Il était impensable de se présenter devant son visiteur en caraco et pantalons bouffants ! A la hâte, elle enfila une robe d'intérieur brodée de myosotis puis chaussa de jolies mules en satin.

Hervé Treguen faisait les cent pas dans la véranda quand elle le rejoignit.

— Je suis confus de vous avoir dérangée, lui dit-il en même temps qu'il s'inclinait sur la main qu'elle lui tendait.

— Vous avez tort. J'adore les surprises !

— C'est vrai ?

— Vous ne me connaissez pas encore suffisamment pour savoir que je ne mens jamais... Mais entrons...

Le navigateur prit le même chemin que Juliette, lors de sa première incursion chez Manon, et avec un plaisir similaire découvrit le boudoir d'où on apercevait l'océan. Faisant taire un ultime sursaut de gêne, il s'assit sur le siège que lui désigna son hôtesse et, pour s'assurer qu'il ne rêvait pas, eut envie de se pincer. Cette rencontre obéissait, en effet, à une impulsion. Rentré la veille de Madras, il se promenait à travers la ville blanche quand ses pas le conduisirent vers la rue qui lui avait été longtemps familière. Devant la maison de Manon, il avait sans réfléchir agité la cloche et, au moment où, confus, il allait tourner les talons, le domestique avait passé la tête dans l'entrebâillement du porche. Ensuite tout s'était déroulé si vite qu'il commençait seulement à mesurer la portée de son geste...

Du côté de Pondichéry

Manon s'était installée en face de lui et les rayons du soleil jouaient avec ses cheveux que retenaient sur la nuque des épingles en ébène. Etait-ce de la découvrir chez elle, dans une toilette plus intime, qui le mettait davantage à l'aise ou bien la faculté avec laquelle elle menait la conversation ? Peu à peu, il oublia sa tension pour profiter pleinement de ces instants auprès d'une femme dont l'image avait fugitivement traversé sa mémoire. En mer, entre les manœuvres, on avait tout loisir de s'attarder sur les souvenirs et, parmi les plus agréables, s'était souvent imposée la journée chez Auguste Fournel.

— Cette maison vous va bien, remarqua-t-il. On a l'impression que vous l'avez toujours habitée.

— Ah oui... Vous trouvez ?

Après une courte hésitation, Manon murmura :

— J'éprouve, c'est vrai, la curieuse sensation d'être chez moi.

La jeune femme n'ajouta pas que, pour la première fois, elle pouvait agir selon sa fantaisie. Mariée à dix-sept ans, elle avait quitté l'autorité parentale pour tomber sous la coupe d'un époux qui, même s'il se défendait d'être autoritaire, aimait à imposer ses idées et ses habitudes. Ce périple en terre indienne lui permettait de n'obéir qu'à ses désirs. Le matin, elle s'éveillait tôt et, allongée sur son lit, buvait un thé en s'abandonnant au bonheur de ces instants où commençait une journée pour laquelle elle refusait d'établir un programme. Elle appréciait cette solitude qui lui permettait de réfléchir au passé et de mieux comprendre ce qu'elle attendait de l'existence. Dans le regard des domestiques qui veillaient sur les lieux, elle captait un perpétuel étonnement. Sans doute la trouvaient-ils bizarre... Mais comment en aurait-il été autrement pour ces indigènes qui, à l'exemple des leurs, redoutaient l'isolement et le silence ? De plus, à l'inverse des créoles qu'ils avaient eu l'habitude de servir, elle recevait rarement et ne répondait guère aux invitations. Dans la ville blanche, on ne devait pas manquer, non plus, de critiquer cette attitude. Madame Galbret était-elle souffrante ? Des déboires conjugaux la tenaient-ils éloignée de Paris ? Repartirait-elle bientôt de Pondichéry ? Cette inlassable curiosité ne la troublait ni plus ni moins que les commentaires qu'allait immanquablement susciter son actuel tête-à-tête avec Hervé Treguen.

— Je finis par croire que nos véritables racines sont celles que nous nous créons, reprit-elle.

— Alors j'ai, jusqu'à présent, manqué d'inspiration ou de chance.

— De chance ! Tant de personnes souhaiteraient connaître votre passion !

— Ils n'en voient que l'agrément.

— Tout de même ! Dans votre métier, vous ne subissez pas grand-chose qui vous déplaise.

Hervé découvrait avec agacement que Manon avait non seulement perçu ses contradictions mais aussi sa difficulté à les admettre. Qu'avait-il recherché jusqu'à présent ? A fuir une mère trop inquiète ? A imiter un père qui, pour le meilleur et le pire, s'était voué à l'océan ? Et cette incapacité qu'il avait eue, lui-même, à sauvegarder un foyer... Que devait-il en penser ? S'il n'avait jamais tenté de nier sa responsabilité dans son naufrage sentimental, il éprouvait néanmoins du ressentiment envers Françoise qui n'avait su ni le comprendre ni le retenir. Absence de désir de part et d'autre, d'intérêts partagés ? Cette évidence le ramena vers son hôtesse qui, avec fermeté et douceur, lui tenait le langage de la vérité. De quel pouvoir était-elle dotée pour qu'il balayât ses a priori envers les femmes sophistiquées et se livrât à des confidences ?

— Je ne pourrais vivre sans naviguer, lui répondit-il, mais les escales ne me procurent plus le même plaisir.

— Alors... devenez un second « Hollandais volant », s'amusa Manon, condamné pour l'éternité à naviguer sans approcher les rivages...

— Moquez-vous de moi !

Elle joignit son rire au sien et, à ce moment précis, il imagina la jeune fille qu'elle avait été à seize ans. Les soupirants n'avaient pas dû manquer, aussi se posa-t-il des questions sur l'homme dont elle portait le nom. Quels étaient leurs liens pour qu'elle bénéficiât d'une si grande liberté ? Sans doute était-il plus âgé et ne pouvait-il rien lui refuser ! Avec un regard où n'était pas absent le désir, il contempla Manon. A demi étendue sur une méridienne, elle était redevenue sérieuse et d'une main légère rattrapait la boucle qui s'était échappée de son chignon. Le bas de sa robe avait glissé le long du siège, révélant ses pieds que découvraient les mules. Le repousserait-elle s'il s'approchait afin de poser ses lèvres au creux de son cou ? La pensée qu'elle refusât alors de le revoir l'aida à se ressaisir. Pour se donner une contenance, il but une gorgée du thé qui lui avait été servi et dont il n'avait jamais été un adepte. Six heures sonnèrent à Notre-Dame-des-Anges. A travers la vitre, il vit que le jour avait décliné. La bienséance aurait voulu qu'il prît congé mais il n'en fit rien.

Attentive au moindre changement d'atmosphère, Manon avait baissé la voix à mesure que l'obscurité envahissait la pièce. Petite fille, elle détestait ces instants qui signifiaient que, sans tarder, elle devrait se coucher. Spontanément, elle en fit l'aveu à son visiteur.

— J'avais peur de la nuit et des meubles qui craquaient dans la chambre où j'attendais l'aube pour fermer les yeux.

Ces paroles évoquaient pour Hervé un monde inconnu. Dans la ferme bretonne où il avait grandi, le travail et la pêche le laissaient fourbu, aussi, chaque soir, s'endormait-il dans la minute où il s'allongeait.

— Afin d'oublier mes terreurs, je me racontais des histoires, poursuivait Manon.
— Comment faisiez-vous ?
— Oh, j'avais une imagination débordante !
— Tout de même...
Hervé ajouta :
— Je serais bien incapable d'inventer quoi que ce soit...
— Avez-vous essayé ?
— Non.
— Pas même pour distraire vos enfants ?
— Ils ne réclamaient que les récits de mes voyages.
— Comme je les comprends !
— Cela durait des heures. Leur préférence allait à la Chine.

A son tour, Manon le questionna sur ses traversées et, à mesure qu'il égrenait ses souvenirs, elle découvrait, à bord de son clipper, les caprices de l'océan Indien, le claquement des voiles sous l'impulsion du vent et le cri des oiseaux. Il sut trouver les mots justes pour décrire les nuits étoilées et l'exaltation qu'il ressentait à se savoir loin des humains.

— C'était, plus tard, un véritable étourdissement que de débarquer à Yokohama ou à Canton.

Une nouvelle fois, sa puissance d'évocation permit à Manon de le suivre à travers les ruelles qu'éclairaient de multiples lanternes. A sa suite, elle pénétra dans les fameuses maisons de thé où des femmes aux cheveux laqués cultivaient jusqu'à la perfection l'art de séduire. Des parfums d'interdit chatouillèrent ses narines. Mais la pudeur et la bonne éducation d'Hervé Treguen ne lui permirent pas d'en savoir davantage sur un sujet qui brûlait sa curiosité.

La sentant attentive, il continua de parler et livra ce qu'il n'avait confié à quiconque : son enfance près de Lorient, l'attrait et la méfiance que lui avaient tour à tour inspirés la mer et l'appel du lointain... Puis le grand, l'irréversible départ et, passée la première inquiétude, l'ineffable griserie d'avoir bousculé son destin.

— Et vous avez osé me dire que vous ne saviez pas raconter des histoires, lui reprocha Manon.

— Elles ne doivent rien à l'imaginaire.

— Qu'importe puisqu'elles sont belles !

— Je suis heureux qu'elles vous aient plu.

La jeune femme imita Hervé qui s'était levé pour s'en aller.

— Je suppose que vous n'avez pas trouvé d'excuse pour éviter le bal de Juliette Fournel, plaisanta-t-elle.

— Vous vous trompez ! Je pars pour Colombo après-demain.

— Après-demain, répéta Manon avec une nuance de déception dans la voix.

— Je dois y prendre un important chargement de café pour le livrer en Egypte.

— Et ensuite ?

— Je reviendrai et, si vous êtes toujours à Pondichéry, je me présenterai à votre porte comme je l'ai fait tout à l'heure.

En même temps qu'il s'engageait dans l'escalier, Hervé lança sur un ton bourru :

— Si j'avais deviné que vous parviendriez à m'apprivoiser !

Dans la rue, il leva les yeux vers les fenêtres illuminées du salon où il venait de retrouver son élan d'antan. Non qu'il l'eût complètement perdu mais, depuis le départ de sa femme et de ses enfants, sa lassitude morale empiétait sur l'enthousiasme qui avait été l'un des traits dominants de son caractère. Etait-ce d'avoir fait resurgir sa jeunesse devant Manon Galbret qui lui réinsufflait le désir d'entreprendre ? Il songea aux nombreuses fois où Charles Fournel lui avait proposé

Du côté de Pondichéry

d'élargir leur association et à son peu d'empressement pour saisir la balle au bond. N'ayant jamais rien possédé, Hervé ne cherchait pas à faire fortune. Son ambition s'était jusque-là résumée à accomplir son travail et à en percevoir la juste rémunération. C'était sa façon de se croire libre !

Il longea la maison de ses amis Lefébure et s'étonna de ne pas en éprouver plus de nostalgie. Les paroles de l'astrologue consulté lors d'une escale à Bombay revinrent à sa mémoire. L'homme lui avait prédit de grands bouleversements dans les quatre années à venir. Peu après, sa famille l'avait quitté et il avait allongé la plupart de ses traversées afin d'échapper au foyer déserté.

— Vos joies seront à la hauteur de vos tristesses, avait ajouté l'Indien.

Pour quelle raison ces balivernes s'imposaient-elles, ce soir, à son esprit et pour quelle raison avait-il envie d'y croire ? Dédaignant le cercle où il aurait pu jouer au billard ou aux cartes, il rentra chez lui sans éprouver son habituelle appréhension. Vêtu d'un shomîn[1] taché de masala, un torchon sale sur le bras, son serviteur l'attendait en mâchant du bétel. Jamais Françoise n'était parvenue à le rendre propre... encore moins la maison où s'accumulaient des années de négligence. Sur les meubles qui ne connaissaient pas la cire s'entassaient des volumes défraîchis et piqués par l'humidité, des boîtes vides et les objets que le navigateur avait rapportés de ses escales pour son épouse qui les avait tous oubliés. Posé sur un guéridon bancal, un daguerréotype la représentait le jour de leurs noces. Son visage rayonnait d'une joie qui s'était évanouie après la naissance de leur fille Elise. Françoise était, en effet, devenue inquiète pour la santé du bébé et, un an plus tard, la venue au monde de Luc n'avait rien arrangé. Il fallait

---
1. Pagne relevé entre les jambes.

admettre qu'aux colonies les mères étaient durement éprouvées. Combien parmi celles-ci avaient perdu un ou plusieurs enfants, emportés par une fièvre, le paludisme ou le choléra...

Hervé ôta sa redingote, demanda un verre de brandy puis se laissa tomber dans un fauteuil. Du revers de la main, il chassa la mouche qui tournoyait autour de lui et ferma les paupières. Ce soir, pour la première fois, il ne cherchait plus à se persuader d'avoir connu auprès de Françoise une histoire d'amour. Séduit par sa fraîcheur et l'adoration qu'elle semblait lui vouer, il s'était jeté dans les filets du mariage. Mais, en dépit de la patience dont il avait fait preuve pour l'amener au plaisir, elle se dérobait aux étreintes. Lassé, il finit par ne plus la rejoindre dans sa chambre après son second accouchement. Non seulement elle n'en prit pas ombrage mais elle ne se préoccupa pas de savoir s'il avait des maîtresses. Par respect pour leur couple, il ne noua aucune liaison au sein des comptoirs français. En revanche, il retrouva à plusieurs reprises une Anglaise qui vivait à Ceylan et qu'il allait probablement revoir dans quelques jours. Depuis son veuvage, Margaret habitait la plantation de café que son frère possédait au cœur de l'île. La rencontre s'était produite, trois ans auparavant, à Colombo où Hervé chargeait son clipper.

Il allongea son bras pour s'emparer de la carafe d'alcool. Une torpeur le gagnait et, dans son esprit embrumé, se superposaient plusieurs visages féminins. Hélas, en heurtant le parquet, le verre qu'il venait involontairement de lâcher interrompit sa rêverie.

18

L'après-midi du 27 janvier, Juliette fit une longue sieste puis elle n'accepta que la présence de Kâmeshvarî dans sa chambre où trônait, sur un mannequin d'osier, la robe qui avait demandé tant d'attention.

Accoudée à la fenêtre, elle songeait que dans quelques heures tout serait terminé et cette évidence fit naître en elle un frisson. Pour conjurer sa mélancolie, elle se remémora les conseils que lui avait prodigués son grand-oncle : vivre l'instant ! Alors, si elle ne s'en tenait qu'aux apparences, qu'existait-il de plus exaltant et romanesque que de fêter ses dix-huit ans dans d'exceptionnelles conditions... Tournant le dos aux derniers préparatifs qui occupaient le personnel dans le parc, elle se posa néanmoins l'éternelle question : en l'invitant à danser, Louis n'obéirait-il qu'à la bienséance ? Furieuse contre elle-même, elle s'interdit d'anticiper puis, dans ce but, prit un jeu de cartes et commença une patience.

La nuit enveloppait la propriété lorsqu'elle descendit dans le salon où son père fumait une cigarette. Dans son regard, elle capta une lueur de fierté.

— Etes-vous satisfait ? lui demanda-t-elle en tournant sur elle-même.

— Comblé, répliqua-t-il.

Tandis qu'il s'approchait, elle vit qu'il tenait un objet dans sa main. Un écrin de soie bleue ! Avec maladresse il l'ouvrit pour en sortir un collier en diamants composé de trèfles à quatre feuilles.

— Il appartenait à ta mère. J'espère qu'il te portera bonheur, lui dit-il d'un ton bourru en le fixant autour de son cou.

Emue, Juliette caressa du bout des doigts le présent puis elle se blottit contre la poitrine de celui à qui, immanquablement, elle finissait par tout pardonner. Hélas, rien ne pouvant être parfait, Joséphine, en entrant dans la pièce, gâcha leur intimité.

— Une nouveauté, siffla-t-elle, les yeux fixés sur le bijou.

— Pas exactement. Maman l'aimait beaucoup...

— Ah, murmura la jeune femme avant de battre en retraite.

En savourant sa victoire, Juliette glissa son bras sous celui de son père et tous les deux gagnèrent la véranda dont les colonnes disparaissaient sous des guirlandes de roses.

Les invités, sortis des tentes où ils s'étaient préparés, ne tardèrent pas à les rejoindre, et Juliette, qui n'appréciait guère les effusions, dut subir les embrassades et les compliments plus ou moins sincères de personnes qui affirmaient l'avoir fait sauter sur leurs genoux alors qu'elle ignorait leur nom. Certains vivaient à Karikal, d'autres à Mahé ou Madras, mais aucun n'avait hésité à parcourir la distance les séparant d'une festivité qui rehausserait leur emploi du temps sans éclat. C'était aussi l'occasion d'exhiber une ou plusieurs filles à marier...

Alors qu'elle saluait les débutantes auxquelles on allait dorénavant l'assimiler, Juliette se flattait de ne pas leur ressembler. Rougissantes dans leurs robes aux couleurs de bonbons acidulés, elles affichaient le même sourire benêt et ne proféraient qu'une succession de lieux communs saupoudrés de superlatifs qui, à l'inverse de ce qu'elles en attendaient, soulignaient l'insipidité de leurs propos. En dépit de leurs amabilités, Juliette sentait leur jalousie. Comme elle aurait voulu les tranquilliser en leur assurant qu'elle ne leur ferait pas longtemps de l'ombre ! Sa vie était ailleurs ! En essayant de cacher son impatience, elle surveillait le vestibule où, dans le sillage du gouverneur Bontemps qu'elle venait de saluer, se présentaient les habitants de Pondichéry que leurs attelages laissaient devant le perron où ils recevaient de goupillons des gouttes d'eau de rose. Parmi ceux-ci s'avançait François Tourvel qui, le matin même, lui avait envoyé un bouquet dont la magnificence lui avait paru déplacée.

— Bonsoir, mademoiselle, murmura-t-il en gardant sa main dans la sienne. Vous êtes éblouissante.

Non seulement il le pensait mais, pour la première fois, trouvait des qualités au projet de Joséphine. S'il épousait Juliette, il pourrait s'enorgueillir de posséder la plus jolie fleur de la ville. Il aurait voulu trouver chez elle un écho à son empressement mais, absorbée par son rôle, elle s'était détournée.

A quelques pas, Joséphine l'observait. Avait-elle capté son trouble ? Elle aussi resplendissait, mais dans des tonalités plus sourdes. Ils s'étaient peu rencontrés ces derniers temps et elle lui avait toujours paru pressée. Qu'était-il advenu de cette passion qui, au début de leur liaison, ne leur aurait fait manquer aucun rendez-vous ? A côté de sa femme, Charles, en habit, avait fière allure. Pour son âge, il se défendait bien ! François se dirigea vers le couple.

— Je vous félicite, dit-il à celui qu'il considérait déjà

comme son futur beau-père. Votre fille est un véritable chef-d'œuvre !

— Ma plus grande réussite, surenchérit le créole auquel échappa le regard acéré de sa femme.

Depuis le début de la réception, Joséphine se sentait reléguée au second plan. Les circonstances, bien sûr, auraient pu expliquer cette situation, mais ce qu'elle redoutait depuis toujours était en train de se produire. Juliette possédait un éclat auquel personne ne demeurait insensible. Sa beauté ne devait rien aux artifices ; elle se contentait d'être elle-même avec son gracieux port de tête, des yeux qui reflétaient son monde intérieur, des gestes naturels et une démarche de princesse. Ajoutée au dépit, la haine enflammait Joséphine qui souhaitait soudain qu'un cataclysme engloutisse le parc, ses arbres illuminés et la roseraie sous laquelle les serviteurs vêtus de blanc et enturbannés de rouge attendaient de servir le souper.

L'arrivée de Mathieu, qui aurait dû égayer son humeur, ne créa pas l'effet escompté. Il suivait Isabelle et Gabriel Lebreton et échangea des propos avec Juliette qu'elle ne put entendre mais qui amusèrent sa belle-fille. Tout comme celle de François, sa présence la laissait indifférente. Etait-ce la peine de s'embarrasser de deux amants pour parvenir à cette piètre constatation ? Pour retrouver de l'assurance, elle posa ses doigts sur le bras de Charles qui semblait, lui aussi, l'avoir oubliée. Ce n'était pourtant pas son genre ! Converser avec le gouverneur chasserait peut-être ses idées noires. Elle respira, redressa le menton et, avec le savoir-faire qu'on lui connaissait, redevint une parfaite hôtesse.

Elle sursauta quand Mathieu, quelques minutes plus tard, la rejoignit pour lui murmurer :

— J'ai envie de vous embrasser.

— Arrêtez...

Du côté de Pondichéry

— J'adore vous troubler au milieu de tous ces gens...
Joséphine s'écarta mais pas assez rapidement pour que leur aparté échappât à Isabelle Lebreton.

Amoureuse de Mathieu depuis des mois, celle-ci était suspendue au moindre de ses agissements. L'esprit troublé, elle ne vivait plus qu'à travers cet engouement et, à l'affût des horaires et des allées et venues de son pensionnaire, tentait de reconstituer la trame de ses journées. La tâche n'était pas difficile. Après une matinée dédiée au travail, un déjeuner à l'extérieur, il rentrait pour la sieste. La fin de l'après-midi était occupée par le jeu et la promenade vespérale le long de l'océan puis il y avait les soupers en ville. Elle le voyait peu, néanmoins son rêve était suffisamment ancré pour la tenir éveillée jusqu'au milieu de la nuit. Le cœur battant, elle l'écoutait monter l'escalier, et son pas pesant et quelques objets renversés sur son passage témoignaient de son état d'ébriété. D'où venait-il ? Sans nul doute de la ville noire ! Dans une demi-torpeur, Isabelle en répertoriait tous les dangers et maudissait sa condition de femme mariée ainsi que son physique ingrat qui l'empêchaient de mener à bien l'aventure pour laquelle elle n'aurait pas hésité à se damner.

Loin d'imaginer que sa logeuse nourrissait à son égard de tels sentiments, Mathieu ne se méfiait pas de son indiscrétion. Pas un instant il ne se rendit compte que ses tiroirs étaient régulièrement fouillés et les poches de ses vêtements retournées. Le moindre indice comptait pour Isabelle qui, à défaut de connaître l'extase physique avec l'homme de ses tourments, recherchait une autre intimité en la lui volant. Rien n'était laissé au hasard dans cette approche forcée, ni les courriers en provenance de la métropole, ni les invitations dans les meilleures maisons de la ville, encore moins le calepin où étaient inscrites les dépenses dont beaucoup relevaient du poker. Alors qu'elle menait son enquête, Isabelle avait, ces derniers temps, capté les effluves d'un parfum féminin dont elle ne pouvait définir l'appartenance mais qui lui était familier. Il flottait autour des redingotes et des gilets de Mathieu. Aucune indigène n'aurait choisi une telle senteur, à la fois capiteuse et raffinée... Telle une guêpe enfermée dans un bocal, Isabelle devint presque folle à force de solliciter sa mémoire. La réponse lui fut donnée le jour où elle rencontra Joséphine Fournel qui se préparait, comme elle, à choisir des rubans dans une boutique de frivolités. Un voile se déchira, la laissant médusée. Mathieu Trigance et l'épouse de Charles Fournel ! Elle n'y aurait pas pensé et pourtant... La jalousie la submergea face à cette rivale à laquelle tout décidément souriait. Des images d'une précision diabolique prirent possession de son esprit enfiévré et elle rentra pour se jeter sur son lit et y pleurer sa frustration.

Le bref échange qu'Isabelle venait ce soir d'intercepter confirmait ses soupçons et, en même temps que s'envolait son peu d'espérance de conquérir le beau Parisien, s'écroulait l'idée qu'elle s'était faite du couple Fournel qui s'apparentait à l'idéal. Elle regarda Charles dont elle avait toujours admiré les qualités humaines et le plaignit. Un sourire sur les lèvres, il serra des mains jusqu'au moment où il déclara à Juliette qu'ils pouvaient quitter la véranda.

— Tout le monde est arrivé...
— Mais non, rectifia la jeune fille.
— Eh bien, les retardataires sauront nous trouver au milieu des invités.
— Faites comme bon vous semble. Moi, je reste ici.

Inquiète, Juliette se posait mille questions quant au retard de Louis Tempête. Une semaine plus tôt, Manon lui avait confié qu'elle viendrait sous son

Du côté de Pondichéry

escorte et celle d'Auguste Fournel. Qu'était-il arrivé pour qu'aucun des trois ne fût présent ? Au fil des minutes, la fête perdait de son attrait. La gorge serrée, elle devait se faire violence pour exhiber la joie que l'on attendait d'elle. Sur son carnet de bal, de nombreux noms étaient déjà inscrits et, pour amplifier son désarroi, les plaintes d'un violon s'élevaient au-dessus d'une formation de musiciens.

Manon se présenta au moment où elle se préparait à connaître l'une des plus tristes soirées de sa jeune existence.

— Nous sommes en retard, s'excusa celle-ci, mais votre oncle avait oublié votre cadeau. Au tiers du chemin, nous avons dû retourner vers Ariancoupam.

Juliette détourna soudain son attention car Louis s'inclinait devant elle. C'était la première fois qu'elle le voyait en habit et il lui apparut plus grand que dans son souvenir. La discipline du peigne n'était pas venue à bout de ses cheveux qui bouclaient autour du front. Son visage hâlé témoignait des heures de travail passées au grand air et mettaient en valeur le regard gris dont l'expression révélait qu'il la trouvait belle. L'annonce du souper ne tarda cependant pas à les séparer. Avec son père, Juliette dut se diriger vers la table d'honneur où les rejoignirent le gouverneur, les principaux administrateurs de la colonie ainsi que leurs épouses et Auguste Fournel qui renouait avec les fastes dont il était friand.

Pour répondre au désir de Charles, la jeune fille s'adapta à ce que l'on attendait d'elle. Elle soutint une conversation avec le gouverneur, qui évoquait ses projets concernant l'instruction des jeunes indigènes. Elle écouta avec patience les souvenirs de celles qui tinrent à raconter leurs dix-huit ans et, surtout, s'interdit d'observer Louis qui, plus loin, discutait avec ses voisines, des créoles de Karikal dont elle n'avait rien à craindre.

En revanche, la séduisante et entreprenante Anglaise, Emily Sitwell, avait été placée, par ses soins, auprès de Mathieu qui, peut-être, attirerait son intérêt.

Ajoutée aux illuminations, la lune exaltait le romantisme du parc dont les grands arbres se détachaient sur l'obscurité. Le champagne allumait les regards et rosissait les pommettes des débutantes qui attendaient avec impatience le gâteau d'anniversaire et le bal. On applaudit à l'arrivée du premier, recouvert de sucre glacé. Juliette se leva et, face à la couronne de bougies qu'elle allait souffler, fit le vœu de ne jamais étouffer ses désirs.

A quelques pas, Louis n'écoutait plus son entourage mais observait la scène. Eclairée par les flammes, Juliette semblait surgir d'une légende. Sagement retenus sur la nuque, ses cheveux découvraient son cou où scintillait le collier de diamants. Ses épaules étaient dénudées et sa taille soulignée par un gros nœud rose... dernier témoignage de l'enfant qu'elle avait été. Elle souriait dans sa direction et, un instant, il crut que cette faveur n'était destinée qu'à lui seul. Il avait hâte de la retrouver mais le repas s'éternisait. Il capta le regard de François Tourvel qui, lui aussi, paraissait juger le temps long. Sans doute était-il agacé d'assister au succès de Charles Fournel et de sa fille ! Non sans gêne, Louis se souvint du tête-à-tête qu'il avait surpris lors de sa première soirée officielle à Pondichéry. Tourvel et madame Fournel s'embrassant derrière un bosquet ! Il se demanda s'il existait d'autres aventures de ce genre au sein du comptoir. L'oisiveté des femmes, l'ennui dont elles se plaignaient favorisaient-ils l'adultère ? L'omniprésence des domestiques, leur curiosité et leurs bavardages le rendaient difficile. En tant que célibataire, Louis l'avait vite compris, aussi s'était-il évertué à tenir secrète sa relation avec la jeune indigène qu'il avait connue à Villenour.

Du côté de Pondichéry

— Vous semblez bien songeur, lui murmura Manon qui s'était glissée auprès de lui lorsqu'il leur fut permis de se lever.

— On ne peut rien vous cacher.

— Rassurez-vous ! Je n'irai pas jusqu'à vous réclamer des confidences.

— Je connais votre tact.

— Pourtant...

— Vous ne saurez rien, se défendit Louis en riant.

Au fil de leurs rencontres, l'amitié avait surgi. Chez le jeune Français, Manon avait perçu une approche du sous-continent indien similaire à la sienne. Dépourvus de préjugés et avec un authentique enthousiasme, l'un et l'autre se laissaient surprendre par une civilisation et une culture différentes de tout ce qu'ils avaient connu et approché. Après ce voyage, rien ne serait jamais plus comme auparavant, ni leur approche des êtres ni celle des choses. Sur les conseils de Louis, Manon commençait de suivre l'enseignement du professeur de tamoul dont il n'aurait pas voulu manquer une leçon.

— Vous auriez pu être le frère que je n'ai pas eu, avait, un jour, souligné la jeune femme.

Jailli spontanément, cet aveu ne les avait pas surpris. Semblables en de nombreux points, ils avaient reçu une éducation et une instruction qui les rapprochaient encore. Leur attrait pour la solitude, leur indifférence aux idées reçues et un éternel besoin de découverte faisaient le reste. D'autre part, si chacun ne manquait pas de séduction, celle-ci ne dénaturait pas leur relation et cette situation leur permettait d'être non seulement eux-mêmes mais de plaisanter.

En devisant, ils se rapprochèrent de l'étang. Sur un ponton un orchestre entama une valse et certains se lancèrent sur les deux pistes de danse, l'une sur la terre ferme, l'autre avançant au milieu des eaux dormantes où se reflétaient les illuminations. Les femmes s'adonnaient au plaisir de suivre leurs cavaliers et, parmi celles-ci, Juliette se laissait mener par son père.

— Es-tu contente ? lui demanda-t-il.

— Vous le savez bien, murmura-t-elle en songeant à l'absente, sa mère qui avait accompagné ses premiers pas dans cette propriété où s'étaient échelonnés tant de souvenirs heureux.

Charles serra entre les siens les doigts de sa fille. Avait-il capté sa nostalgie ? Par-dessus son épaule, Juliette voyait les couples se former, et découvrir que son oncle Auguste venait d'inviter Manon lui rendit sa belle humeur. Oubliant son âge, il bombait le torse avec fierté.

— Vous me rendez ma jeunesse, avoua-t-il à sa cavalière. Ah, si seulement j'avais trente ans de moins, je vous empêcherais de retourner à Paris.

— Et vous vous en repentiriez vite, répondit Manon.

— Que dites-vous là !

— La vérité ! Vous n'appréciez que la conquête.

— Qu'en savez-vous ?

— Je suis certaine de ne pas me tromper.

— Vous êtes incroyable ! s'exclama Auguste en fermant les yeux pour mieux s'imprégner du sursis qui lui était accordé.

En dépit d'une carrière amoureuse agitée, il renouait pendant cette danse avec de lointains souvenirs. Il se revit à l'époque où la timidité l'empêchait de déclarer sa flamme aux beautés dont il s'entichait. L'âge le faisait revenir au point de départ. Sous peine d'être ridicule, il ne pouvait courtiser sa cavalière comme il l'aurait voulu.

Lorsqu'il la libéra, Manon, à la recherche de calme, se dirigea vers une partie du jardin moins fréquentée. Dans le kiosque de Juliette, elle trouva un sofa pour s'asseoir. De son poste, elle suivait le va-et-vient des domestiques et, plus loin, se dessinant sur l'horizon, les couples qui n'en finissaient pas de tournoyer. Combien de serments allaient s'échanger à la faveur de cette soirée où tout se conjuguait pour teinter de magie ce qui n'en contenait pas ? Elle songea à toutes ces jeunes filles qui, sans connaître leur prétendant, se lieraient, tôt ou tard, pour le meilleur et pour le pire. Un vrai miroir aux alouettes ! Elle, au moins, n'avait pas aspiré à l'impossible en concluant un mariage de raison, et aucune désillusion n'était venue ternir une relation dont elle attendait peu. Jules lui envoyait avec une régularité de métronome des nouvelles de leur fils Eugène. Ses lettres étaient rassurantes, leur tournure aimable. Il s'inquiétait pour sa santé physique et morale. Que demander d'autre à un homme qui consacrait la majeure partie de son existence à ses affaires ? Toutefois, en dépit de ce constat positif et de la gaieté générale, Manon était en proie à la mélancolie. Pour la première fois, elle admettait qu'une maternité heureuse ne comblait pas ses espérances étouffées. Un visage se dessina auquel elle dut donner un nom : Hervé Treguen ! Son absence ôtait tout attrait à ce bal et, bouleversée par cette découverte, elle se familiarisait avec des sentiments dont la force l'entraînait au-delà de ses garde-fous.

Non loin de son amie, Juliette vivait, elle aussi, le tourment amoureux. Ne pouvant échapper aux cavaliers inscrits sur son carnet, il lui avait fallu supporter leur compagnie et écouter leurs fadaises. François Tourvel s'était montré le plus entreprenant de tous et, non sans dégoût, elle se souvenait de sa main moite et des compliments qu'il n'avait cessé de lui susurrer. Pendant ce temps, Louis dansait avec d'autres, dont Emily Sitwell qui affichait déjà une mine de propriétaire. Furieuse, Juliette pestait contre le rôle qu'elle était obligée de tenir. Au moment où François voulut la retenir pour une nouvelle danse, elle se libéra d'un geste sec puis s'éloigna.

— Vous me l'aviez promise, entendit-elle derrière son dos.

Indifférente à tout ce qui n'entrait pas dans son dessein, elle se dirigea vers Louis qui, adossé contre un arbre, fumait une cigarette.

— Je n'osais vous enlever à vos admirateurs, lui dit-il en éteignant son mégot dans le cendrier qu'il avait emporté.

— Pourtant... Vous auriez dû.

Louis entraîna Juliette vers le ponton autour duquel se promenaient des barques où les invités attendaient le feu d'artifice. Sans prononcer un mot, il glissa son bras autour de sa taille, emprisonna ses doigts entre les siens et lui offrit son plus beau cadeau d'anniversaire, une valse qui lui fit perdre le souffle. Légère comme une plume, elle se fondait dans la nuit et ses sortilèges. La brise caressait son visage, l'eau clapotait contre les pilotis et, sur le ciel baigné par la clarté lunaire, se détachait l'ombre des cocotiers. Elle renversa la tête et leurs regards se mêlèrent pour se livrer ce qui ne pouvait être formulé.

19

Le lendemain, Juliette s'éveilla au milieu de l'après-midi et, dans sa mémoire, le bal s'apparentait déjà à un rêve. Louis s'était attardé parmi les derniers invités et, si pas un instant ils n'avaient été seuls, elle l'avait senti attentif à chacun de ses gestes.

— Je n'ai pas envie de me lever, confia-t-elle à Kâmeshvarî qui lui présentait un déshabillé.

— La maîtresse vous a réclamée plusieurs fois.

— Tu n'as pas encore ouvert tes présents, remarqua Charles quand sa fille se présenta dans la véranda où il buvait un café avec Joséphine.

— Je préférais les découvrir après m'être reposée.

Dans le boudoir, une multitude de paquets étaient rassemblés sur une longue table, et Kâmeshvarî, qui attendait avec impatience de connaître leur contenu, avait apporté une paire de ciseaux pour couper plus rapidement les rubans. Elle savait que Juliette lui donnerait ce qu'elle ne trouverait pas à son goût, un butin que la petite Indienne enfouissait dans la vieille malle restée à Pondichéry.

Juliette commença par lire les bristols qui accompagnaient ses cadeaux. Non sans agacement, elle sentit que Joséphine s'était glissée à ses côtés.

— Ils ne se sont pas moqués de toi, remarquait celle-ci avec dépit.

Rien depuis la veille ne s'était déroulé comme elle l'aurait souhaité. Attentif à ses devoirs de père et de maître de maison, Charles s'était peu préoccupé de sa personne ; François semblait sincèrement entiché de Juliette et Mathieu avait courtisé Emily Sitwell qui, en lui tenant tête, se l'était davantage attaché. A vingt-quatre ans, Joséphine découvrait ses limites et surtout celles d'une fraîcheur qui bientôt lui échapperait !

Indifférente à ses propos, Juliette contemplait des éventails, des mouchoirs et des gants brodés, des réticules perlés et des flacons en cristal. A son bouquet de fleurs trop voyant, François avait ajouté un miroir dont le manche en argent portait les lettres JF entrelacées.

— Quelle délicate attention ! s'exclama Joséphine.

Ce fut l'exagération de son ton qui alerta Juliette. Pour quelle raison sa belle-mère vantait-elle avec autant de ferveur un objet qui ne supplantait pas les autres ? Leurs regards se croisèrent mais celui de Joséphine demeura impénétrable.

Au cours de la matinée, les invités qui avaient terminé la nuit sous les tentes s'étaient éclipsés, et il n'en restait qu'une poignée qui, venus pour prendre congé, interrompirent la tâche de Juliette.

— Continue de les ouvrir, ordonna-t-elle à Kâmeshvarî.

Avec précaution, la petite Indienne écarta des papiers de soie, souleva les couvercles de boîtes en carton et, pendant un moment, éprouva l'ineffable sensation que toutes ces merveilles lui étaient destinées. Elle n'était plus une paria mais une adolescente de haute caste que l'on vénérait et comblait. Pendant le bal, elle s'était déjà immergée dans les chimères. De la chambre de Juliette où elle attendait que celle-ci vînt se recoiffer ou rectifier un détail de sa toilette, elle avait observé les couples alors qu'ils dansaient et guetté des tête-à-tête. A la place des débutantes, elle accueillait les compliments masculins dont elle ne serait, hélas, jamais gratifiée. Parvenue à l'âge de servir un époux et de donner naissance à des enfants, Kâmeshvarî était veuve et rien ne changerait cette situation. Toute vie de couple ou de mère lui demeurerait interdite et cette certitude qui habituellement ne la faisait pas souffrir devenait fer rouge dès qu'elle avait sous les yeux le spectacle d'une jeunesse qui aspirait à l'amour.

Non sans détresse, elle prenait conscience du vide affectif de son existence. Après le départ de son frère Aruni, elle n'aurait plus d'interlocuteur. Elle avait profité de son séjour au Grand Etang pour l'interroger sur son dessein de s'expatrier. Il avait commencé par nier puis, face à son insistance, était passé aux aveux.

— Il y a du travail à la Réunion, avait-il grommelé.
— Et ici ? Tu n'en as pas !

En dépit des arguments qu'elle lui opposa, Aruni s'entêta et elle comprit qu'il ne renoncerait jamais à son projet. Tout valait mieux que la cahute qu'il partageait avec une femme perpétuellement enceinte et des enfants qui, s'ils ne mouraient pas d'une fièvre, lui rappelaient, jour après jour, d'écrasantes responsabilités. Une fille leur était encore née, trois semaines auparavant, ce qui signifiait la constitution d'une nouvelle dot réclamant des sacrifices qu'il voulait bien faire ailleurs. A la Réunion, il y avait la canne à sucre et l'on disait que là-bas, la main-d'œuvre était davantage rémunérée. De toutes les façons, il s'accrochait à cet espoir, aussi se mit-il en colère contre Kâmeshvarî quand elle lui déclara :

— On dit que les bateaux coulent au fond des mers...
— Arrête de répéter des sornettes.
— Mademoiselle Juliette sait de quoi elle parle.

Refusant d'entendre ce que lui soufflait sa propre inquiétude, Aruni tourna les talons.

— Laisse-moi, tu vas me porter malheur, cria-t-il à sa sœur qui se préparait à le suivre.

Après cette altercation, il s'arrangea pour ne pas croiser le chemin de Kâmeshvari qui s'inclina devant sa volonté et celle des dieux.

Quelques jours après le bal, alors qu'elle retrouvait avec sa maîtresse leurs habitudes pondichériennes, elle se rendit à l'évidence qu'elle ne reverrait jamais plus Aruni. La séparation s'était accomplie sur leur unique discorde et, face à ce constat, la petite Indienne ressentait avec une cruelle acuité le poids de son karma. Juliette s'avérait son unique sauvegarde mais, tôt ou tard, elle se marierait. L'emmènerait-elle dans son nouveau foyer ? Rien n'était moins sûr...

A peine revenue dans la ville blanche, Juliette eut la surprise d'être demandée par son oncle.

— Alors que je la raccompagnais après ton bal, notre charmante amie, madame Galbret, m'a avoué son désir de connaître le temple de Tanjore et nous avons décidé d'y aller. Viendrais-tu avec nous ?

Prise de court, Juliette demeura silencieuse jusqu'à ce qu'Auguste ajoutât :

— Monsieur Tempête, qui bénéficie d'un congé, se joint à notre escapade.

— Monsieur Tempête !

— Y vois-tu un inconvénient ?

— Non... Non... Pas du tout...

— Dans ce cas, nous partirions jeudi prochain et serions reçus chez mes amis Finney. Mais pourquoi me regardes-tu ainsi ?

— Que voulez-vous dire ? se défendit Juliette.

— Toi, tu me caches quelque chose...

— Non... Je vous assure.

Il était difficile de tromper Auguste Fournel et, sans qu'aucune confidence n'eût été échangée, Juliette comprit qu'il avait perçu son élan pour le jeune Français. Non seulement elle n'en était pas mortifiée mais elle éprouvait un certain soulagement à ne plus porter seule son secret.

— Croyez-vous que mon père me laissera vous accompagner ?

— Je le lui ai déjà demandé et il nous a donné son accord.

Soudain, tout allait trop vite et Juliette craignit cette prochaine confrontation avec l'homme qui hantait ses pensées. A le côtoyer davantage, risquerait-elle de connaître la même déception qu'avec Mathieu ? Le quotidien rattraperait-il ses rêves pour mieux les étouffer ?

— A quelle heure dois-je être prête jeudi ? demanda-t-elle.

— Sept heures.

Aucun nuage n'altérait le ciel lorsqu'ils empruntèrent la route menant vers le sud. Manon, Juliette, Auguste et Louis s'étaient installés dans le premier attelage tandis que les suivaient serviteurs et malles. Après avoir longé des échoppes où se vendaient épices, agrumes, poteries et coudées de jasmin, ils s'enfoncèrent dans la campagne que Louis ne se lassait pas de découvrir. Bordées par les cocotiers s'étiraient les rizières. Un mois auparavant, il avait assisté à la liesse qui s'emparait de toute une population pendant la récolte du riz que l'on étalait ensuite sur les chemins afin que le passage des véhicules sépare le grain de son enveloppe. Le soulagement se répandait de village en village. La manne qui permettait de subsister n'avait pas failli au rendez-vous et, dans les pauvres huttes de palmes, les familles se préparaient à entreposer les réserves pour l'année à venir.

Depuis son plus jeune âge, Louis entretenait des liens privilégiés avec la nature. Son père possédait des oliveraies qui, autour de la bastide, s'étendaient à perte de vue. Petit garçon, il avait souvent prélevé les précieux fruits qui prenaient la direction du moulin et, sous la meule, se transformaient en une belle huile mordorée dont il arrosait des tranches de pain. Il se souvenait aussi de Remy, le berger, qui gardait les moutons en marmonnant des prières, et des départs du troupeau pour la transhumance. Il n'avait pas non plus oublié la ferme et les fins de repas où les journaliers épuisés par leur travail aux champs trouvaient la force d'entonner des couplets. Son départ pour le pensionnat avait interrompu ces années de bonheur et d'insouciance. Vêtus de leurs uniformes, ils s'étaient, avec son frère Henri, présentés à Aix chez les Oratoriens qui s'engageaient à leur ôter de l'esprit leurs idées sauvageonnes. Ils n'y étaient pas parvenus et l'attachement que Louis éprouvait pour la terre le mena tout naturellement vers l'agronomie. Plus tard, vint le périple aux Indes où il découvrit une végétation qui comblait ses espérances et la joie de travailler pour assurer la nourriture des habitants. Privée de ses canaux d'irrigation, la riziculture n'aurait pas existé dans la région de Pondichéry, ce qui aurait signifié la famine... Depuis neuf mois, le jeune homme étudiait avec d'autres ingénieurs des améliorations et des extensions au sein du réseau complexe qui permettait à l'eau de circuler. Souvent, la tâche était rude. Il fallait lutter contre les moustiques, patauger dans la boue, transformer les installations existantes, les agrandir, mais, le soir, il éprouvait une intense satisfaction de s'être rendu utile. Oubliant sa fatigue, il soupait frugalement puis se couchait pour sombrer dans un sommeil privé de rêves. Certes, sa Provence lui manquait mais il n'y retournerait pas avant d'avoir conclu la paix avec lui-même.

Une succession de cahots le ramena au présent. Leur voiture doublait une file d'adolescentes qui portaient d'énormes fagots sur leur tête. Combien de fois avait-il été surpris par les femmes de ce pays qui, à tout âge, accomplissaient avec grâce et dextérité les tâches les plus ingrates ! Il se tourna vers Juliette pour découvrir qu'elle s'était endormie. Déséquilibré, son chapeau avait glissé vers sa nuque. Une mouche, en se posant sur son nez, la fit grimacer. Du revers de la main, Louis la repoussa.

— Elle vous jurera tout à l'heure qu'elle n'a pas fermé l'œil, s'amusa Auguste.

Imperturbable, la jeune fille prolongea son somme jusqu'à l'heure du déjeuner.

— Sommes-nous arrivés ? sursauta-t-elle alors que ses compagnons avaient déjà mis pied à terre.

Avec vivacité, elle rajusta sa capeline puis défroissa le col de sa robe. La marque du bras contre lequel elle s'était appuyée colorait sa joue. Elle regarda les serviteurs qui, sous un arbre, déposaient la malle en osier contenant vaisselle et victuailles.

— J'ai faim, avoua-t-elle avec un sourire gourmand.

En compagnie de Manon, Auguste accomplit quelques pas afin de dégourdir ses jambes ankylosées par le trajet. Des chèvres arrêtèrent de brouter l'herbe pour les observer puis elles reprirent en toute quiétude leur activité.

— Rien n'a changé depuis ma jeunesse et je suis certain que, dans un siècle, ce paysage n'aura subi aucune altération, remarqua le créole.

Lorsqu'ils revinrent vers leur point de départ, une nappe avait été dépliée sur une table de voyage et, dans des assiettes de porcelaine recouvertes de cloches en métal argenté les attendaient du poulet et des légumes qui devaient fleurer bon les épices.

En retrait, Louis buvait à petites gorgées le jus de citron qui venait de lui être proposé. Le pépiement strident des oiseaux ne parvenait pas à étouffer les cris et les rires des enfants qui s'amusaient dans un village voisin. Il avait aussi le loisir d'entendre la conversation des domestiques qui sortaient de rafraîchissoirs les bouteilles d'un vin blanc dont il anticipait le goût fruité sur son palais. Un bruissement de tissu lui fit tourner la tête. A côté de lui, Juliette rangeait dans une boîte les quelques feuilles et fleurs qu'elle venait de cueillir.

— Pour mon herbier, expliqua-t-elle.

En pestant contre la crinoline qui entravait ses mouvements, elle s'assit sur un pliant.

— Connaissez-vous Tanjore ? lui demanda Louis.

— J'y suis allée il y a deux ans, avec mon père et ma belle-mère, mais, à peine arrivés, nous avons dû repartir.

Après une légère hésitation, elle ajouta :

— Joséphine apprécie peu les Indiens, encore moins leurs temples et leurs coutumes. Les voir enduire leurs statues de beurre clarifié lui soulève le cœur. Elle ne supporte pas, non plus, ce qu'elle appelle leur hystérie mystique.

— Il me semble que la plupart des créoles partagent cette opinion...

— En effet.

— Et vous ?

— J'ai eu la chance d'avoir un oncle qui m'a ouvert les yeux sur le monde dans lequel je suis née. Il m'a, je crois, enseigné la tolérance.

Le retour d'Auguste et de Manon interrompit cet échange et tous les quatre commencèrent de se rassasier. Face à ce déjeuner champêtre, Manon se souvenait des goûters qu'elle organisait, enfant, pour ses poupées au visage de porcelaine. Elle revoyait la vaisselle miniature dans laquelle elle servait les fraises des bois qui exhalaient un parfum dont elle raffolait. En même temps, elle leur contait des histoires. Jamais elle n'avait connu de difficultés pour inventer les faits de preux chevaliers qui volaient au secours de princesses dont les traits et l'idéal ressemblaient étonnamment aux siens. Un jour, quelqu'un lui avait affirmé que la pensée étant créatrice, ce que l'on souhaitait avec intensité finissait par arriver. Si cette personne ne s'était pas trompée, Hervé Treguen s'apparentait-il à l'un de ses héros ? Elle n'osait l'espérer et, en même temps, ne pouvait effacer de son esprit l'image du navigateur. Folle elle était de cultiver des sentiments interdits ! Folle elle était de souhaiter que ceux-ci fussent partagés ! Et pourtant, jamais elle ne regretterait d'avoir, au bout du monde, croisé la route de cet homme solitaire et secret...

Le soir, ils s'arrêtèrent pour souper et dormir dans une « chauderie[1] » puis, le lendemain, reprirent la route de Tanjore. La lumière s'adoucissait quand Auguste ordonna de faire un détour pour admirer le temple de Dharasuram, édifié au XIIe siècle par Râjarâja II, un roi Chola dont la dynastie avait hissé l'art à son plus haut niveau dans l'Inde dravidienne. Ils y surprirent une famille qui se reposait sur les marches de l'édifice dont les innombrables statues et bas-reliefs retraçaient la vie de Shiva et de son épouse Parvati. L'une des fillettes, habillée d'une rutilante robe de soie jaune d'or, les regarda avec de grands yeux curieux puis se réfugia auprès de sa mère.

— Mon Dieu, que c'est beau ! s'extasia Manon en découvrant les divinités qui, sur le granit, inscrivaient à l'infini leur légende.

---
1. Auberge pour les voyageurs.

Du côté de Pondichéry

Guidée par Auguste qui lui expliqua des détails concernant certaines statues, elle se familiarisa peu à peu avec les silhouettes dont les membres esquissaient de gracieux mouvements.

— Un jour, Shiva et Parvati se défiaient lors d'un ballet, racontait le vieil homme, et aucun des deux ne parvenait à prendre l'ascendant sur l'autre jusqu'à l'instant où la déesse perdit une boucle d'oreille. Shiva la ramassa avec son orteil puis leva le pied jusqu'au lobe de la déesse où il l'accrocha. Ne pouvant décemment se permettre la même acrobatie, elle dut s'incliner devant le vainqueur...

Une bande de garçonnets bavards ne tarda pas à les escorter et Juliette, qui ne voulait pas gâcher la découverte du temple, s'écarta, vite imitée par Louis.

Alors qu'ils en longeaient l'enceinte, ils n'éprouvèrent pas le besoin de se révéler leurs impressions tant ils étaient certains de partager les mêmes. Mêlés au ciel et à la pierre, aux croyances et à la vie de tout un peuple, ils s'approchaient de ce qu'ils possédaient de plus précieux et de plus fragile : ce désir d'unité, de fusion que tout homme et toute femme recherchaient depuis les origines.

20

Ils arrivèrent au crépuscule chez David et Elisabeth Finney, un couple d'Anglais d'une soixantaine d'années qui, en janvier et février, quittaient leur résidence de Madras pour séjourner dans la demeure qu'ils avaient achetée vingt ans plus tôt.

De vastes proportions, la maison se cachait au cœur d'un parc touffu où bruissaient les jets d'eau qui alimentaient les bassins de marbre blanc dans lesquels s'épanouissaient des fleurs de pavot. La mousson avait altéré la peinture blanche de la façade mais, en soulignant de leurs grappes mauves la véranda, les bougainvillées faisaient vite oublier cette imperfection.

Le roulement des attelages sur l'allée sablée extirpa le maître des lieux de son hamac.

— Je craignais que vous ne soyez surpris par la nuit, déclara celui-ci en allant à la rencontre de son ami Auguste Fournel.

A son tour, Manon descendit de voiture puis, d'un geste gracieux, ôta la mousseline blanche qui protégeait son visage de la poussière.

— Nous vous envahissons, s'excusa-t-elle auprès de leur hôte.

— Au contraire ! Si vous saviez combien nous sommes contents de vous recevoir, répliqua David Finney.

Du côté de Pondichéry

Et avec un regard circulaire, il ajouta :

— On peut vite se transformer en ermites par ici...

— C'est vrai, renchérit une petite femme aux cheveux blancs et à la démarche alerte.

Après avoir échangé quelques mots de bienvenue avec Auguste, elle s'approcha de Juliette et garda ses mains entre les siennes.

— Votre nièce est aussi jolie que je l'imaginais.

Il était difficile de résister à la pétulance d'Elisabeth, à sa contagieuse gaieté. En l'espace de quelques instants, tout le monde se sentit à l'aise, y compris Louis qui, en flattant l'encolure d'un grand et turbulent épagneul, pénétra dans un salon dont le décor ne rappelait en rien les maisons pondichériennes et leur atmosphère confinée. Auguste l'avait précédemment informé que son amitié avec David s'était scellée autour de leur mutuel intérêt pour l'art indien. Ils s'étaient rencontrés à Madras lors d'une vente aux enchères de sculptures dravidiennes et, après une lutte remportée par le Britannique, avaient confronté leurs connaissances. Depuis, ils s'étaient rendu de nombreuses visites et leur correspondance aurait, sans nul doute, passionné les historiens.

Assis au milieu de coussins recouverts d'une belle soie de Kanchipuram, Louis contemplait les poignards moghols aux manches incrustés de pierreries, les enluminures persanes, les fixés-sous-verre et les statuettes qui, au gré des murs et des meubles, révélaient l'itinéraire d'un esthète. Plus tard, dans sa chambre d'inspiration himalayenne, il trouva deux magnifiques thangkas [1] et une tête de Bouddha dont l'expression et les boucles de cheveux indiquaient une origine indienne. Il ne put résister au plaisir de s'allonger sur le lit afin de mieux

---

1. Mot tibétain désignant des peintures sur étoffe généralement suspendues au-dessus des autels des divinités.

goûter la quiétude d'un lieu privé de ses habituels repères. Eclairée par les flammes des bougies, la pièce surgissait de l'obscurité pour lui offrir l'univers sur lequel, les jours à venir, s'inscrirait sa propre histoire. Peu pressé d'en connaître les péripéties, il s'abandonnait à la vague qui, après avoir failli l'engloutir, l'emportait vers sa crête. La vie était ainsi faite : les plus grandes douleurs s'estompaient pour céder la place à un sursaut d'énergie qui insufflait le désir de se promener à travers un nouveau paysage où le bonheur n'était pas interdit. Dans le couloir il entendit une porte se refermer suivie d'une autre, puis il reconnut les voix de Manon et de Juliette... le rire de la jeune fille...

En dépit du voyage et de la fatigue, personne parmi les invités ne chercha à s'éclipser après le souper. Ne dédaignant pas le verre de porto qui lui était proposé, Auguste suivit David Finney jusqu'au fumoir où ils discutèrent des projets du Britannique.

— Nous avons pris la décision de retourner en Angleterre dans moins d'une année...

— Je vous croyais très attachés à votre vie aux Indes...

— Nous le sommes mais, hélas, nous vieillissons et, si nous voulons profiter de nos enfants et petits-enfants, il est grand temps d'aller les retrouver dans le Kent.

— Vous ne reviendrez plus ?

— Non, ce sera un adieu définitif après quarante ans d'existence sous les tropiques.

Il y eut un bref silence avant que David n'ajoutât :

— Malgré quelques fièvres, rien de ce que nous souhaitions trouver dans ces contrées ne nous a été refusé. Il ne faut pas tenter le diable.

A mi-voix, il précisa :

— Elisabeth ne veut pas mourir loin de ses racines. Elle tient à être enterrée auprès de ses ancêtres.

Du côté de Pondichéry

Auguste, qui se moquait comme d'une guigne du sort de sa dépouille, s'étonnait chaque fois qu'il entendait de tels propos. Sa certitude de rejoindre le néant dont il était issu lui ôtait tout romantisme quant à ce qui entourerait son trépas. Il s'était seulement préoccupé de Juliette en la désignant comme son héritière.

— Tu as suffisamment de fortune pour te passer de mes biens, avait-il prévenu Charles.

— Mais Juliette aura sa dot !

— Bien sûr... toutefois mes possessions lui permettront de tenir davantage tête à son futur mari.

— Ainsi, vous l'incitez à la rébellion !

— La rébellion ! Elle l'a déjà dans le sang.

Ce n'était pas l'unique mobile du vieil homme qui, craignant la cupidité de Joséphine, tenait à mettre sa nièce à l'abri de tout détournement d'héritage.

— Emporterez-vous vos collections ? demanda-t-il à David.

— Une grande partie. Quant à nos maisons... nous les avons déjà mises en vente. Des compatriotes sont venus, hier, pour visiter celle-ci.

— Cette décison doit être un crève-cœur.

— Non. Il s'agit seulement de la fin d'une aventure.

En appelant son époux pour qu'il l'accompagnât au piano, Elisabeth mit un terme à leurs confidences.

— C'est ainsi que nous nous sommes connus, confia-t-elle à Manon en même temps qu'elle installait une partition sur le pupitre. J'avais dix-huit ans et, paraît-il, une jolie voix. David devait quitter Londres trois mois plus tard pour rejoindre son premier poste à Calcutta. Il m'a écoutée et...

— J'ai demandé sa main à son père, le surlendemain, en tremblant qu'il ne me la refusât.

— J'étais son unique fille...

— Et vous avez accepté de suivre au bout du monde

un homme que vous connaissiez à peine, s'étonna Juliette.

— Nos yeux s'étaient parlé.

Et ne les avaient pas trompés si l'on s'en tenait au couple qu'ils formaient aujourd'hui.

Après avoir monté le tabouret à la hauteur qui lui convenait et s'y être assis, David effleura quelques touches et la mélodie naquit. Simultanément, Elisabeth retrouva sa jeunesse pour chanter les affres de la fille d'un pêcheur qui, dans les brumes de Cornouailles, attendait que lui revînt son fiancé porté disparu lors d'une tempête. Manon, qui comprenait l'anglais, suivait chaque mot de cette complainte en y trouvant l'écho de son propre tourment. Pourquoi fallait-il que tout la ramenât vers Hervé et que son image surpassât les autres, y compris celle de son fils ? Inlassablement, elle comptait les jours qui allaient encore les séparer car, sans en connaître la date exacte, elle espérait son retour vers la fin du mois de février. D'autres chansons furent choisies, certaines plus enjouées et, à son tour, la langue française fut à l'honneur. Mêlant sa voix à celle de leur hôtesse, Juliette surprit l'auditoire par la clarté de son timbre. Louis prenait un réel plaisir à la regarder tandis qu'elle incitait son oncle à reprendre un refrain. Battant la mesure avec sa main, elle avait de la difficulté à contenir un rire joyeux. Entraîné par sa gaieté, le jeune homme s'approcha pour se joindre au chœur et, libéré de ses complexes mais fidèle à lui-même, chanta d'une façon désastreuse.

— Je faisais honte à la chorale du pensionnat, admit-il alors que Juliette le fixait d'un air faussement navré.

Ce fut le début d'une complicité qui valait tous les aveux et anéantissait les ultimes barrières. Dès le lendemain, Louis se départit un peu plus du poids des épreuves passées pour retrouver le goût de partager. La moindre promenade dans le parc se chargeait d'une intensité particulière. Il lui suffisait d'écouter le crissement des cailloux sous le petit pied de Juliette, de la voir respirer une fleur dont il venait de lui expliquer les caractéristiques ou de l'aider à sauter un ruisseau pour se sentir en accord avec l'univers. Naturellement des mots se formulèrent, des gestes s'esquissèrent...

— Je remercie la providence de vous avoir mené jusqu'à Pondichéry, avoua-t-elle un après-midi à la lisière du parc où s'élevait une petite grotte composée de rocailles et de coquillages.

— Moi aussi.

Soudain, tout devint simple. Louis s'approcha de Juliette qui noua ses bras autour de son cou. Contre son visage, il sentait sa joue tiédie par le soleil. De sa bouche, il chercha la sienne et elle répondit avec fougue à ce baiser qui ne ressemblait en rien à ce qu'elle avait connu avec Mathieu. Un vertige l'envahissait, la faisant se blottir plus étroitement contre l'homme auquel elle avait, en secret, donné son cœur. Ivre de sensations nouvelles, elle découvrait le plaisir de toucher et d'être caressée. Sur son cou, ses épaules, s'attardaient les mains de Louis. Elle recula la tête pour chercher son regard et ce qu'elle y lut de passion contenue la fit frissonner. A son tour, elle l'embrassa et, souffles mêlés, ils s'avouèrent ce qu'ils n'osaient encore prononcer.

Le carillon annonçant le souper les surprit alors qu'ils avaient tout oublié hormis le désir de se fondre dans une étreinte dont ils savaient déjà ne plus vouloir se priver.

— Il faut rentrer, murmura Louis en même temps qu'il ramassait la capeline de Juliette tombée à terre.

Au cours du repas, Juliette se montra distraite. Son oncle s'en rendit compte et, après l'avoir observée avec attention, se tourna vers Louis qui, malgré ses efforts pour écouter Elisabeth, semblait avoir lui aussi l'esprit ailleurs. Depuis longtemps, Auguste avait perçu la mutuelle attirance des jeunes gens et, loin d'en être mécontent, il avait décidé de favoriser une situation que d'autres auraient jugée inacceptable. Non seulement il appréciait les qualités de Louis mais il considérait que celui-ci avait assez d'envergure pour arracher sa nièce à un monde étriqué. Bien entendu, il gardait ces réflexions pour lui...

Loin d'imaginer que sa relation avec Juliette était observée, Louis se posait de nombreuses questions quant à la tournure que prenaient les événements. Si la jeune fille l'avait, depuis leur première rencontre, attiré, il n'avait jamais anticipé sur l'avenir. Comment l'aurait-il fait alors qu'il ignorait ce qu'il adviendrait de sa carrière ! En effet, que déciderait-il lorsque son contrat aux Indes aurait expiré ? Retournerait-il en France ou déposerait-il une demande pour une nouvelle mission dans une contrée lointaine ? Incapable d'établir le moindre plan, il ne se sentait pas le droit d'entraîner Juliette dans une histoire qui dépassait ce qu'il pouvait lui donner.

Tout au long de la nuit, il demeura éveillé et, dans un état d'extrême agitation, soupesa les termes qu'il utiliserait afin de la mettre en garde contre leur mutuelle inconscience. Même s'il devait plaider contre lui-même, il se devait de la ramener à la raison. Il en était encore temps...

Fatigué par le manque de sommeil, il consacra la matinée à parcourir des ouvrages sur Tanjore. Il relisait pour la troisième fois une phrase dont le sens lui échappait quand des voix féminines l'attirèrent vers la fenêtre. Abritées sous leurs ombrelles, Juliette et Manon écoutaient les explications que leur prodiguait Elisabeth sur les plantations dont elle avait doté le parc.

— Plus que pour la maison, j'éprouverai de la tristesse à abandonner mes arbres et mes fleurs. Qui les soignera après notre départ ?

Tandis qu'elle parlait, elle ôtait les feuilles flétries d'un rosier, rajustait la branche d'un fuchsia.

— J'aurai, il est vrai, du travail en Angleterre, poursuivit-elle. Néanmoins, ici, le jardin conte l'histoire de notre vie. Chaque date importante était commémorée par un arbuste. Je suis sans doute stupide de m'attacher à ce genre de détails mais vieillir vous met de bizarres idées dans la tête.

Autour de leur petit groupe, les oiseaux menaient une joyeuse sarabande, toutefois Manon n'y prêtait pas attention. Lorsqu'elle aurait atteint l'âge de leur hôtesse, pourrait-elle se vanter d'avoir bâti quelque chose ? Mis à part les poèmes et les récits relatant ses découvertes et ses voyages, quelle empreinte laisserait-elle ? Son époux ne lui ayant jamais fait partager le moindre projet, elle ne se sentait impliquée dans aucun des choix qui avaient jalonné leur union. En revanche, force lui était de constater que sa véritable existence avait débuté sur le sol indien. Sans qu'elle eût le temps de s'en défendre, Pondichéry s'était fiché dans son cœur. Non seulement elle s'y sentait chez elle mais elle éprouvait l'étrange impression d'y être née et de ne s'en être jamais éloignée. Les jours s'écoulaient sans qu'elle cherchât à se séparer de la demeure qui lui avait été transmise. Avec un bonheur grandissant, elle en goûtait le charme suranné. Pour la première fois, elle était chez elle, pour la première fois le mot « foyer » revêtait une signification... même si dans celui-ci ne résonnaient pas les jeux de son enfant... Face à tant de contradictions, il lui arrivait de perdre pied et cette matinée, sous le ciel de Tanjore, lui rappelait cruellement qu'elle aussi était épouse et mère, que ses racines se situaient en Europe et que les sentiers buissonniers ramenaient immanquablement vers la route dont ne déviait jamais le destin. Elle regarda Juliette qui, à quelques pas, cueillait un œillet et l'envia de ne pas encore connaître la direction que prendrait sa vie.

21

A la fin du IXe siècle, les Chola avaient fait de Tanjore leur capitale. Cette illustre dynastie, mentionnée dans le Mahâbhârata[1], s'était enrichie en commerçant au-delà des océans. Lorsqu'il accéda au trône, aux environs de l'an 1000, le roi Râjarâja favorisa le culte de Shiva et, dans ce but, ordonna la construction du plus célèbre des temples de la ville : le Brihadeshvara.

Auguste avait choisi d'y entraîner sa nièce et ses amis en fin d'après-midi alors que les rayons du soleil réchauffaient la pierre dont pas un pouce n'avait échappé aux sculpteurs pour offrir un langage imagé plus puissant que toute expression écrite ou parlée et qui comprenait plusieurs degrés de compréhension. Sous la vigilance de son cornac, un éléphant se trouvait devant l'entrée du sanctuaire, lieu magique et choisi selon des règles précises pour représenter la conception hindoue de l'univers, de la vie et de l'être humain. A côté, une jeune fille, accroupie face à une corbeille en osier, fabriquait des colliers avec des fleurs de frangipanier. Après s'être déchaussés et avoir traversé le gopuram, les quatre Européens débouchèrent dans une immense cour où les fidèles se préparaient à vénérer

---
1. L'un des plus grands poèmes épiques de l'Inde.

Du côté de Pondichéry

leurs dieux. Vêtus de blanc, le front couvert de cendres, des vieillards méditaient, assis sur le sol, tandis qu'un peu plus loin des enfants couraient dans une galerie ornée de fresques et d'innombrables lingams[1].

Après s'être arrêté devant la statue du taureau Nandi dont l'encolure était ceinte d'une étoffe blanche et de guirlandes, Louis leva la tête pour contempler le vimana que couronnait un imposant bloc monolithique enfermant un lingam. Derrière Juliette, il regarda par la porte ouverte le sanctuaire où la pénombre le surprit. Au bout d'une longue travée brillaient les petites flammes des lampes à huile et, devant un prêtre, les indiens déposaient leurs offrandes à leurs dieux. Une odeur de renfermé, de moisi, de camphre, de fleurs fanées et de poussière flottait, à la fois âcre et douceureuse. Elle augmenta le malaise de Manon dont les bonnes résolutions flanchaient face à des manifestations qui provoquaient le dégoût. Furieuse contre son étroitesse d'esprit, elle tenta de se raisonner mais en vain. Il lui fallut sortir de son réticule un flacon de sels qu'elle respira en se retournant contre un mur.

Le visage grave, des petites filles pénétraient dans l'édifice. A quoi penseraient-elles en s'inclinant devant le dieu de la Danse et de la Création ? Certaines se destinaient-elles à devenir des devadasi ? Sous la houlette d'un maître réputé, elles étudieraient alors le bharata-natyam et, quand elles auraient atteint une certaine dextérité, de gracieux grelots seraient, au cours d'une cérémonie, accrochés autour de leurs chevilles. Celle qui, plus tard, accomplirait, seule devant un public, les mouvements de cette danse cosmique devrait exprimer à l'aide de son visage et de son corps

---

[1]. Pierres d'apparence phallique qui représentent dans l'hindouisme l'univers et la nature fondamentale. On trouve des lingams dans tous les temples voués au dieu Shiva.

les rasa, ou émotions que provoquent l'amour, l'inquiétude, la surprise, l'héroïsme ou la paix. Accompagnée par les joueurs de tambura et de mridangam, par un chanteur et un quatrième musicien qui avec des cymbales lui donnerait le rythme, elle exécuterait des karana (cent huit pas) tandis que ses mains et ses doigts, en traçant des mudra, raconteraient une légende. Pendant le premier morceau, ou allarippu, la danseuse invoquerait les dieux. Suivrait le jatiswaram où elle répondrait au joueur de mridangam. Au cours du shabdam, elle mimerait avec son visage et des gestes. Viendrait ensuite le varnam où elle pourrait s'abandonner à sa propre créativité sans désobéir aux règles. Pendant le padam, le mime serait à nouveau prédominant, puis, dans le tillana, la danseuse exprimerait l'union entre les humains et le dieu. Ecole de vie et de discipline, le bharata-natyam avait été révélé aux hommes par les dieux afin qu'ils atteignent la « libération » par une voie qui n'était ni aride ni abstraite mais au contraire s'approchait du plaisir divin.

Pour retourner chez les Finney, ils traversèrent la ville qui, en ce début de soirée, connaissait l'animation. Assis sur les marches d'un bâtiment public, des hommes vêtus de pagnes regardaient les passants en mangeant des légumes disposés sur une feuille de bananier ou en mâchant du bétel tandis que des adolescentes déambulaient en riant. Depuis son arrivée aux Indes, Manon s'étonnait du mur qui séparait les sexes. Il était rare de croiser des couples, sinon entourés de leur famille. Alors que l'attelage longeait le fleuve, elle se rendit compte de l'importance que représentait l'eau pour les uns et les autres. Toilette, ablutions, lessives, besoins naturels, tout se rejoignait dans cet élément qui lavait, soulageait, purifiait. Une nouvelle fois, le sublime côtoyait le sordide ! Leur passage ne manqua pas de déclencher l'intérêt général. Des enfants coururent derrière la voiture et, les cheveux trempés, leur adressèrent de grands signes. Attentive, la jeune femme se laissait envahir par une multitude d'impressions qui, peut-être, se transformeraient en écrits.

Juliette n'avait pas, elle non plus, oublié son goût pour la peinture. Le parc des Finney étant une perpétuelle source d'inspiration, elle y transportait régulièrement son chevalet et, pendant quelques heures, suivait des yeux le changement qu'entraînait le passage d'un nuage sur l'herbe qui s'assombrissait, captait le vol d'un oiseau.

Au début d'une matinée, elle s'était installée devant des roses thé dont les pétales étaient encore imbibés de rosée. La délicatesse des tons constituait un défi qu'elle n'était pas certaine de relever mais, après plusieurs essais infructueux, elle approcha la légèreté qu'elle tenait tant à restituer. Absorbée par son travail, elle sursauta quand elle vit Louis.

— Cela ressemble à notre première rencontre sur la plage de Pondichéry, remarqua-t-il. Vous m'aviez alors avoué détester être dérangée pendant que vous peignez... mais les occasions d'être seuls sont rares... et je voulais vous parler.

Le sourire heureux qu'elle lui adressa rendait plus difficile la démarche de Louis qui dut se faire violence pour prononcer :

— Ce qui s'est passé, avant-hier, ne doit pas avoir de suite.

— Pas avoir de suite, répéta Juliette.

— J'ai connu un moment d'égarement et je vous en demande pardon.

Abasourdie, elle ne trouvait aucune réponse à formuler et, face au regard incrédule qu'elle lui adressait, il ajouta :

— Juliette, je ne peux rien vous apporter.
— Vous ai-je demandé quoi que ce soit ?
— Non, mais je n'ai pas le droit de vous abuser. Comprenez-moi... Je ne sais pas ce que je ferai lorsque mon travail aux Indes sera terminé et...

En quelques pas, elle le rejoignit pour lui déclarer avec emportement :
— Vous ne parlez que de vous ! M'avez-vous seulement demandé ce que j'éprouvais ?
— Je ne veux surtout pas le savoir, se défendit-il.
— Pourquoi ?

Proche à le toucher, elle murmura :
— Est-ce si difficile d'entendre que je vous aime ?
— Juliette, je vous en supplie...

Sourde à sa demande, elle posa sa tête au creux de son épaule.
— Contre les sentiments que je vous porte, ni vous ni moi ne pouvons rien.

Incapable de résister à la voix de la jeune fille, à ses aveux, il referma ses bras autour de sa taille. Il avait suffi de cinq minutes pour que s'envolent ses bonnes résolutions.
— Répondez-moi la vérité, soufflait-elle à son oreille... Préféreriez-vous me laisser indifférente ?
— Non... Vous le savez bien.

Avec presque de la colère, il s'empara de sa bouche et, dans un fervent baiser, scella sa reddition. Puis il prit le visage de la jeune fille entre ses mains et, les yeux plongés dans les siens, murmura :
— De quel pouvoir êtes-vous dotée pour faire de moi ce que vous voulez ?
— Que racontez-vous ? Je vous connais suffisamment pour savoir que vous n'êtes pas influençable.

De la chevelure de Juliette émanait un léger parfum de muguet et sa nuque était douce sous les doigts de

Du côté de Pondichéry

Louis qui, paupières closes, goûtait avec intensité sa présence.

— Tout est si nouveau pour moi, chuchota-t-il.

— N'aviez-vous donc jamais songé à nous deux ?

— Dès notre première rencontre, je vous ai trouvée séduisante mais je n'aurais pas imaginé que...

— Que pas un jour, pas une nuit ne s'écoulait sans que je pense à vous... Que lorsque nous nous séparions, je n'aspirais qu'à vous revoir. Vous n'avez pas, non plus, imaginé que je détestais toutes celles qui vous approchaient...

Peu habitué au discours amoureux, Louis était à la fois flatté et désarçonné. Une éducation puritaine et des aventures sans conséquences ne l'avaient pas préparé à voir clair dans ses sentiments. Seule une jeune femme, couturière à Aubagne, lui avait fait battre le cœur lorsqu'il avait dix-neuf ans. Quand il la croisait, il se sentait rougir jusqu'à la racine des cheveux tant il était certain qu'elle devinait les pensées qu'elle lui inspirait. L'après-midi où il la découvrit au bras d'un militaire, il eut de la fièvre et la vie perdit tout attrait jusqu'à la fête foraine où, enfin, il se décida à l'accoster. Une semaine plus tard, elle lui ouvrait sa porte et son lit. Leur liaison dura un été. Bercé par le chant des cigales, le corps en sueur, il découvrit entre les bras de Magali un désir sans cesse renouvelé et un plaisir partagé. Elle avait des cheveux de jais, une peau qui sentait la lavande et, dans sa voix légèrement rauque, filtrait une pointe d'accent méridional. Si l'amour n'était pas entré dans leur histoire, ils connurent ensemble des moments de sensualité qu'il n'oublierait pas pour ne les avoir jamais retrouvés auprès de ses autres partenaires, françaises ou indiennes. A l'exemple des célibataires qui travaillaient à Pondichéry, il s'était rendu dans la ville noire pour se désintéresser rapidement des ressources qu'elle offrait au profit d'une jolie bayadère qu'il rejoignait lorsqu'il séjournait à Villenour. Contre des présents, elle lui accordait ses faveurs. Elle était ravissante mais, malgré les efforts qu'il faisait pour s'intéresser à son existence, demeurait indifférente à ce qu'elle ne considérait pas comme une activité rémunératrice.

Face à Juliette qui, en ce moment même, lui livrait son tourment, il perdait pied car avec davantage de courage et de lucidité, elle mettait en lumière ce qu'il avait peur d'affronter.

— Accordez-moi du temps, demanda-t-il avant d'ajouter : Depuis la mort de mon frère, je crains les attachements.

— Moi aussi, j'ai connu la séparation et le deuil, se récria Juliette. Cela ne m'empêche pas de prendre des risques...

— Contrairement à moi, vous n'êtes pas responsable du décès de votre mère.

— Alors... Si je vous comprends bien, vous ne vous accordez pas le droit d'être heureux !

— Peut-être.

D'une voix plus basse, il poursuivit :

— Tout me ramène à ce dimanche et à mon insistance pour sauter cette maudite haie. Quelque chose s'est brisé, ce jour-là, Juliette, et, parfois, j'ai l'impression de ne plus vouloir prendre part à la vie...

Une telle souffrance filtrait dans ses paroles que la jeune fille s'adoucit. Pour lui avoir reproché de ne pas tenir compte de son élan envers lui, elle était en train de prendre le même chemin en refusant d'admettre qu'il devait, avant tout, se libérer de son passé.

— J'attendrai que vous veniez vers moi... mais promettez-moi d'essayer.

— Je vous le promets, répondit Louis en s'emparant des doigts de Juliette pour les porter à ses lèvres.

Jusqu'à leur départ pour Pondichéry, Juliette ne

rechercha pas les tête-à-tête et, désarmé par la gaieté qu'elle continuait d'afficher, Louis se départit peu à peu de sa réserve. Il l'emmena dans les promenades qu'il réservait à l'observation des oiseaux et accepta de poser pour son portrait.

— Vous avez une mine d'assassin quand vous peignez, remarqua-t-il.

— Méfiez-vous, s'amusa-t-elle avant de renchérir : Mon oncle m'a déjà fait cette réflexion. Ce doit être la concentration. Imaginez que je vous enlaidisse !

Les journées s'enfuirent sans qu'ils en fussent conscients et, lorsque se profila le retour, ils surent qu'ils ne retrouveraient pas avant longtemps la même liberté et une intimité qui avait engendré la confiance.

— Juliette, appela Louis alors que les malles étaient hissées dans l'un des attelages.

— Oui, répondit-elle en le rejoignant.

— Vous me manquez déjà...

22

Joséphine était alitée lorsque Juliette arriva à Pondichéry.

— Madame ne soupera pas et Monsieur rentrera tard de Villenour, l'informa le dobachi.

Cette tranquillité ne déplut pas à la jeune fille qui n'aspirait qu'à se reposer. En retrouvant Kâmeshvâri et son univers familier, elle eut la curieuse impression d'avoir rêvé son voyage. Tout était en place, la chemise de nuit en dentelle préparée sur le lit, la lampe à huile qui éclairait ses livres et ses objets... et, pourtant, elle n'était plus la même. Une fièvre l'habitait, mêlée d'appréhension, de joie et de nostalgie. Elle avait envie de rire, de pleurer et de se replier sur son secret. Les premiers pas en amour étaient-ils si difficiles ? Non sans ironie, elle se remémorait son engouement pour Mathieu. Comme elle s'était fourvoyée en croyant qu'il s'agissait de sentiments ! Elle ignorait alors qu'avant de penser à soi il fallait songer à celui qu'on disait chérir. La preuve en était ce soir où elle imaginait Louis retrouvant la pension où résidaient les ingénieurs. S'il ne s'était jamais plaint d'être privé de ses racines, de sa famille et de ses amis, s'il ne s'était jamais plaint de l'exil, elle mesurait la portée de ses manques. Parviendrait-elle à les adoucir ? Avant de s'endormir, elle en fit le vœu.

Du côté de Pondichéry

Le lendemain, elle fut étonnée de trouver la salle à manger déserte lorsqu'elle descendit pour prendre son petit déjeuner. Au dire du dobachi, son père avait accompagné le médecin au chevet de sa belle-mère.

— Ne vous faites aucun souci, entendit-elle déclarer plus tard le praticien.

Dès que Charles l'eut rejointe, elle demanda en prenant un air concerné :

— Joséphine est-elle souffrante ?
— Pas exactement.

Sans cacher son contentement et sa fierté, le créole déclara :

— Elle attend un heureux événement.
— Vous voulez dire qu'elle est enceinte !

Joséphine mit un certain temps pour réaliser que sa stérilité avait pris fin. Puis elle se rendit à l'évidence qu'elle allait avoir un bébé et que la conception de celui-ci coïncidait avec le séjour de Charles à Yanaon. Etait-il possible que Mathieu en fût le père ! La gorge sèche, elle se remémora ses rendez-vous clandestins. A tout prix, il lui fallait tricher, en commençant par le médecin auquel elle fournit de mauvaises dates. Charles eut droit au même traitement : la gestation remontait à deux mois au lieu d'un mois et demi...

Cette affaire réglée, la future mère put se réjouir d'une situation qu'elle n'espérait plus. Elle allait, aux yeux de son époux, assurer la dynastie des Fournel et, si le ciel continuait de se montrer clément, ils auraient un fils, ce qui reléguerait définitivement Juliette au second plan.

Pour ne pas narguer la chance qui lui souriait, elle prit la décision de rompre avec ses deux amants, trouvant pour chacun des raisons qui les tiendraient à distance.

— Charles semble soupçonneux, avait-elle confié à

Mathieu. S'il découvrait la vérité, il me tuerait et, sur-le-champ, vous renverrait chez votre père.

Dans la crainte d'être déshérité si un nouveau scandale le faisait rentrer prématurément en France, Mathieu ne montra aucune résistance, d'autant qu'Emily Sitwell ne le laissait pas indifférent, encore moins sa dot que l'on disait exorbitante.

Avec François, elle employa un langage sans détours.
— J'attends un enfant de Charles.
— De Charles, répéta-t-il sans cacher son soulagement.
— Tu comprendras donc que nous ne pouvons plus nous voir.
— De toutes les façons, nos rencontres sont devenues si rares...
— Cela ne semble guère te gêner, dit-elle piquée dans son orgueil.
— Je me suis habitué... Voilà tout...
Après une pause, il ajouta sur un ton ironique :
— Moi aussi, je me prépare à connaître une existence rangée.
— Tu n'as toujours pas fait ta demande en mariage.
— J'attendais d'en finir avec quelques soucis.
— Lesquels ?
— Des difficultés à obtenir les autorisations pour certains transports... mais tout va s'arranger.

Joséphine sentit qu'elle ne devait pas insister. Elle se préparait à prendre congé quand François lui demanda :
— Tu dois être la plus heureuse des femmes.
— Bien sûr.
— Je ne parle pas de donner naissance à un rejeton mais de devenir plus précieuse pour ton mari.
— Que veux-tu dire ?
— Rien que tu ne comprennes.

Envers sa belle-fille, Joséphine adopta une attitude magnanime. Elle alla même jusqu'à lui faire des compliments... toujours en présence de Charles. Toutefois, pour quelqu'un d'attentif comme Auguste, ce nouveau comportement ne présageait rien de bon. Depuis longtemps, il s'était forgé une opinion sur sa nièce par alliance et, sans en avoir jamais eu la preuve, nourrissait des doutes quant à sa fidélité conjugale. Il connaissait suffisamment les femmes pour deviner qu'elle ne se contentait certainement pas d'un brave garçon comme Charles. Pour avoir surpris, à plusieurs reprises, des échanges de regards avec Mathieu Trigance, il n'était pas impossible que ce jeune coq prétentieux eût bénéficié de ses faveurs. Non sans une certaine pitié, il observait son neveu qui n'en finissait pas d'entourer d'attentions celle qui savait à la perfection le flatter afin de mieux le berner. Il se demandait si, par le passé, il aurait, lui-même, fait preuve d'autant de faiblesse envers ses conquêtes, notamment celles dont il aurait pu passer pour le père. Un sursaut de lucidité l'en avait empêché, à moins que ce n'eût été son besoin de liberté. Serait-il plus heureux de partager, aujourd'hui, son existence avec une compagne dont la personnalité le stimulerait ? Faute d'avoir trouvé l'oiseau rare, il assumait une solitude qui, finalement, le satisfaisait, même si le voyage à Tanjore venait de lui démontrer les joies que procurait une compagnie choisie.

Depuis son retour à Ariancoupam, Auguste ne laissait pas s'écouler plus de trois jours sans rendre visite à Manon qui, ayant observé ses goûts chez les Finney, lui offrait un verre de son porto favori et des biscuits au gingembre.

— Pour les vieux messieurs comme moi, il ne reste plus que les plaisirs du palais, plaisantait-il avant d'ajouter dans un sursaut de fierté : Mais, contrairement à d'autres, j'ai encore toutes mes dents pour croquer ces délices...

Ils dissertaient sous la véranda. Manon racontait son adolescence, ses premières lectures, son engouement pour les romancières anglo-saxonnes dont faisait partie Jane Austen.

— A travers ses livres, j'ai découvert la complexité des sentiments...

« Et leur violence », se retint-elle d'ajouter.

Février avançait et personne n'évoquait le retour d'Hervé Treguen. Ne pouvant ouvertement se renseigner auprès de Charles, elle se rendait chaque matin au débarcadère. Elle apprit ainsi qu'une tempête avait sévi au sud-ouest de Ceylan.

— Comment le savez-vous ? demanda-t-elle à un agent des douanes.

— Par un équipage qui est parvenu à l'éviter.

— Il y a longtemps ?

— Trois jours.

— Des bateaux sont-ils manquants ?

— Pas que je sache mais pour plus d'informations, il faut demander au commissariat maritime.

Au risque de se trahir, elle pénétra dans le bâtiment puis se dirigea vers un homme qui, assis derrière une table, remplissait un registre de son écriture serrée.

— Excusez-moi. Connaissez-vous la date de retour du *Mélusine* ?

— Le *Mélusine* ! Justement, monsieur Fournel s'en inquiétait lui aussi. On l'attendait en début de semaine.

— Et nous sommes jeudi ! Devait-il faire une escale à Colombo ?

— Oui, en principe. Mais nous n'avons aucun renseignement.

Un gouffre s'ouvrait sous les pieds de la jeune femme

qui, le cœur battant, la gorge nouée, prit comme une somnambule le chemin de sa maison.

— Madame Galbret, madame Galbret, entendit-elle dans un brouillard.

Quelques instants plus tard, Isabelle Lebreton était à ses côtés et, après l'avoir observée, remarqua :

— Vous êtes toute pâle.

— Ah oui ! Vous trouvez ?

— Etes-vous certaine de ne pas être malade ? Il faut faire attention avec tous ces miasmes qui circulent. On a encore recensé un nouveau cas de choléra...

Au bord de l'évanouissement, Manon se dirigea vers un banc. Si seulement son interlocutrice pouvait se taire !

— Asseyez-vous, l'encouragea celle-ci en lui agitant autour du visage son éventail.

— Merci, murmura Manon après s'être relevée. Il s'agissait d'un simple étourdissement.

— Il est vrai que, dans votre cas, on ne peut vous soupçonner d'être enceinte.

— Certes non...

— Vous êtes au courant pour madame Fournel ?

— Sa belle-fille m'a avertie qu'elle attendait un bébé.

— Un véritable miracle ! J'en sais quelque chose.

— Ah oui ?

— Depuis des années, j'essaie d'avoir un enfant et, depuis des années, Dieu me le refuse.

— Il ne faut pas désespérer.

— Oh, la stérilité féminine, cela ne se guérit pas.

— Pourtant... madame Fournel...

Il y eut un silence au cours duquel Manon remarqua que son interlocutrice avait changé d'expression. Ses traits habituellement placides s'étaient durcis et dans son regard filtrait une lueur de méchanceté.

— Je vous accompagne jusqu'à chez vous, finit-elle par proposer.

— Ne vous donnez pas cette peine.

— Vous habitez à deux pas.

Il aurait été malséant de ne pas inviter Isabelle Lebreton à prendre un rafraîchissement, aussi, à contrecœur, Manon l'invita-t-elle à entrer.

— Avez-vous l'intention de rester encore longtemps à Pondichéry ? lui demanda-t-elle en observant le décor dans lequel elle évoluait.

— Quelque mois.

— De votre plein gré ?

— Bien sûr ! Mais cela semble vous étonner ?

— Je déteste les Indes, répliqua Isabelle. Tout me déplaît : les indigènes, la crasse, la misère...

— Avez-vous essayé de vous intéresser au bon côté des choses ?

— Il n'y en a pas.

Contre la frustration contenue dans cette réponse, il n'y avait pas grand-chose à répliquer.

— Vous ne pouvez pas comprendre ce que cela représente d'avoir raté sa vie et de savoir qu'il n'y aura jamais de changement !

Sous peine de dévoiler l'inavouable, Isabelle arrêta son début de confession. Qui aurait accepté d'entendre qu'elle s'était détournée d'un époux dont elle n'avait jamais été éprise pour s'amouracher d'un vaurien ? Mathieu Trigance n'était, en effet, rien d'autre que le mauvais rejeton d'une honorable famille française ! Depuis qu'il s'était moqué d'elle, elle le haïssait. La scène qui les avait opposés brûlait encore sa mémoire.

Il l'avait surprise alors que, selon un rite établi, elle fouillait dans ses affaires.

— Que faites-vous chez moi ? lança-t-il sur un ton glacial.

Du côté de Pondichéry

— Chez vous ?

— Je paie ce logement, que je sache ! La moindre des contreparties serait que j'y fusse préservé des indiscrétions.

— Il est de mon devoir de surveiller la moralité de mes pensionnaires.

Abasourdi, il la regardait comme si elle était devenue folle.

— Que vous passiez vos nuits dans des lieux de perdition et réveilliez toute la maison en rentrant ivre mort n'est déjà pas acceptable, mais que vous soyez en train de bafouer l'un de nos amis, en l'occurrence votre employeur, est tout simplement criminel.

— Que racontez-vous là ?

— Je connais la nature de votre relation avec madame Fournel, cria Isabelle dont les joues étaient marbrées par la colère.

— Parlez moins fort ! On pourrait nous entendre, s'inquiéta-t-il.

— Depuis plusieurs semaines, elle est votre maîtresse.

— Comment osez-vous proférer de telles insinuations ! Je vous interdis de souiller la réputation d'une femme qui n'a rien à se reprocher.

— Vous renversez les rôles !

L'un après l'autre, elle énuméra les indices qui l'avaient mise sur la voie pour conclure avec une perfidie consommée :

— J'ai en ma possession des preuves irréfutables.

Mathieu se souvint alors des lettres que lui avait adressées Joséphine, au début de leur liaison, et qu'il avait jetées en boules froissées dans la corbeille à papier. Quel imbécile il avait été de ne pas se méfier ! Face à lui, sa logeuse savourait sa victoire et il se retenait pour ne pas la frapper. Comment aurait-il imaginé que cette créature privée de beauté et d'intelligence possédât tant de rouerie ? Et quel but poursuivait-elle ? S'agissait-il d'une vengeance envers une femme qui la supplantait dans tous les domaines ?

— Pourquoi ? demanda-t-il en essayant de rester calme.

— Par principe.

Isabelle ne pouvait pas lui avouer que son dépit amoureux s'était transformé en une haine dévastatrice. A défaut de pouvoir jamais conquérir Mathieu qu'une autre lui avait volé, elle ne souhaitait plus qu'empoisonner son existence. Perdu pour perdu... que ce fût au moins avec la satisfaction d'entraver sa liaison.

— Dès demain, je quitterai cette maison, promit-il sur un ton sans appel.

— Il n'en est pas question !

— Vous ne pourrez me l'interdire.

— Je peux vous en empêcher.

— Pour quelle raison ?

— On ne manquerait pas de commenter votre départ. Monsieur Fournel serait déçu que vous ne vous plaisiez pas chez nous... De plus, nous avons besoin d'argent.

— Décidément, vous n'oubliez rien.

— Vous restez... et je me tais...

Malgré le dégoût que lui inspirait sa logeuse, Mathieu n'en finissait pas d'être surpris par son machiavélisme. Elle avait tout soupesé, prévu et, pris au piège, il se voyait dans l'obligation d'accepter ses conditions. Avant de capituler, il l'enveloppa d'un regard de mépris qui l'aurait désespérée quelques mois plus tôt. Puis il la poussa vers le couloir et, avec violence, claqua la porte.

Le lendemain, il arbora une attitude courtoise et, sur un ton avenant, bavarda avec Gabriel Lebreton qui était à mille lieues d'imaginer que son foyer s'était transformé en un nœud de vipères. Isabelle ne montra, elle non plus, aucune acrimonie et, depuis, s'était instaurée une cohabitation contre laquelle les créoles de la ville blanche auraient été dans l'incapacité d'émettre la moindre critique.

— Je me demande parfois si je reverrai la France, déclara Isabelle à Manon en se préparant à prendre congé.
— Votre mari n'a-t-il pas envie d'y retourner ?
— Peu lui importe.
Avec un soupir, elle ajouta :
— C'est un homme qui prend les choses comme elles viennent, sans jamais les bousculer. Si j'avais su ! Mais je n'aurais jamais eu le courage d'aller et venir comme vous.
— Je ne l'avais pas avant de quitter Paris.

Dès qu'elle fut seule, Manon retrouva son tourment. Lundi, mardi, mercredi, jeudi bientôt terminé : énumérer ces quatre jours était devenu un leitmotiv qu'accompagnaient des images de catastrophe. Le front appuyé contre la vitre d'une fenêtre, elle contemplait l'océan qu'elle se prenait à détester et, au cours de ces moments d'inquiétude, elle mesura pour la première fois sa solitude. Malgré l'amitié qu'elle éprouvait pour Juliette, Auguste et Louis, elle ne pouvait se confier à personne et cette restriction amplifiait son malaise. Refusant de déjeuner, elle s'allongea sur le sofa de son boudoir pour tenter de se reposer. Elle n'aurait pu établir plus mauvais choix car cette oisiveté la ramena vers Hervé, ce qu'ils avaient connu ensemble et partagé. Imaginer qu'elle ne le reverrait peut-être plus ressemblait à une brûlure. Le destin recelait-il autant de cruauté ? Elle songea au curieux enchaînement de circonstances qui les avait mis face à face. Tout, en effet, aurait dû les séparer : leur passé, la géographie, leurs caractères et leurs occupations. Néanmoins, au moment où elle se pensait installée dans un mariage conforme à ce qu'elle en attendait, elle rencontrait l'homme qui remettait en question ses croyances et sa belle assurance. Aucun des deux n'était libre, elle se l'était répété à maintes reprises, mais, aujourd'hui, elle découvrait que, pour vivre sa passion, elle était prête à prendre tous les risques.

La pénombre emplit peu à peu le salon. Le long du rivage commençait la promenade vespérale à laquelle elle n'avait pas envie de participer. De son siège, elle apercevait le phare qui s'était allumé. La brise devait apporter des senteurs marines et, dans sa mémoire, résonnaient les vagues qui se fracassaient en contrebas du cours Chabrol.

Elle commençait à s'assoupir quand on frappa à la porte.

— Un jeune garçon demande à voir Madame, l'informa son domestique.

— Il doit y avoir une erreur. Je n'attends personne.

— Il se recommande de monsieur Tempête.

— Dans ce cas, fais-le entrer.

L'adolescent qui se présenta devait avoir une douzaine d'années. Le manque de clarté empêcha Manon de discerner son visage mais, à son attitude, elle perçut sa timidité.

— Bonsoir, madame. Je suis Emile.

— Bonsoir.

— Monsieur Tempête ne vous a pas avertie de ma visite ?

— Non, mais ce n'est pas grave.

— Sans doute a-t-il oublié ! C'était pour vous emprunter, si vous n'en avez plus besoin, le livre qu'il vous a prêté.

— Lequel ?

— *Les Années Dupleix.*

Du côté de Pondichéry

— Il doit se trouver dans cette pile.

Joignant le geste à la parole, Manon se dirigea vers une table.

— Peut-être n'avez-vous pas terminé de le lire...

— Si, avant-hier. C'est un texte très intéressant.

Elle s'empara du volume et, après en avoir ôté un papier où elle avait inscrit des annotations, le tendit à son interlocuteur qui s'était approché de la lampe.

— Je me souviens maintenant. Tu as voyagé avec monsieur Tempête.

— Ah... il vous a raconté notre traversée.

— Oui... et je sais que, depuis votre arrivée à Pondichéry, vous vous rencontrez souvent.

— Quand il ne travaille pas à Villenour, il vient me chercher le samedi chez mon oncle et ma tante. La dernière fois, nous nous sommes promenés au jardin colonial.

A l'esprit de Manon revint la triste histoire de l'orphelin. En le voyant gauche et en même temps avide d'attention, elle pensa à son fils et un irrépressible sentiment de culpabilité l'envahit. Depuis presque un an, Eugène grandissait privé de sa présence et si, par orgueil, il ne semblait pas s'en plaindre, quel était au juste son état d'esprit ? Lisait-on dans son regard la même inquiétude teintée de tristesse que chez Emile ?

— Il est trop tard pour goûter mais voudrais-tu tout de même une part de cake ? proposa-t-elle.

Après une brève hésitation, Emile accepta son offre et, bientôt, assis autour d'un guéridon, ils bavardaient comme de vieilles connaissances. Sans évoquer les raisons de sa venue à Pondichéry, l'adolescent expliqua qu'au début tout le révulsait dans cette ville où l'on trouvait des serpents au milieu de la chaussée, des cancrelats dans les lits... Puis le charme avait opéré. Il s'était surpris à aimer la présence de l'océan, le va-et-vient des bateaux et des chelingues, la diversité des langues autour du débarcadère. Au collège, les élèves l'avaient accueilli avec gentillesse et l'enseignement qu'il y recevait stimulait sa curiosité. Louis, auquel il souhaitait un jour ressembler, n'était pas non plus étranger à son adaptation. Emile ne raconta pas à madame Galbret sa première visite au bazar mais évoqua le rôle qu'avait joué son ami dans son acceptation des différences. A mesure qu'il parlait, ses traits s'animaient et Manon pouvait découvrir l'enfant vif et joyeux qu'il avait été. L'espace d'un instant, elle réfléchit aux personnes singulières que leur cheminement individuel avait menées vers ce pays où, plus qu'ailleurs, tout pouvait arriver. A Pondichéry, rien en effet n'était édulcoré : la sécheresse alternait avec des trombes d'eau, les naissances avec les épidémies, la mort régnait autant que la vie, et la solitude au milieu des foules prenait sa véritable dimension. Auguste, Juliette, Louis, Hervé, elle-même et maintenant Emile... A quoi étaient-ils appelés et pour quelle raison avaient-ils commencé de former un clan qui n'obéissait qu'aux élans mystérieux du cœur ?

23

Le vendredi matin, Manon se rendit une nouvelle fois au débarcadère où de nombreuses chelingues allaient et venaient entre la rade et le rivage. On déchargeait un bateau mais la réverbération empêchait la jeune femme de discerner l'horizon.

— Savez-vous si ces caisses proviennent du *Mélusine* ? demanda-t-elle à un homme âgé qui, chaque jour, s'asseyait dans l'un des fauteuils disposés sous le phare afin de contempler le spectacle que lui offrait l'océan.

— Oui... Il est arrivé hier soir.

Hier... et elle avait passé une nuit blanche à craindre l'irrémédiable ! Du regard, elle chercha la silhouette d'Hervé mais il demeurait invisible. Sans doute se trouvait-il dans les entrepôts de Charles Fournel. Une onde de joie l'envahit. Fermant les paupières, elle respira la brise et, protégée des rayons du soleil par son ombrelle, s'abandonna au simple plaisir d'exister et de savoir que, tôt ou tard, elle croiserait celui qu'elle n'avait cessé d'attendre.

Un déjeuner, qu'elle ne pouvait décommander, la retint dans le réfectoire des sœurs de Saint-Joseph-de-Cluny qui la prièrent de réfléchir, en faveur de leurs élèves, à une éventuelle causerie autour des poètes français. Jamais elle n'avait été aussi absente d'une conversation et rentrer chez elle fut un soulagement.

Toutefois, au fur et à mesure que s'écoulaient les heures, elle se demanda si le navigateur créerait une rencontre... pour se convaincre aussitôt qu'elle était stupide de s'adonner à ce genre d'illusions. L'espoir était cependant tenace et ce fut avec fièvre qu'elle se prépara pour la promenade.

Mathieu fut la première connaissance qu'elle aperçut. Il semblait contrarié et la salua sans son empressement coutumier. Répondant aux signes amicaux dont elle était l'objet, Manon tentait de cacher sa nervosité. Découvrir Juliette la réconforta et, sans attendre, elle la rejoignit.
— L'ambiance à la maison est devenue irrespirable, lui confia celle-ci. Mon père a des soucis et ma belle-mère entame une grossesse qui ne nous accorde aucun répit. A l'écouter, attendre un enfant s'apparente à un exploit. Elle se plaint de tous les maux et le médecin est convoqué un jour sur deux. A plusieurs reprises, j'ai eu envie de me réfugier chez vous...
Juliette poursuivit ses doléances avant d'ajouter :
— Nous recevons, ce soir, monsieur Tourvel à souper mais elle a décidé de ne pas se lever. Je dois la remplacer... C'est bien la première fois que l'on me réclame ce service et j'espère que ce sera la dernière.
Manon connaissait les réticences de Juliette à l'égard de François Tourvel et, pour éprouver la même antipathie, il lui était difficile de l'exhorter à se montrer plus conciliante. Rien, en effet, chez le créole n'attirait son intérêt, et surtout pas son insatiable besoin de posséder. Chaque fois qu'ils avaient conversé, Manon avait été étonnée par sa suffisance et sa morgue envers ceux qu'il considérait comme ses inférieurs.
— Tout le monde est à acheter, l'avait-elle entendu déclarer au cours d'une réception chez le gouverneur.

Le soir, Charles était seul, dans le salon, quand François Tourvel se présenta.

Du côté de Pondichéry

— Ma femme vous prie de bien vouloir excuser son absence, lui dit-il. Elle est fatiguée.

— J'ai appris la nouvelle et je vous félicite.

— Il est vrai que je suis très heureux... même si j'ai davantage l'âge d'être grand-père que père.

— Votre fille pourrait, en effet, se marier et... à ce propos, j'aimerais vous demander sa main.

— Sa main ? sursauta Charles.

— Oui... vous m'avez bien entendu.

— Est-elle au courant de cette décision ?

— Je préférais tout d'abord vous en parler.

Charles se souvint alors du discours de Joséphine. N'avait-elle pas affirmé que Juliette ne trouverait meilleur parti que l'armateur... L'affaire réclamait néanmoins réflexion.

— Mademoiselle Fournel ne manquera de rien, lui assurait le prétendant comme s'ils s'étaient déjà entendus. Elle habitera l'une des plus jolies demeures du comptoir et bénéficiera de tout ce qu'elle souhaitera.

Au cours du repas, la jeune fille ne se douta de rien. Son père et François Tourvel évoquèrent les problèmes que connaissait la navigation.

— L'époque n'est pas facile, se plaignit Charles. Nous exportons beaucoup moins qu'il y a seulement deux ans.

— Vous devriez suivre mon exemple et vous reconvertir dans le transport des indigènes vers Maurice et la Réunion. Je commence même à les embarquer vers les Antilles.

— Non, je n'y tiens pas. La responsabilité est trop lourde.

— Quelle responsabilité ? Personne ne les force à émigrer.

— Si mon père accomplissait un tel acte, je quitterais sur-le-champ cette maison, s'exclama Juliette.

Du côté de Pondichéry

Un silence plana au cours duquel Charles ne sut à quel saint se vouer. François, pour sa part, se contenta de fixer la jeune fille qui ne cilla pas. Comment aurait-elle imaginé qu'en lui résistant, elle se l'attachait au point de se transformer en une véritable obsession ? A cet instant même, il la voulait comme il avait voulu ses plus beaux clippers.

— Je ne suis pas un malfaiteur, finit-il par déclarer.
— Vous êtes un négrier, répliqua Juliette. Autant dire que je ne vois pas la différence.
— Juliette ! s'interposa Charles.
Sans le laisser poursuivre, elle se leva.
— Permettez-moi de me retirer. Comme Joséphine, mais pas pour les mêmes raisons, je me sens lasse.

— Vous rendez-vous compte de la situation ? se plaignit Charles après avoir raconté à sa femme l'affront que venait d'essuyer Tourvel.
— Il est grand temps de prendre des mesures, rétorqua Joséphine qui, redressée sur ses oreillers, avait oublié toute langueur pour affûter ses armes. Je vous ai déjà mis en garde contre le caractère irrationnel de Juliette et les bêtises qu'elle est capable d'accumuler. Vous ne pouvez plus tolérer de tels agissements.
— Que faire ? Elle a résisté à toutes les disciplines.
— François Tourvel a une forte personnalité. Il ne se laissera pas mener par le bout du nez.
— Mais elle ne voudra jamais l'épouser !
— Quand cesserez-vous de lui demander son avis ?
— Enfin, ma chérie, il s'agit de son avenir...
— Justement ! Si vous continuez d'accéder à ses moindres désirs, elle grossira le lot des vieilles filles.
— Jolie comme elle est ?
— Les années passent et elle deviendra rapidement trop vieille pour intéresser les plus mauvais partis.
Tandis qu'elle parlait, Joséphine ne parvenait à

cacher sa nervosité. Les nausées qui accompagnaient le début de sa grossesse, l'alcool et l'opium qu'elle avait diminués sans parvenir à les arrêter rendaient pénibles ses jours et ses nuits. A tour de rôle, les ayas l'éventaient, la massaient, mais le temps lui semblait interminable. Elle songeait davantage à sa délivrance qu'à la naissance de son enfant qui ne l'intéressait guère sinon pour s'attacher un peu plus Charles.

— Croyez-moi, reprit-elle, il vous faut la marier... et personne n'a autant de fortune que monsieur Tourvel.

— Je vais essayer de plaider sa cause.

— Pas tout de suite ! Laissez-la se calmer !

Juliette avait d'autres préoccupations que celle de penser à François Tourvel. Elle cherchait un prétexte pour se rendre au Grand Etang où elle aurait la possibilité de rencontrer Louis dont le travail à Villenour était appelé à durer. Depuis que leurs chemins s'étaient séparés au retour de Tanjore, il ne lui avait envoyé aucune nouvelle. Sans doute était-il fidèle à sa décision de ne pas brusquer les événements ! Cette attitude la faisait parfois douter de l'attachement qu'il lui vouait. Comment faisait-il pour ne pas se manifester alors qu'elle rêvait de le rejoindre ? Nombre de fois, elle avait sorti du carton où il était caché le portrait qui, avec objectivité et fidélité, reproduisait les traits de son visage volontaire, le regard gris, teinté d'une nuance de désabusement, le sourire à peine esquissé et tendre pourtant... D'autres avaient-elles bénéficié de son intérêt ? Avare de confidences, il n'avait jamais rien livré de ses aventures féminines et, non sans jalousie, elle l'imaginait conquis par les charmes de celles qui l'avaient précédée. Et maintenant ? Existait-il quelqu'un dont il appréciait la compagnie ? Une bayadère ? Peu de célibataires dérogeaient à cette coutume.

Du côté de Pondichéry

Villenour était réputée pour ses devadasi, ou bayadères, comme préféraient les appeler les Européens. Ces jeunes femmes appartenaient à la pagode depuis leur enfance où, au cours d'une cérémonie, le grand prêtre les avait consacrées à la divinité à laquelle elles seraient désormais vouées, en l'occurrence Shiva. Maya était l'une de ces danseuses sacrées. Orpheline, elle avait été offerte au temple et, pendant plusieurs années, un maître lui avait enseigné le bharata-natyam. Accompagnée par le martèlement des cymbales, elle s'était familiarisée avec les mouvements de tête, les glissements de prunelles, les expressions du visage et les fameux mudra, le langage des mains, qui demandaient une grande concentration.

Peu de temps après son arrivée aux Indes, Louis s'était rendu avec d'autres ingénieurs à la pagode. Ils avaient tout d'abord parcouru les rues du village où habitaient les plus basses castes, pêcheurs, blanchisseurs et barbiers, puis celles réservées aux cultivateurs et aux tisserands. Les brahmanes et les bayadères vivaient près du temple devant lequel se pressait une foule d'indigènes. Pour atteindre l'entrée qui se trouvait au bas du gopuram[1] surchargé de bas-reliefs, ils durent se frayer un passage entre des vieillards squelettiques, des dévots excités, des femmes bavardes dont le front était orné de l'insigne sacré et des enfants au sourire éclatant. Jouer des coudes empêchait Louis de contempler à loisir la puissance et la sensualité des statues qui ornaient le sanctuaire où les accueillirent des prêtres en leur offrant du jasmin. La cérémonie allait se dérouler sur l'étang sacré et, au son des fanfares, on préparait le radeau sur lequel seraient promenés Shiva et son épouse Parvati qui tenait, entre deux de ses quatre mains, une fleur de lotus. A la lueur des torches

---

1. Tour surmontant la porte d'un temple au sud de l'Inde.

qui se reflétaient sur les eaux dormantes, les brahmanes montèrent à leur tour sur l'embarcation transformée en autel, suivis par une dizaine de bayadères. Ce fut la première fois que Louis se trouva en présence de Maya. La tête couverte d'or et de bijoux, une longue natte battant ses reins, de lourds pendants à ses oreilles, le corps drapé d'un pagne de soie jaune qui couvrait de petits pantalons, la taille soulignée par une précieuse ceinture, elle rappelait les princesses des *Mille et Une Nuits*. Ebloui par le mélange de ferveur, de sensualité et de vitalité que révélait chacun de ses gestes, Louis caressa du regard les cheveux et la peau lustrés par les onguents, l'arc parfait des sourcils, glissa le long du petit nez dont la narine était ornée d'un rubis pour s'attarder sur la bouche qui esquissait un irrésistible sourire.

Il ne la revit plus pendant deux mois, jusqu'au soir où, pour lutter contre un trop fort sentiment de solitude, il reprit le chemin du sanctuaire. Habillée de rouge, les grelots tintant autour de ses chevilles, Maya obéissait aux injonctions des musiciens en frappant le sol de ses pieds nus et en esquissant des figures compliquées avec ses bras qui ressemblaient à des lianes. A plusieurs reprises, il eut la sensation que ses grands yeux sombres se posaient sur lui tandis qu'elle mimait les errances de Rama et de Sita dans la forêt de Dandaka. Etait-ce une illusion ou le simple prolongement de son souhait ? Indifférent à ce qui les entourait, il ne voyait plus, à travers elle, que l'incarnation des statues voluptueuses qu'il avait appris à aimer au gré des temples. Maya était devenue les Indes, leur mystère, leur poésie, leurs sortilèges, et il avait l'impression en la regardant danser qu'elle se dissolvait dans le vent et rejoignait le firmament.

Des semaines s'écoulèrent jusqu'à ce qu'ils échangent quelques phrases puis d'autres semaines avant qu'elle ne se laissât apprivoiser par ses cadeaux. Dès qu'elle accepta ses avances, elle devint, hélas, une fille comme les autres ; dépité face à son rêve qui disparaissait en fumée, il découvrit que sa première préoccupation était de thésauriser ce qu'elle extorquait à ses amants qui, comme lui, avaient été les victimes d'un mirage. Son véritable plaisir restant de la voir danser, il continua de fréquenter la pagode. A l'occasion, ils faisaient l'amour, mais ni l'un ni l'autre n'accordait d'importance à ce qui n'était qu'une agréable récréation.

En rentrant de Tanjore, Louis, de façon naturelle, espaça ses rendez-vous avec Maya. Privilégiant les promenades dans la campagne, il ne se rendit pas immédiatement compte de son peu d'empressement à la retrouver. La solitude l'inquiétait moins et il finissait par ne plus souffrir de l'exil. Des lettres, assez rares, lui parvenaient de la métropole. Son père avait connu des soucis de santé, rien de grave, et sa mère, qui ne vivait qu'à travers le passé, se plaignait, ligne après ligne, des changements qu'engendrait une société en pleine mutation. Aucun parmi les choix de l'empereur n'avait grâce à ses yeux et ses frasques conjugales achevaient de le lui faire détester. Non sans ironie, Louis se souvenait de sa bigoterie. Avec Henri, ils l'entendaient quitter chaque matin la bastide afin d'assister à la messe. Ne se satisfaisant pas de son propre salut, elle enseignait le catéchisme aux enfants de la paroisse. Ses deux fils n'avaient évidemment pas échappé à sa vigilance et pas un jour ne s'écoulait sans qu'elle ne leur martelât l'esprit avec le châtiment vers lequel menait invariablement la plus infime peccadille. Le sentiment de culpabilité qui avait accompagné son enfance prit chez Louis des proportions considérables lorsqu'il se jugea responsable du décès de son frère. Aujourd'hui, il ressentait encore le poids de sa responsabilité dans un événement qui avait fait de lui un assassin involontaire, mais un assassin. « Pourquoi l'ai-je incité à sauter cette haie ? » se répétait-il sans vouloir admettre qu'Henri avait eu la liberté d'accepter ou non le défi qu'il lui avait lancé et, surtout, que celui-ci avait été le premier à établir ce genre de surenchère dans les sports qu'ils avaient ensemble l'habitude de pratiquer.

Depuis un certain temps, Louis se rendait compte que s'être éloigné de ses racines ne relevait pas d'une mauvaise décision. Sa famille, en particulier sa mère, n'avait jamais eu d'influence bénéfique sur son évolution. Il n'avait eu qu'à écouter le langage d'Auguste Fournel pour comprendre que respirer n'était pas un péché et, en avouant l'aimer, Juliette l'incitait elle aussi à porter un autre regard sur lui-même... Face à la jeune fille, il était comme un papillon de nuit qui craignait de se consumer en s'approchant de la lumière. Toutefois, son image n'était jamais loin de sa pensée. Elle le surprenait au détour d'une parole ou d'un geste anodins... et, s'il avait accepté d'affronter la vérité, il aurait admis qu'elle commençait de malmener ses résolutions.

24

La promenade de Marion n'avait pas été récompensée. Elle ne rencontra pas Hervé. Et celle qu'elle accomplit le lendemain ne fut pas davantage couronnée de succès. Incapable de se concentrer sur une quelconque occupation, la jeune femme guettait l'écho des pas dans la rue en espérant qu'allait tinter la cloche du porche. Trois jours s'écoulèrent pendant lesquels elle oscilla entre l'espoir, le dépit et la colère. Sans adoucir son tourment, la visite d'Auguste lui permit néanmoins d'obtenir quelques renseignements.

— On m'a dit que le capitaine Treguen était rentré.
— Oui... pour une courte escale. Je l'ai croisé, hier, chez mon neveu. Il doit repartir demain ou après-demain.
— Demain ou après-demain !
— C'est ce qu'il a dit.

Manon reçut la nouvelle comme un coup de poignard et, simultanément, elle eut honte de sa naïveté voire de sa présomption. Hervé s'intéressait si peu à son sort qu'il se préparait à lever l'ancre sans lui donner signe de vie ! Jusqu'à l'heure du coucher où ses serviteurs éteignirent les lampes à huile, elle remâcha sa colère et sa déception. Toutefois, lorsque le silence s'imposa dans la demeure, elle sut qu'aucun appel à la raison ne l'empêcherait de courir chez le navigateur.

Enveloppée dans un burnous dont le capuchon couvrait sa tête, elle trouva un pousse qui la mena jusqu'à la rue où vivait Hervé. Louis lui avait montré sa maison alors qu'ils rentraient, un jour, d'Ariancoupam.

— Attends-moi ici, ordonna-t-elle à l'indigène qui, sur son injonction, venait de s'arrêter.

Il ne restait plus à Manon qu'à rejoindre, à pied, la porte dont la masse sombre se découpait au milieu du mur qui masquait l'habitation. Le cœur battant, elle s'approcha. D'une terrasse voisine provenait une conversation mêlée de rires. Tout semblait si simple à ces gens qui devisaient sous la protection des étoiles ! Sans réfléchir davantage, elle agita le heurtoir. Un moment, qui lui sembla interminable, s'écoula avant que ne s'ouvrît le vantail sur un Indien qui la regarda comme si elle avait été une apparition.

— Le capitaine est-il là ?

Le domestique dodelina de la tête.

— Dis-lui que madame Galbret voudrait le voir.

Les dés étaient jetés et Manon n'avait plus qu'à attendre. Ce fut Hervé qui vint, lui-même, la chercher.

— Suivez-moi, lui dit-il sur un ton qui n'avait rien de mondain.

Ils traversèrent une petite cour où miaula un chat puis le navigateur s'effaça pour lui permettre d'entrer dans un vestibule.

— Que se passe-t-il ? Quelque chose de grave ?

— Non, pas exactement, répondit Manon.

— Ne voulez-vous pas vous débarrasser de cette cape ?

Dans le salon, les sièges disparaissaient sous des journaux à demi pliés, des livres et des papiers griffonnés. Des pipes étaient alignées sur une table à côté d'une blague à tabac. Elle remarqua une collection de coquillages et des jades. Puis son regard revint vers son hôte qui attendait qu'elle s'expliquât.

— J'ai appris que vous alliez repartir, commença-t-elle.
— Oui, pour Calcutta.
— Et...
Aucune phrase cohérente ne venait à son esprit.
— Mon Dieu, je n'imaginais pas que les choses seraient si difficiles, murmura-t-elle.
— Ne croyez pas qu'elles soient simples pour moi.
Il s'était approché et, bientôt, elle fut dans ses bras. Sans bouger, ils restèrent ainsi, l'un contre l'autre, puis Hervé murmura :
— Combien de fois ai-je voulu vous retrouver depuis que je suis à Pondichéry !
— Mais pourquoi vous en être empêché ?
— Pour ne pas arriver à ceci, répliqua-t-il en prenant son visage entre ses mains.

Puis il chercha sa bouche et, sous la caresse de ses lèvres, elle oublia tout ce que ne recelaient pas ces instants où, en dépit des interdits et des obstacles, ils ne voulaient plus se cacher le désir qu'ils avaient l'un de l'autre. Sous ses doigts, Manon sentait les cheveux drus, la nuque qui ne ployait jamais sauf pour la contempler tandis qu'elle s'offrait davantage à l'étreinte qui embrasait ses sens. Des rubans se dénouèrent, la soie se froissa et il découvrit, en repoussant des dentelles, la peau au grain serré, douce et parfumée. Elle se serra plus étroitement contre lui quand il la souleva pour l'emmener dans la pièce adjacente où son lit avait été préparé pour la nuit. Contre son dos, elle sentit le drap rugueux et frais puis elle vit qu'il se débarrassait de ses vêtements. Il la rejoignit et, au cœur de cette nuit différente de toutes celles qu'elle avait connues, elle découvrit, guidée par la science amoureuse de son compagnon, ses propres exigences. Nue sous son regard, elle n'éprouvait aucune gêne ni timidité mais, au contraire, se sentait belle et convoitée. Emprisonnés dans les paumes de ses mains, ses seins avaient trouvé leur place. Avec une infinie patience, il l'éveilla au langage des corps et à une alchimie que des années conjugales ne lui avaient jamais accordée. Elle s'entendit gémir tandis qu'il effleurait son ventre, suivait la courbe de la hanche pour s'attarder sur la chute de ses reins, et ce fut elle qui alla à sa rencontre pour sceller leur fusion. Une grande vague l'emporta loin, très loin, néanmoins Hervé ne la laissa pas lui échapper. Soudés l'un à l'autre, ils abordèrent au rivage du plaisir en sachant qu'ils recevaient là un ineffable présent du destin.

— Restez près de moi, murmura-t-il en la retenant dans sa chaleur.

Elle noua ses doigts aux siens et, paupières closes, s'abandonna à la quiétude qui les enveloppait. Jamais elle n'avait goûté à cet accord entre les corps et les âmes, à cette intimité. Elle tourna la tête. Allongé sur le dos, Hervé lui offrait son profil et elle contempla le front volontaire et marqué par quelques rides, le nez à peine busqué, la bouche qui, pour elle, s'adoucissait.

— Gardez-moi cette nuit, murmura-t-elle.

— Je le voudrais, mais votre visite met déjà votre réputation en danger.

— Justement ! Un peu plus, un peu moins...

Il aurait voulu la dissuader, cependant lui-même était prisonnier du charme qui tissait autour d'eux de subtiles et mystérieuses ondes de lumière. Que Manon fût venue à sa rencontre le bouleversait et, en même temps, le plaçait face à ses propres contradictions. A bord de son clipper, il avait souvent pensé à la jeune femme. Sans qu'il pût s'en défendre, son visage envahissait sa mémoire. Il revoyait son regard attentif et, à ses oreilles, résonnaient son rire ainsi que les phrases qu'elle avait prononcées à son intention. Mais, aussitôt, il s'en voulait de s'attarder sur une personne sophistiquée et rom-

Du côté de Pondichéry

pue aux usages du monde ! Comment pouvait-il l'intéresser, lui qui, enfant et adolescent, avait parcouru en sabots les landes bretonnes avant de lier son existence à la mer ? Il se souvenait de la maison familiale, pauvre et d'une grande propreté. Elle se situait en pays bigouden, au nord de Lorient, dans la baie d'Audierne dont les longues plages de sable fin étaient entrecoupées de rochers contre lesquels se fracassaient les vagues qui lui avaient insufflé le désir de les braver. La senteur des genêts, le frémissement des cornouillers et l'horizon maritime qui surgissait des brumes matinales pour décliner, du ciel aux flots, la gamme infinie des bleus, gris et mauves l'avaient marqué dans sa chair. Jamais il n'oublierait le cri des mouettes et les retours de pêche où les poissons se débattaient sur le quai pendant la criée. De cette contrée, il gardait une inguérissable nostalgie. Rien ne parvenait à lui faire oublier les hivers rugueux où l'air vif fouettait son sang, les flambées dans la haute cheminée de granit, les légendes de la forêt Fouesnant que lui contait sa mère pendant les veillées. Retrouverait-il, un jour, les chapelles au bord des grèves giflées par les vents et le phare dont il avait maintes fois gravi les marches pour la seule joie de voir la lumière fouailler les flots ? Rien n'était moins sûr...
A côté de lui, Manon bougea légèrement. Il se tourna davantage vers elle puis, appuyé sur un coude, baisa sa tempe.

— Comment vous dire... commença-t-il.
— Vous n'êtes pas obligé de parler.
— Je sais, mais j'ai besoin de vous confier que ce qui se passe entre nous ne ressemble à rien de ce que j'ai connu.

En jouant avec les cheveux de sa maîtresse qui recouvraient l'oreiller, il ajouta :

— Le destin est décidément bien étrange. Aurais-je pensé que nous serions si proches, si complices...

Du côté de Pondichéry

— Alors, vous ne regrettez pas que je me sois infiltrée jusqu'ici ?
— Non... et pourtant...
— Et pourtant ?
— Rien n'est simple. Je pars dans quatre jours et...
— Je croyais que vous me quittiez demain, l'interrompit Manon.
— Une cargaison d'indigo a pris du retard. Nous devons l'attendre pour appareiller.
— Tant mieux, s'écria-t-elle en riant.
— Je pars dans quatre jours, répéta Hervé qui ne s'était pas départi de son sérieux, et rien dans mon existence ne me permet de vous offrir la stabilité à laquelle vous êtes habituée.
— Je me moque de cette stabilité ! Sinon, serais-je ici ?
— Vous auriez pu obéir à un caprice... Vous êtes seule, loin de vos attaches... moi aussi.
— Regardez-moi bien, l'interrompit Manon en se redressant. Oui, regardez-moi dans les yeux. Croyez-vous que j'oublierais mon orgueil et ma réputation pour un simple amusement ? Le croyez-vous vraiment ?
— Non...
— Alors, de quoi cherchez-vous à vous convaincre ?
— Je ne sais comment définir ce que j'éprouve.
— Moi non plus, mais je vous l'ai déjà dit tout à l'heure : les mots ne sont pas indispensables. Nous sommes là, tous les deux et, quoi qu'il advienne, cette nuit nous appartient.

En même temps qu'elle parlait, Manon avait noué ses bras autour du cou de son amant et ses reins se creusaient, ses cuisses s'ouvraient pour le laisser venir en elle. Peau contre peau, désirs mêlés, ils se cherchaient, se reconnaissaient déjà, s'oubliaient l'un dans l'autre pour sceller leur union. Au bord de la plus grande confiance, Manon retenait pourtant les paroles qui montaient à ses lèvres. Il était encore trop tôt pour avouer à cet homme qu'il s'apparentait à tout ce qu'elle avait espéré, attendu. Elle se blottit plus étroitement contre sa poitrine puis songea qu'à l'instant même elle pourrait mourir sans un regret.

Ni l'un ni l'autre ne dormirent pendant cette nuit particulière. Comment en aurait-il été autrement alors qu'ils avaient tant de confidences à se murmurer ! Pour Manon, Hervé apprit à se dévoiler. Des lambeaux de son existence sortaient de l'oubli : sa découverte des Indes et sa méfiance envers ce pays qui, tour à tour, l'attirait et lui insufflait l'envie de fuir.

— Je ne m'y sens pas chez moi. Il n'y a qu'à observer cette maison pour comprendre qu'elle n'est qu'un lieu de passage.

Manon posa les yeux sur le décor qui les isolait du monde extérieur. Faiblement éclairée, la chambre offrait des murs blancs et lisses qui la faisaient ressembler à une cellule monacale. C'était pourtant là, au creux du grand lit aux ressorts grinçants, qu'ils avaient conclu leur secrète alliance, c'était là qu'ils accomplissaient leurs premiers pas d'amants...

L'aube les surprit alors qu'ils s'assoupissaient. Tour à tour s'égrenèrent les sonorités matinales, avec la prédominance du temple qui, inlassablement, dévida ses litanies. Hervé rajusta sur les épaules de Manon le drap qui avait glissé puis écouta son souffle devenu régulier. Tout doucement, il oubliait la solitude à laquelle l'avait habitué la désertion de Françoise.

Jusqu'au départ du navigateur, ils se retrouvèrent avec plus ou moins de discrétion. Le temps leur était compté et, conscients l'un et l'autre que tout pouvait advenir en ces terres reculées, y compris le pire, ils refusaient de perdre le moindre instant du répit qui leur était accordé. Afin d'être disponible pour Hervé, Manon refusait toute invitation.

— Etes-vous souffrante ? s'inquiéta Auguste.

— Non, je suis seulement en train d'écrire un conte qui me tient à cœur.

— Dans ce cas, je m'incline, répondit le créole.

La jeune femme ne lui avait pas complètement menti. Jour après jour, heure après heure, elle bâtissait une histoire, la sienne, et, non sans émerveillement, approchait la plénitude que procurait la découverte de l'autre. En effet, son instinct ne l'avait pas trompée ! Sensible, idéaliste et solitaire, Hervé s'apparentait bien à l'homme qu'elle avait perçu dès leur première rencontre.

— Je n'ai jamais autant parlé qu'avec vous, lui confia-t-il une fin d'après-midi.

— Pas même à votre femme ?

Sciemment, elle avait abordé le sujet.

— Nous n'évoquions que les problèmes du quotidien.

Après une courte pause, il ajouta :

— Avec du recul, il me semble qu'elle ne souhaitait pas qu'il en fût autrement. Au début, je n'en souffrais pas mais, peu à peu, au retour de longues traversées, j'ai ressenti de la frustration de ne rien pouvoir lui raconter. J'avais l'impression que mon existence, en dehors de son petit monde, la laissait indifférente. Nous étions, sans doute, trop dissemblables.

— Vous en avez pourtant été amoureux...

— Amoureux ? Je n'en suis pas certain. Nous nous sommes connus à une époque où je voulais fonder une famille. Son père m'appréciait, elle ne me déplaisait pas, je lui ai convenu... et voilà...

Il n'en dit pas davantage et Manon n'insista pas. Dans son boudoir où ils avaient pris l'habitude de se réfugier, le jour déclinait. Allongé sur le sofa, Hervé la tenait contre lui. Ils étaient arrivés à la fin du sursis qui leur était accordé car, le lendemain, il partirait.

— Pour longtemps ? l'avait questionné sa maîtresse.
— Pas plus de deux semaines.

La bouche contre sa joue, il murmura :
— A mon retour, nous pourrions nous cacher dans un lieu où personne ne nous connaîtrait. Qu'en dites-vous ?
— Promettez-moi que vous ne changerez pas d'avis !
— Je vous demande la même chose ! Quelle assurance ai-je que vous n'allez pas décider, pendant mon absence, de rentrer en France ?
— Vous savez bien que non !

Contre son gré jaillissaient les mots qu'elle aurait voulu contenir.
— Je vous aime, Hervé, et... je n'ai jamais été aussi heureuse et malheureuse.

En évitant son regard, elle poursuivit :
— J'aurais pactisé avec le diable pour vous avoir rencontré plus tôt quand ni vous ni moi n'étions encore engagés dans les chemins où nous nous sommes fourvoyés.
— Moi aussi, je vous aime, répondit-il sur un ton sourd, mais... ce sentiment si nouveau qui m'emporte vers vous... l'aurais-je éprouvé avec autant d'intensité avant de m'être mesuré à la vie ? Il faut parfois s'être trompé pour nouer des liens plus subtils. Regardez... nous sommes tous les deux mariés depuis plusieurs années et cette situation ne nous empêche pas d'être des novices en amour. Est-ce que je me trompe ?

Tandis qu'il murmurait des paroles qui la faisaient frissonner, elle blottit son visage contre son épaule. Pour cet homme qui l'avait révélée à elle-même, serait-elle capable de toutes les folies et de tous les délits ? Tournerait-elle le dos au passé et à ses responsabilités familiales ?

25

Après le départ de son amant, Manon eut le sentiment d'avoir rêvé. Néanmoins, chaque détail de sa maison lui rappelait les heures volées et précieuses au cours desquelles ils avaient, ensemble, bâti un monde qui leur convenait. Rien, à ce moment-là, n'avait ébranlé leur certitude d'être chanceux et protégés par le destin puisque celui-ci les plaçait en présence l'un de l'autre. Il n'avait pourtant pas annulé leurs engagements antérieurs et, en recevant des nouvelles de Paris, la jeune femme ne put davantage tourner le dos à la réalité. Eugène venait d'être victime d'un refroidissement qui avait inquiété son père et le médecin, mais il commençait doucement à se rétablir. Manon regarda la date inscrite sur la feuille de papier. Il y avait plus d'un mois qu'avait été rédigée la missive. Des images de son fils malade envahirent son esprit. L'avait-il réclamée à son chevet ? Marchant de long en large à travers sa chambre, elle s'abandonnait à la culpabilité. Non seulement elle ne remplissait pas son rôle de mère mais elle était devenue une épouse infidèle. Pour se réconforter, elle se persuadait que son mari avait donné l'exemple en recherchant la compagnie de comédiennes et de danseuses mais ces frasques n'étaient pas comparables avec le désir qu'elle éprouvait de lier son existence à celle d'un homme qui, lui non plus, n'était pas libre.

Du côté de Pondichéry

Fait étrange, Emile, auquel elle avait, lors de sa dernière visite, proposé de revenir la voir, s'était présenté au milieu d'un après-midi où Manon oscillait entre la ferveur amoureuse et la honte de ne pas se comporter en mère attentive.

— A la sortie du collège, je me suis souvenu de votre proposition, avoua-t-il.

— Et tu as bien fait !

Quelques minutes plus tard, Emile, assis devant une assiette de pâtisseries, dissertait sur les professeurs et les élèves en compagnie desquels se déroulait la majeure partie de son temps. Il avait beaucoup changé depuis son arrivée à Pondichéry. L'adolescent désemparé et timoré s'était transformé en un adepte des études et, non sans intérêt, Manon l'écoutait parler de ses disciplines favorites : la physique et l'histoire. Sur le passé du comptoir français, il se montrait intarissable mais sa préférence allait à Dupleix.

— J'aurais aimé le servir et connaître la ville quand elle ressemblait à un petit Versailles, disait-il.

Il avait dévoré plusieurs ouvrages relatant le règne de l'aventurier breton qui, en pleine jeunesse, avait quitté le port de Lorient pour tenter sa chance aux colonies. Arrivé le 2 août 1722 à Pondichéry, celui-ci avait présenté au gouverneur Lenoir sa lettre de nomination au Conseil suprême. Déjà, son ambition lui soufflait de ne pas se contenter d'un traitement qui ne le rendrait jamais riche mais de faire du commerce d'Inde en Inde. Ce fut le début d'une ascension qui créa de tenaces jalousies et lui permit de séduire la femme de Jacques Vincens, son plus proche ami. Pour l'épouser, il dut attendre qu'elle fût veuve. Toutefois, onze maternités n'avaient pas altéré le charme de cette métisse...

La ville de Pondichéry offrait au regard des voyageurs qui venaient par bateau un fort autour duquel s'élevaient les églises des Capucins et des Jésuites. Sous

Du côté de Pondichéry

l'impulsion du gouverneur Lenoir, qui se doublait d'un bâtisseur avisé, elle s'était dotée d'élégantes maisons créoles mais on était encore loin du faste qu'elle connaîtrait. En attendant, il n'y avait pas de place sur la Côte de Coromandel pour deux hommes aux caractères entiers, et Dupleix, supportant mal l'autorité de son supérieur, ne fut pas mécontent d'être promu par la Compagnie des Indes au poste de directeur du Bengale et de se rendre à Chandernagor où, pendant sept ans, on apprécia son travail.

Dumas succéda un peu plus tard à Lenoir puis, en 1742, ce fut au tour de Dupleix de revenir en Inde du Sud afin de veiller sur le comptoir où vivaient plus de cent mille habitants. Hélas, la France et l'Angleterre étaient entrées en conflit à propos de la Succession d'Autriche. Les Britanniques, qui occupaient une grande partie du sous-continent indien, attaquèrent des navires français, et Pondichéry, prise en tenaille entre les forts ennemis de Madras et de Gondelour, se trouvait dans une position particulièrement dangereuse. On appela à la rescousse le Malouin Mahé de la Bourdonnais. Après avoir été retardé par la réparation de certaines embarcations et le scorbut qui s'était déclaré parmi les membres de ses équipages, il prit la tête de neuf vaisseaux puis se porta au-devant des Anglais en juillet 1746. Mais le commandant des opérations navales ne partageait pas l'avis de Dupleix qui voulait détruire le Fort Saint-George où, à Madras, s'abritaient les armées de Sa Majesté. Lui ne pensait qu'à s'emparer, en parfait corsaire, du butin ! Sa mission financée par le gouverneur de Pondichéry, il attaqua. Toutefois, au lieu d'obéir aux ordres, il rendit sa prise aux Anglais contre une énorme rançon. Pour Dupleix, ce fut une trahison sans égale, d'autant que les Britanniques, ne possédant pas des âmes de vaincus, refusèrent d'en rester là. Commença alors une lutte sans merci entre deux

Du côté de Pondichéry

hommes : Dupleix et le jeune Robert Clive, ce dernier s'étant réfugié à Gondelour. La guerre se poursuivit avec des attaques contre Pondichéry, néanmoins les Français résistèrent à l'assaut.

Dupleix fut acclamé. En Inde du Sud, on le considérait, en ces années 1750, comme un véritable souverain. Cela ne l'empêchait pas d'être conscient que le commerce ne pouvait seulement reposer sur l'exportation maritime. La Compagnie se devait de posséder une base territoriale dont le revenu fixe équilibrerait les échanges économiques, mais elle demeura sourde à ses arguments. Seuls comptaient les dividendes que pourraient encaisser ses actionnaires. D'autre part, la France souhaitant pactiser avec l'Angleterre, Dupleix devenait gênant. On envoya Godeheu, qui débarqua le 2 août 1754, avec l'ordre de neutraliser le gouverneur en place et même de l'arrêter s'il ne se soumettait pas. Les comptes furent vérifiés, les prisonniers anglais libérés et Dupleix, humilié, endetté, quitta les Indes avec sa femme en octobre 1754.

Sans en comprendre toutes les subtilités politiques et économiques, Emile avait lu comme un roman la biographie de cet homme qui avait failli bâtir un empire. Au fil des pages, il imaginait les vaisseaux cinglant vers la haute mer afin de livrer des combats sans merci. Il entendait le grondement des canons, les clameurs des marins. Dans le bruit et la fureur, les corps s'empoignaient à la vie, à la mort. En s'imprégnant de ces hauts faits historiques, il se souvenait des batailles rangées qu'il organisait, petit garçon, pour ces soldats de plomb dont il possédait une impressionnante collection.

— Mon fils aurait pu rivaliser avec toi. Il en avait, lui aussi, un grand nombre, répondit Manon quand il lui eut fait part de son engouement d'enfant.

— Votre fils ! Comment s'appelle-t-il ?

— Eugène.
— Il ne vous manque pas ?
— Si, beaucoup.

Emile aurait voulu en savoir davantage mais la bienséance l'en empêchait. Il n'avait encore jamais conversé avec une femme du style de son hôtesse : belle, élégante et pourtant accessible. Il n'avait, non plus, jamais rencontré une personne qui allait et venait avec autant de liberté.

— Tu n'aurais pas dû te rendre chez madame Galbret, lui avait reproché sa tante quand il avait informé celle-ci de sa première visite.

— Pourquoi ? Elle est gentille !

— Peut-être, mais je doute de sa moralité.

Aujourd'hui, Emile ne comprenait toujours pas ce qui avait inspiré cette réflexion.

— Et lui, Eugène, il ne vous réclame pas de rentrer ? finit-il par murmurer.

— Il est avec son père.

— Ce n'est pas pareil !

Il y eut un silence que ni la jeune femme ni l'adolescent ne furent pressés de rompre. Si la première se trouvait face à ses interrogations, le second se sentait glisser vers la zone d'ombre et de tristesse qui le laissait rarement en paix. Pour connaître la douleur qu'entraînait une séparation irrémédiable, il avait envie d'exhorter son interlocutrice à ne pas s'éloigner trop longtemps de son enfant...

— Ce n'est pas pareil, reprit-il.

— Tu as raison, mais je dois mener à bien les affaires qui m'attendaient ici.

Elle détestait mentir, et pourtant... Comment avouer à l'adolescent qu'elle s'était peu souciée de trouver un acquéreur pour sa maison ? Signer un acte de vente signifierait retourner en France et ne plus revoir Hervé ! La gorge nouée, elle regarda Emile qui, tant bien que mal, tentait de s'adapter à une vie à laquelle il n'avait pas été préparé. Privé de père et de mère, il lui fallait non seulement assumer son statut d'orphelin mais se recréer un monde et des amitiés au sein d'une contrée dont il avait à peine entendu parler avant d'en fouler le sol. Une vague de tendresse l'envahit pour ce garçon qui n'était pas le sien et, si les cloches de Notre-Dame-des-Anges ne leur avaient rappelé l'heure, ils auraient continué de parler jusqu'à la nuit.

— Ma tante va s'inquiéter, dit Emile en se levant pour prendre congé.

— La prochaine fois, viens me voir avec elle.

— Peut-être, murmura Emile qui hésita avant d'ajouter : Elle est très différente de vous : collet monté et...

— Je lui fais peur, n'est-ce pas ?

— Oui.

— Et elle n'aimerait pas que tu me rendes trop souvent visite...

— En quelque sorte, mais je pense qu'elle se trompe. Vous êtes l'une des personnes les plus aimables que je connaisse !

Le compliment amusa Manon, toutefois il ne l'empêcha pas de chercher à clarifier la situation.

— Tu ne dois pas lui cacher nos rencontres.

— Vous croyez ! J'aime bien les secrets.

— Ah oui ? Pourquoi ?

— On protège les choses en ne les révélant pas. On leur donne de la magie.

— Dans le cas qui nous préoccupe, est-ce vraiment nécessaire ?

— Mais bien sûr ! Ici, je me sens dans un univers un peu irréel... comme si j'étais chez une fée.

— Quelle imagination !

— Et je n'ai pas envie qu'on abîme ces moments avec des critiques.

— Dans ce cas, je m'incline.

Pour ne pas donner davantage prise aux commérages, Manon s'obligeait à respecter certains rites : la messe du dimanche matin, les ventes de charité et les invitations chez le gouverneur.
Lors d'un souper en petit comité, elle y rencontra Charles Fournel qu'avait accompagné Juliette.
— Ma belle-mère n'a plus l'autorisation de se lever, lui confia son amie, et je crois qu'il en sera ainsi jusqu'à l'accouchement.
Depuis qu'elle avait fêté ses dix-huit ans, la jeune fille était de toutes les mondanités. Elle s'y soumettait pour obtenir une certaine tranquillité familiale et ainsi mener à bien ses projets de liberté. C'était faire preuve de naïveté ou de présomption, toutefois, habitée par ses sentiments pour Louis, elle ne voyait plus ce qui aurait dû l'alerter.
François Tourvel, qui ne semblait pas lui tenir rancune des réflexions dont elle l'avait gratifié, l'entourait d'une cour empressée à laquelle elle répondait par une indifférence glaciale qui, loin de le démonter, l'ancrait davantage dans sa demande en mariage.
— Avez-vous parlé à votre fille ? demanda-t-il à Charles.
— Pas encore.
— Promettez-moi de le faire sans attendre.
Charles hésita mais, ayant perdu plusieurs marchés à l'exportation, il risquait d'avoir, un jour ou l'autre, besoin de l'armateur, aussi ne voulait-il pas le mécontenter.

Le dimanche suivant, il invita sa fille à le rejoindre dans le salon où, en buvant une tasse de café, ils parlèrent de tout et de rien avant qu'il n'abordât le sujet.

— Juliette, commença-t-il en employant un ton ferme, l'un de tes admirateurs m'a demandé ta main.

— Mais je ne veux pas me marier !

— J'ai bien pensé que ce serait ta première réaction, néanmoins tu ne peux repousser une proposition qui t'assurerait un avenir sans tracas financiers. Par les temps qui courent, ce n'est pas négligeable.

— A vous entendre, on pourrait penser que la ruine vous menace !

— Ce n'est évidemment pas le cas mais les affaires se durcissent et le commerce tend à se ralentir.

— Jamais vous ne vous êtes montré aussi pessimiste...

— Réaliste, rectifia Charles avant d'ajouter en tordant sa moustache : J'ai, hélas, la conviction que nos belles années sont derrière nous.

Etonnée par un défaitisme auquel il ne l'avait pas habituée, elle le regarda avec attention. Il semblait las, en effet.

— Et comme ton sort me tient tout naturellement à cœur, je serais heureux de te savoir à l'abri.

Derrière ces paroles, Juliette percevait qu'il cherchait à l'amadouer. Sur ses gardes, elle attendait...

— Ne souhaites-tu pas connaître le nom de ton prétendant ?

— Si vous y tenez.

— Il s'agit de monsieur Tourvel.

— Monsieur Tourvel, s'écria Juliette abasourdie, et vous avez prêté attention à cette mascarade ?

— On ne peut ignorer sa proposition ! Il est l'homme le plus fortuné de la ville et...

— L'argent ! Vous n'avez cessé de l'évoquer depuis le début de cet entretien ! Est-il devenu notre nouveau dieu ?

En dépit des efforts qu'il accomplissait pour garder

son calme, Charles ne put s'empêcher de rétorquer avec sécheresse :

— Aurais-tu préféré naître dans un milieu défavorisé ?

A la minute même, Juliette se demandait si elle n'abhorrait pas la classe sociale à laquelle elle appartenait. Son père avait soudain revêtu l'apparence d'un maquignon prêt à vendre sa meilleure pouliche au plus offrant, et cette découverte anéantissait des années d'entente et de confiance.

— Je n'épouserai pas monsieur Tourvel, répliqua-t-elle.

— Tu n'es pas la seule à décider.

— Peut-être, mais ce sera difficile de me traîner jusqu'à l'autel.

D'une voix plus sourde, elle ajouta :

— Vous qui dites m'aimer, comment pouvez-vous envisager que j'unisse mon existence à celle d'un vaurien ?

— Le mot est inadéquat.

— Inadéquat ! Tout le monde connaît ses mœurs !

Pris entre ses sentiments pour Juliette, l'influence de Joséphine et son désir de ne pas vexer François Tourvel, Charles ne savait plus que penser.

— Justement, une fois marié, il trouvera une stabilité. C'est important pour un homme de fonder un foyer et de s'y trouver bien.

Allait-il profiter de la situation pour vanter son propre couple ? Juliette le craignait, aussi empêcha-t-elle toute digression en déclarant haut et fort :

— Il m'est impossible de vous contenter. Jamais je ne porterai le nom de Tourvel !

— Je te demande de réfléchir avant que toi et moi ne nous fâchions.

Dès qu'elle fut seule, Juliette pleura à gros sanglots.

La maison dans laquelle s'était déroulée sa jeunesse prenait soudain des allures de prison dont son père était le geôlier. Ignorant Kâmeshvarî qui l'observait avec étonnement, elle versa de l'eau dans une cuvette en faïence bleue, puis, avec un linge, bassina son front et sa gorge qui la brûlaient. En même temps qu'elle reprenait ses esprits, elle se rendait compte que la guerre venait seulement de se déclarer et que la bataille serait difficile. Dès maintenant il lui fallait mettre en place une stratégie et surtout empêcher quiconque de soupçonner les liens qui l'unissaient à Louis. Dans ce but, elle décida de brouiller les pistes en montrant de l'intérêt pour Mathieu Trigance. Où tout cela la mènerait-il ? Elle l'ignorait encore, mais son principal objectif demeurait de gagner du temps.

26

Obéissant au plan qu'elle avait bâti, Juliette s'interdit d'afficher de la mauvaise humeur. Chaque fin de matinée, elle se rendait dans la chambre de sa belle-mère pour prendre de ses nouvelles. Le teint brouillé, les yeux battus par de mauvaises nuits, épuisée par d'incessantes nausées, Joséphine avait perdu tout éclat. Consciente de son pitoyable état, elle ne cherchait plus à contempler son reflet dans les miroirs et avait même demandé que ceux-ci fussent retournés contre le mur.

— Quand je songe aux chaleurs qui bientôt vont arriver, gémissait-elle.

— Vous pourriez vous rendre au Grand Etang, remarqua Juliette.

— Tu es folle ! Le voyage nous tuerait, moi et l'enfant !

Après un court silence, elle ajouta :

— Je ne veux pas m'éloigner de mon médecin.

— Avez-vous peur ? demanda avec une certaine perfidie Juliette.

— Je te poserai la même question quand sera venu ton tour.

— Il me semble que je serai heureuse de porter le fils ou la fille de l'homme que j'aimerai. A condition, bien sûr, que je l'aime...

Juliette prononça ces mots sur un ton volontairement neutre mais la lueur qui brillait dans ses yeux révélait le plaisir qu'elle prenait à proférer ce genre de sous-entendu. L'espace d'un instant, Joséphine s'inquiéta. La jeune fille pouvait-elle nourrir des soupçons ?

— Je pars faire quelques emplettes, disait-elle. Avez-vous besoin de quelque chose ?

— Rapporte-moi de l'eau de mélisse.

En sortant de chez l'apothicaire, Juliette emprunta le chemin qui menait chez Manon. Elle passait en pousse devant Notre-Dame-des-Anges quand Isabelle Lebreton lui coupa la route en voulant traverser.

— Bonjour, lui dit Juliette en descendant de son siège afin de la saluer.

Son interlocutrice la dévisagea avec un air égaré avant de murmurer :

— Ah, Juliette, tu n'es pas à l'école ?

— A l'école ! Mais j'ai terminé mes études en avril dernier.

— Alors, tu viens à l'église pour te préparer à ta communion solennelle.

Madame Lebreton l'avait-elle ramenée à l'âge de douze ans ? Décontenancée, Juliette la regardait avec inquiétude. Réputée pour sa mise négligée, elle atteignait aujourd'hui la cote d'alerte. D'un chapeau de paille cabossé où la transpiration avait laissé des auréoles brunâtres s'échappaient des mèches grisonnantes qui tombaient sur un col de dentelle chiffonné.

— Elle est mauvaise, murmurait-elle en même temps qu'elle triturait son chapelet. Et tu dois t'en méfier.

— Me méfier de qui ? demanda Juliette que l'état de son interlocutrice alarmait de plus en plus.

— De la pécheresse.

Du côté de Pondichéry

Isabelle Lebreton avait-elle bu ? Ou plutôt commençait-elle à perdre la raison ?

— Mais la punition sera impitoyable, poursuivait-elle d'une voix devenue menaçante.

— Marchons un peu, lui proposa Juliette.

— Elle est là-bas. Elle me nargue.

Du doigt, Isabelle désigna un buisson d'épineux au pied duquel s'étaient accroupis des mendiants.

— N'êtes-vous pas demeurée trop longtemps au soleil ces derniers jours, s'enquit Juliette.

— Le soleil ! Impossible de l'éviter ! Il brûle comme les enfers !

Spontanément la jeune fille glissa son bras sous celui de la malheureuse qui répétait :

— Elle se moque de moi !

— Mais non !

— Si, regarde comme elle rit !

La phrase se termina dans un cri strident et des passants se retournèrent. Consciente du spectacle qu'elles offraient, la plus jeune cherchant à entraîner la plus âgée qui semblait vouloir prendre racine devant la paroisse, Juliette s'obligeait à garder le sourire.

— Venez.

Au moment où elle ne s'y attendait plus, madame Lebreton accepta de la suivre et, à petits pas, elles se dirigèrent vers le pousse.

— Il va vous ramener chez vous, dit-elle en aidant Isabelle à s'y installer.

Abandonnant son idée de rendre visite à Manon, Juliette fit un détour par les entrepôts Fournel avant de rentrer chez elle.

— Quelle jolie surprise, s'étonna Mathieu Trigance quand elle l'eut rejoint dans le réduit qui lui servait de bureau.

Du côté de Pondichéry

Après avoir écarté une tasse de café vide et le cendrier où il vidait sa pipe, il invita sa visiteuse à s'asseoir.

— Jamais je n'aurais imaginé que vous me consacreriez un peu de votre temps, remarqua-t-il sans cacher sa satisfaction.

— J'ai rencontré madame Lebreton dans un grand désarroi. Vous qui logez chez elle, n'auriez-vous pas remarqué qu'elle perdait la tête ?

— Oh, je la vois très peu.

— Elle ne vit plus du tout dans la réalité. Monsieur Lebreton ne s'est-il pas rendu compte qu'elle n'allait pas bien ?

— Il est absent.

— Depuis longtemps ?

— Trois semaines.

Mathieu se garda d'ajouter que ce départ avait aiguisé le malaise qu'il ressentait à côtoyer Isabelle Lebreton. Pour ne pas la rencontrer, il ne rentrait plus qu'au milieu de la nuit mais, lorsqu'il montait les escaliers, il éprouvait la sensation d'être épié. A plusieurs reprises, il avait entendu s'ouvrir une porte puis le silence retombait avant que des pas, en glissant sur le parquet du couloir, ne l'empêchent de s'endormir. Cette folle le laisserait-elle un jour tranquille ?

— Elle ne devait pas être aussi perturbée avant qu'il ne la quitte, disait Juliette, sinon il ne l'aurait pas laissée sans soins. Connaissez-vous la date de son retour ?

— Non.

— On ne peut la laisser sans secours. Je vais en parler à mon père.

— Croyez-vous que ce soit la bonne solution ?

— Je n'en vois pas d'autre.

— Elle va peut-être se rétablir.

— J'en doute.

— Ecoutez, Juliette, si cela vous rassure, je m'engage à la surveiller.

— Il faudrait appeler le médecin !
— J'y veillerai.

Pour couvrir le vacarme provoqué par le va-et-vient des marchandises dans la salle attenante, l'un et l'autre étaient obligés d'élever la voix, ce qui agaçait Mathieu qui aurait préféré davantage d'intimité.

— Je ne vous vois plus, se plaignit-il.
— Que dites-vous là ! Nous nous sommes croisés chez le gouverneur il y a quelques jours.
— Croisés. Vous venez d'employer le terme exact.
— Vous étiez, m'a-t-il semblé, séduit par mademoiselle Sitwell.
— Votre réflexion est très exagérée. Je me suis seulement occupé d'égayer son séjour à Pondichéry mais elle est repartie, avant-hier, pour le nord du pays.
— Ah ! s'amusa Juliette.

Mathieu s'était levé et, debout près de la chaise qu'elle occupait, susurrait :

— Jamais vous ne m'avez donné une chance de vous plaire.
— Vous oubliez notre récréation en barque.
— Justement ! Nous pourrions à nouveau nous promener.
— A cheval, cette fois-ci ?
— Ne soyez pas ironique.

« S'il savait combien j'ai envie de le planter là », se disait Juliette en même temps qu'elle se forçait à marivauder.

— Laissez-moi m'occuper de vous, poursuivait Mathieu dont la main s'attardait sur l'épaule de la jeune fille.
— Nous verrons.
— Quand ?
— La semaine prochaine. Vous pourriez, par exemple, m'escorter au bal des Bourdin.

En formulant cette proposition, Juliette était loin d'imaginer les conséquences qu'elle entraînerait.

Dès le lendemain du fameux bal, François Tourvel se présenta chez Charles Fournel afin d'obtenir des explications sur le comportement de celle qu'il considérait comme sa future épouse.

— Elle n'est pas votre future épouse. Rien n'est encore décidé, répliqua avec sécheresse le créole.

— Enfin, rappelez-vous, vous n'étiez pas contre ma demande.

— Non, mais Juliette refuse d'en entendre parler.

— Est-elle entichée de Trigance ?

— De Trigance ? Je ne me suis jamais posé cette question.

— Ce serait une catastrophe. Ce garçon n'a aucune valeur, encore moins d'avenir.

A la vexation s'ajoutaient chez Tourvel la jalousie et le dépit.

— Je suis étonné que vous ne parveniez pas à vous faire obéir de votre fille.

— J'essaie seulement, mon cher, de faire en sorte que les choses se passent au mieux. Si nous la forçons, Juliette est capable de déclencher un scandale retentissant.

Une nouvelle fois, Tourvel fut exaspéré par la faiblesse de son interlocuteur. Que ce fût dans les affaires ou la vie privée, Charles Fournel s'arrangeait toujours pour ne pas prendre position. S'il n'avait pas d'ennemis, il n'était pas non plus considéré comme un fin stratège... plutôt comme un honnête commerçant qui avait eu la chance d'hériter d'un important patrimoine familial. Et, dans son second mariage, il n'était pas davantage capable de s'imposer. Qu'était-il d'autre pour Joséphine qu'un instrument lui dispensant sécurité et confort ?

— Je souhaiterais que vous m'autorisiez à m'entretenir avec mademoiselle Fournel, finit par déclarer Tourvel.

— Je n'y vois pas d'inconvénient mais...

— N'ayez crainte. J'ai une certaine habitude des situations compliquées...

La première réaction de Juliette fut de refuser l'entrevue que lui réclamait son prétendant.

— Cet homme me harcèle, se plaignit-elle à son père.

Puis elle se reprit.

— Vous avez raison. Il vaut mieux que nous nous parlions.

Non sans nervosité, elle pénétra dans la bibliothèque où il l'attendait, debout dans l'embrasure d'une fenêtre.

— Votre père m'a informé du peu d'intérêt que vous portiez à ma requête, lui dit-il après l'avoir saluée.

— Comprenez ma réaction. Je vous connais à peine.

— Avez-vous cherché à ce qu'il en fût autrement ?

— Je vous connais à peine, répéta Juliette, et vous ne savez rien de mes goûts ou de mes pensées. J'ai donc toutes les raisons de me poser des questions sur ce qui vous incite à m'épouser. La fortune de ma famille, par exemple.

— Vous vous trompez !

François ne mentait pas. Cette petite péronnelle qui le traitait de toute la hauteur de ses dix-huit ans était parvenue à lui tourner la tête. Telle qu'il la découvrait en ce moment même, les yeux brillants de colère et une veine battant à son cou, il était prêt à toutes les concessions pour s'en faire accepter.

— Je me moque de votre dot.

— Admettons ! Vous êtes tellement riche.

— Vous rendez-vous compte qu'en l'espace de quelques secondes vous vous êtes contredite ?

— Je n'évoquais pas ma dot tout à l'heure mais l'alliance de deux familles réputées et puissantes.

— Ainsi, vous vous considérez comme une valeur marchande. Quelle piètre opinion vous avez de votre personne !

Déconcertée par cette réflexion, Juliette garda le silence. Elle ne s'était pas attendue à ce que l'entretien prît cette tournure.

Profitant de son avantage, François Tourvel s'approcha.

— Est-ce cette opinion que vous insufflent vos soupirants ?

— Mais non... voyons..

— Et puisque nous évoquons mes rivaux, j'aimerais que vous répondiez à ma question. Est-ce monsieur Trigance qui vous éloigne de moi ?

— Monsieur Trigance ! s'exclama Juliette avant de se souvenir qu'elle devait donner l'impression d'en être amoureuse.

— Il me semble qu'il vous fait une cour empressée et il me semble aussi que vous n'y êtes pas insensible.

— Il fait la cour à de nombreuses jeunes filles.

— Un coq de basse-cour, en quelque sorte.

— Je ne suis pas certaine qu'il apprécierait cette définition.

— Elle lui convient pourtant.

Juliette, qui avait hâte d'en terminer, abandonna Mathieu Trigance pour souligner :

— En insistant, vous m'obligez à me répéter et à me montrer désobligeante : vos agissements me déplaisent.

— Ne me dites pas que vous écoutez les racontars !

— Je sais qu'à vos yeux les indigènes ne représentent pas davantage que du bétail.

— Que sont-ils d'autre ?

— Des êtres humains comme vous et moi.

— On m'avait dit que vous aviez des idées révolutionnaires.

— Tiens, tiens... Prêteriez-vous, vous aussi, attention aux racontars ? Révolutionnaire ou pas, je ne changerai pas d'opinion, ce qui signifie que nous ne pourrons jamais nous entendre.

La partie était plus difficile à jouer que ne l'avait cru Tourvel et, sous peine de tout gâcher, il percevait qu'il ne fallait pas la prolonger.

— Accordez-moi une chance.

— Ce serait malhonnête de ma part.

— Bon sang... Quel époux croyez-vous trouver dans une contrée comme la nôtre ?

— Je ne me suis pas posé la question.

— Vous ferez bien d'y songer.

— Sans doute.

Malgré son exaspération, Juliette parvenait à conserver une élocution sereine que son interlocuteur assimila à du mépris.

— Un jour, vous comprendrez combien vous vous êtes fourvoyée mais, en ce qui me concerne, il sera trop tard. Ma patience a des limites et, même si vous avez su me séduire, vous ne ferez pas de moi un pantin.

Tourvel s'était approché de la porte et attendait une réplique de la jeune fille, qui préféra garder le silence.

— J'imagine que tout ce que je pourrais ajouter ne plaidera pas en ma faveur.

— Il me paraît, en effet, préférable d'en rester là.

27

En dépit du souhait de Juliette, François Tourvel n'était pas décidé à en rester là. Il commença par se rapprocher de Mathieu Trigance, que cette attitude flatta. La ville noire et ses prostituées donnaient aux deux hommes de fréquentes occasions de se rencontrer. Mais, cela ne suffisant pas à sceller une amitié, Tourvel reçut plus fréquemment chez lui Trigance qui, mis en confiance, ne ménagea pas ses critiques sur son employeur.

— Il applique de vieilles méthodes, renchérit Tourvel, celles de ses ancêtres, et je suis, hélas, certain que les bénéfices de sa société ne vont pas tarder à s'en ressentir.

Mathieu, que la discrétion n'étouffait pas, donna sans difficulté des renseignements sur la gestion et les comptes de la Compagnie Fournel.

— Et vous n'avez jamais cherché à partir ? s'étonna son interlocuteur.

— Je me suis fait une raison.

— Tout de même ! L'existence aux colonies est suffisamment morne pour qu'au moins elle serve à s'enrichir.

— Je ne fais que percevoir un salaire.

— Vous devriez réfléchir à d'autres sources de revenus.

— Lesquelles ?

Tourvel ne répondit rien mais il savait que l'idée allait immanquablement se développer dans l'esprit malin et peu scrupuleux du jeune Parisien.

Les journées s'écoulaient, uniformes, et Juliette se demandait si Louis ne l'avait pas oubliée. En guise d'antidote à son inquiétude, elle peignait et, après avoir traité à l'aquarelle plusieurs scènes se déroulant autour du débarcadère, elle demanda à Manon de poser.

— Assise sous votre véranda, au milieu des fleurs.

Un échange animé s'ensuivit quant aux couleurs que porterait le modèle.

— Pas de tons pastel, supplia Juliette.
— Je n'y pensais même pas !
— Un châle de soie, peut-être ?
— Que penseriez-vous de vêtements exotiques ?
— Vous en possédez ?
— Je les ai découverts dans une malle.

Sous le regard intrigué de Kâmeshvarî, qui venait de déplier le chevalet de Juliette, Manon, habillée de pantalons en soie lie-de-vin et d'un caraco brodé, prit la pose devant un hibiscus. Lissés en bandeaux, ses cheveux blonds se répandaient sur ses épaules. Derrière elle, un perroquet veillait sur son perchoir. De cette scène étrange filtrait un charme que la jeune fille ne voulait pas trahir.

— Prévenez-moi dès que vous vous sentirez lasse, dit-elle à son amie qui répondit par un hochement de tête.

Elles parlèrent peu durant cette première séance. Alors que Juliette se concentrait sur son ouvrage, Manon laissait vagabonder sa pensée. Le notaire s'était présenté la semaine précédente avec un couple de créoles qui, dans l'obligation de quitter Karikal, cherchait une maison à Pondichéry. Tout au long de la visite, elle avait prié pour que les lieux leur déplaisent. Le résultat fut, hélas, à l'inverse de ce qu'elle avait espéré : une très correcte proposition lui fut transmise. Personne ne l'obligeait à l'accepter. Toutefois, quelle que fût sa décision, celle-ci risquait d'être lourde de conséquences. Ne plus rien posséder à Pondichéry signifiait un retour en France ; en revanche, gagner du temps mettait en péril sa relation avec son enfant.

« Si vous concluez la vente, monsieur et madame Berthier souhaiteraient entamer les travaux après les grosses chaleurs », l'avait informée le notaire.

Cela signifiait juillet. Etait-il possible que dans quelques mois elle ne contemplât plus l'océan depuis le boudoir qui était devenu son refuge ? Etait-il imaginable qu'elle quittât définitivement les Indes et Hervé ?

— S'il vous plaît, Manon, voudriez-vous reprendre la pose initiale ? Votre bras a bougé, lui demanda Juliette.

— Excusez-moi.

— Vous m'aviez faussé compagnie, plaisanta la jeune fille en essuyant son pinceau sur un chiffon.

— Je suis soucieuse.

— Soucieuse ! Est-ce grave ?

Soulagée de confier son tourment, la jeune femme expliqua à son amie une partie de la situation.

— Je me suis attachée à cet endroit et ce sera un crève-cœur de l'abandonner.

— Ne pourriez-vous retourner en France sans vous en séparer ?

— Dans quel but, puisque je ne reviendrai pas aux Indes ?

— Qui sait !

— J'aimerais vous donner raison, Juliette, mais ce serait un leurre.

— La vie est étrange. Vous souhaitez demeurer dans un lieu que je n'aspire qu'à quitter.

Du côté de Pondichéry

— N'oubliez pas que je vous ai proposé de vous accueillir à Paris. Nous pourrions partir ensemble.

— Peut-être, murmura Juliette avant de déclarer d'une voix plus audible : Ce serait le meilleur moyen d'échapper à monsieur Tourvel.

— Rôde-t-il toujours autour de vous ?

— Plus que jamais.

Tandis qu'elles devisaient, Juliette continuait d'étaler ses couleurs sur la palette. Pour une fois, elle n'était pas mécontente de son travail. Non seulement Manon était ressemblante mais dans son regard se discernait sa sensibilité frémissante.

— L'exotisme vous sied.

— Ah oui ? Vous trouvez ?

— Une fois terminé, ce tableau prouvera que je ne mens pas.

Le carillon du porche couvrit la fin de la phrase.

— Ce doit être Emile. Il s'arrête souvent pour me saluer lorsqu'il rentre du collège.

Avant de découvrir Louis, Juliette entendit sa voix. Le cœur battant, elle se retourna. Il était là, à côté d'Emile et, aussi abasourdi qu'elle, la dévisageait.

— Quelle excellente surprise, s'écria Manon en se levant du fauteuil où elle commençait à s'ankyloser.

— Je suis arrivé ce matin, expliquait Louis à son hôtesse, et suis allé chercher Emile à la sortie de ses cours. Il a insisté pour que nous passions chez vous... mais vous êtes occupée.

— Non, non ! Juliette acceptera, j'en suis certaine, que nous nous accordions une pause.

— Nous pouvons même suspendre la séance, renchérit la jeune fille en faisant signe à Kâmeshvarî, accroupie au bas d'une colonne, de rassembler le matériel.

— Avons-nous le droit de regarder ? s'exclama Emile en s'approchant.

— Pas avant que ce ne soit fini, se défendit Juliette.
— Dommage !
— Permettez-moi de me changer, lança Manon à ses visiteurs. Je ne serai pas longue et notre amie vous tiendra compagnie.
— Il faut que je rentre, balbutia la jeune fille.
— Pas tout de suite, s'interposa Louis. Il y a si longtemps que nous ne nous sommes vus !

Sans répondre, Juliette tendit à Kâmeshvarî ses pinceaux puis elle mit de l'ordre dans sa boîte de couleurs jusqu'à ce que celle-ci lui échappât des mains.

— Que je suis maladroite, s'écria-t-elle en contemplant les tubes éparpillés sur le sol.
— Ce n'est rien, la rassura Emile qui s'était déjà baissé pour aider Kâmeshvarî à les ramasser.

Louis s'empara du chevalet afin de le plier puis l'appuya le long d'un mur. Il sortit ensuite un mouchoir de sa poche pour le tendre à Juliette.

— Vous avez de la peinture sur la joue.

Avec nervosité, elle se frotta la peau.

— Laissez-moi vous nettoyer, lui dit-il en reprenant le mouchoir.

Sous la douceur du geste, Juliette se retint de fermer les paupières.

— Je pensais vous rencontrer, ce soir, pendant la promenade, murmura Louis.
— Ainsi, vous vous souveniez encore de moi !
— Je ne vous imaginais pas capable de me poser une question aussi stupide.
— Et moi, je ne vous imaginais pas capable de me laisser sans nouvelles, répliqua Juliette avec emportement.
— Vous connaissez pourtant les raisons de ce choix.
— Et alors... la solitude vous a-t-elle permis de voir plus clair en vous-même ?

Le retour de Manon empêcha Louis de répondre.

Du côté de Pondichéry

— Vous allez nous raconter ce que vous avez fait loin de nous, demanda-t-elle à son visiteur.

Pendant que Louis évoquait les travaux qui avaient retenu son équipe à Villenour puis à Bahour, Juliette lui en voulut d'avoir vécu sans se préoccuper de ce qu'elle ressentait ou affrontait. En dépit de sa joie de le sentir à ses côtés, elle décida de ne pas faciliter leurs retrouvailles.

— Je ne peux m'attarder davantage, insista-t-elle.

Et, à l'intention de Manon, elle ajouta :

— Si vous n'avez pas d'autre engagement, nous reprendrons demain après-midi notre séance.

A quelques pas, Kâmeshvarî attendait chargée du chevalet et de la boîte de couleurs. Frêle et gracieuse dans son pagne blanc, ses longs cheveux nattés en une tresse qui effleurait ses reins, elle aurait pu figurer sur une enluminure. Emile, face à cette adolescente qui devait avoir son âge, était intrigué. Hélas, elle était indienne et de surcroît servante, ce qui plaçait entre eux d'infranchissables barrières. Alors qu'il maudissait les règles de ce pays l'empêchant de lui venir en aide, il la voyait tenter de s'emparer d'une boîte de fusains oubliée sur la table. Combien de fois lui avait-on répété qu'au risque d'être assimilé aux parias il ne devait pas accomplir les tâches incombant aux domestiques. A l'inverse des préceptes d'éducation que lui avait dispensés sa mère, il ne faisait plus son lit le matin, ne rangeait aucun de ses effets et adoptait contre son gré un comportement qui, en France, l'aurait fait passer pour le dernier des malotrus.

Sans accorder le moindre regard à Emile, Kâmeshvarî avait suivi Juliette jusqu'au porche où, en retrait, elle attendait que s'effectuent les adieux. Sur un ton qu'elle voulait joyeux, Juliette échangea quelques propos avec Manon puis elle tendit la main à Louis qui la salua brièvement avant de regagner la véranda où

venait d'être servi le thé. En le rejoignant, Emile fut étonné par l'expression contrariée de son visage :
— Quelque chose ne va pas ? demanda-t-il à brûle-pourpoint.
— Mais non, voyons !
— Vous semblez en colère.
— En colère ! Que vas-tu chercher là !

Louis n'avait pourtant pas fini de s'énerver. Le soir même, il croisa Juliette sur le cours Chabrol où, tout en marchant, elle devisait avec d'autres jeunes filles. Feignant de ne pas le voir, elle poursuivit sa conversation et il dut passer son chemin. La lune s'était levée quand il revint vers le phare au pied duquel des hommes fumaient en observant les passants. Au milieu des uniformes se détachaient les robes claires et fleuries des femmes qui bénissaient la saison fraîche. Un semblant d'énergie animait les corps qui ne demandaient qu'à oublier les méfaits d'un cruel climat. Les regards brillaient, les teints se coloraient et amour rimait avec toujours. C'était l'époque des déclarations enflammées et des demandes en mariage. Cet éveil des sentiments et de la sensualité imprégnait l'atmosphère et personne n'y demeurait indifférent, encore moins Louis que l'attitude de Juliette déconcertait. Alors qu'il la cherchait parmi les promeneurs, il reconnut madame Lebreton et non sans étonnement se rendit compte qu'elle était sur le point d'accoucher. Le verbe haut, le rire facile, elle allait d'un groupe à un autre et lançait des propos qui semblaient provoquer la consternation.

Apercevant Louis, elle ne tarda pas à le rejoindre.
— Mes félicitations, lui dit-il. Je n'étais pas au courant.
— Chut, il ne faut pas en parler. On pourrait le voler.

Du côté de Pondichéry

Un doigt sur les lèvres, elle continua de lui imposer le silence puis, sur un ton exalté, reprit :
— Il sera plus beau que le sien.
— Ah oui, répondit Louis sans comprendre.
Autour d'eux, les gens s'étaient arrêtés de parler pour les écouter, ce qui permit à Isabelle de parler à la cantonade.
— Dieu me protège car, moi, je n'ai pas péché. Ce n'est pas comme l'autre qui mériterait d'avoir un petit diable !
Qui pouvait-elle évoquer ? Louis n'en avait pas la moindre idée. Avec la sensation d'avancer dans le brouillard, il tenta de répondre aimablement à des propos qui devenaient de plus en plus incohérents.
— Elle est devenue folle, l'avertit dès qu'elle s'éloigna l'un des flâneurs qui avaient suivi l'échange.
— Juste avant la naissance de son bébé ! Quelle tristesse !
— Elle n'est pas plus enceinte que vous et moi.
— Vous plaisantez !
— Pas sur un tel sujet ! Depuis deux semaines, elle glisse un coussin sous ses jupons. Des années de stérilité ont fini par obscurcir son jugement. A défaut de vivre une grossesse, elle se l'invente.
— Et personne ne cherche à l'aider ?
— Monsieur Lebreton pense que son état est passager et refuse de s'inquiéter.
Louis, qui avait d'autres sujets de préoccupation, ne tarda pas à reprendre sa promenade. Juliette demeurait invisible et, après avoir répondu aux salutations des uns et des autres, il se préparait à rentrer quand il la surprit en train de chuchoter à l'oreille de Mathieu Trigance, qui avait glissé un bras sous le sien, des propos qui les firent rire aux éclats. Face à tant de complicité, une bouffée de jalousie l'envahit et, s'il ne s'était retenu, il aurait sauté à la gorge de son rival. Comme il s'était

montré naïf en croyant qu'une personne aussi attirante que Juliette pourrait attendre son retour ! Il était tombé dans les oubliettes et, plutôt que de le lui avouer, elle lui reprochait injustement de l'indifférence. Qu'elle eût, pour aggraver la situation, choisi le dernier des noceurs aiguisait sa rage et sa déception. Incapable de demeurer plus longtemps dans leur proximité, il se dirigea à grands pas vers sa pension de famille puis, refusant de souper, s'enferma dans sa chambre. A mesure que s'écoulaient les minutes, sa colère diminua pour céder la place à une profonde tristesse. Tout doucement Juliette lui avait réinsufflé le goût de vivre et l'idée de l'avoir perdue le plaçait face à un avenir privé de couleurs. Comment continuer de se lever, de travailler s'il ne comptait plus à ses yeux ? Alors que le sommeil le fuyait, il eut tout le temps de se remémorer les mots qu'elle avait prononcés pour lui seul et qui aujourd'hui relevaient de la plus cruelle comédie. A l'abandon s'ajoutait la trahison de celle qu'il avait imaginée au-dessus de tout soupçon. De très loin lui parvenait le grondement des vagues qui, presque un an auparavant, l'avaient amené jusqu'à cette ville où il avait cru panser ses blessures et reconstruire son existence. Il avait connu des nuits difficiles et celle-ci leur ressemblait. Tout cela pour une jeune créole rencontrée un jour de mai, alors que tonnait un orage, et dont le rire, cette fois-là, s'était uni au sien.

28

Louis ignorait que François Tourvel tissait une patiente toile d'araignée autour de Mathieu Trigance. Pour en savoir davantage sur celui qu'il considérait lui aussi comme un rival, le créole s'était rapproché d'Isabelle Lebreton qu'il convoquait à son bureau sous le prétexte de lui donner de l'argent pour ses bonnes œuvres. Un matin, après avoir pris de ses nouvelles, il l'écouta avec ennui se vanter d'être bientôt mère.

— Garderez-vous votre pensionnaire après la naissance ? lui demanda-t-il.

— Vous parlez de monsieur Trigance. Certainement pas ! Il est trop dépravé.

— Ah oui ? répondit François Tourvel qui se sentait en mauvaise posture pour disserter sur la morale.

— Pendant longtemps je me suis tue, poursuivit-elle les mains posées sur son ventre-coussin. Je ne voulais pas nuire à monsieur Fournel mais, tout de même, le pauvre homme, il ne méritait pas un tel traitement.

— Vous voulez dire que monsieur Trigance n'est pas un contremaître compétent ?

— S'il ne s'agissait que de cela !

Il y eut un silence que François ne chercha pas à combler de crainte d'interrompre des confidences qu'il sentait prêtes à jaillir.

— Monsieur Trigance est un serpent et il ne pouvait que s'accoupler avec Lilith.

La sachant nourrie de passages bibliques, François tentait de déchiffrer des propos qui le laissaient perplexe.

— Elle croyait être la seule à pouvoir avoir un enfant mais, moi aussi, j'ai réussi. Toutefois je n'ai pas trahi mon mari avec l'un de ses employés.

En même temps qu'il l'écoutait, François faisait tourner entre ses doigts l'encrier en vermeil posé sur sa table.

— Mais je m'attarde et vous devez avoir du travail, reprit Isabelle qui, après avoir enfermé le don de François dans un vilain sac en tapisserie, se leva pesamment pour prendre congé.

Une fois seul, François Tourvel demanda à n'être dérangé sous aucun prétexte. Ce que venait de proférer sa visiteuse était tellement inimaginable qu'il se demandait si elle n'avait pas encore divagué. D'un tiroir, il sortit le calepin dans lequel il inscrivait ses déplacements et ses entrevues puis remonta son emploi du temps jusqu'au mois d'octobre où sa relation avec Joséphine avait commencé de s'effriter. Des souvenirs affluaient à son esprit, des réflexions de sa maîtresse qui, soudain, trouvaient leur signification. Elle l'avait quitté pour Trigance et, afin de mieux l'écarter, s'était servie de Juliette. Ce n'était pas de l'avoir perdue qui le rendait fou, il n'y était plus attaché, mais d'avoir été le dindon de la farce. S'il s'était écouté, il serait allé s'expliquer avec elle ! Néanmoins la patience s'imposait comme la meilleure des solutions. Ce que madame Lebreton venait de lui confier tomberait immanquablement dans d'autres oreilles. Quant à la suite, il pouvait compter sur l'étroitesse d'esprit et les jalousies larvées du petit monde colonial pour colporter de quoi détruire

Du côté de Pondichéry

la réputation de l'une des plus anciennes familles pondichériennes. Juliette ne pourrait alors plus trouver meilleur parti que lui. En revanche, il décida de porter bientôt l'estocade à Trigance.

A la sortie de son bureau l'attendait un contremaître.
— Nous avons quatre cent cinquante-neuf passagers pour la Réunion.
— Faut-il vous répéter que nous ne devons pas dépasser quatre cent quarante-cinq ? Pas plus d'un émigrant par tonnage de jauge.
— Vous m'aviez dit d'accepter toutes les demandes d'émigration parce qu'au dernier moment certains n'auraient pas suffisamment d'argent pour payer la totalité du voyage.
— Les contrôles sont stricts, vous le savez.
— Pourtant, la dernière fois, nous n'étions pas en règle et nous y avons échappé.
— Je n'ai pas envie de prendre de nouveaux risques. D'autant que nous avons eu trop de décès pendant les trois dernières traversées.
Par le décret du 27 mars 1852, Louis Napoléon Bonaparte, alors président de la République française, avait fixé des règles précises quant au transport des émigrants. Chaque passager devait bénéficier quotidiennement de viande ou de poisson salé, de biscuits ou de riz, de légumes secs et d'eau en quantité. Tout navire était dans l'obligation de posséder une chaloupe et deux canots s'ajoutant au canot dit « de service », des pièces à eau en tôle, des manches à vent et autres appareils destinés à assurer la ventilation par gros temps ainsi qu'un coffre contenant des médicaments. Il fallait que l'entrepont fût laissé libre aux voyageurs, sauf les parties réservées à l'équipage, et qu'il fût purifié, au moins deux fois par semaine, avec du lait de chaux. Les émigrants recevraient un couchage, une couverture en

laine et un espace d'un hectolitre pour ranger leur bagage. Avant de prendre la mer, les bateaux seraient visités par des officiers habilités à constater que les aménagements demandés auraient été effectués. Ce même contrôle se répéterait au moment du débarquement. Quant au capitaine, il aurait la pleine responsabilité de tout manquement et les abus, excès ou sévices commis sur les émigrants occasionneraient de sévères mesures disciplinaires.

— Il y a beaucoup d'enfants ?

— Une quinzaine, mais si nous devons refuser du monde, ils seront bien entendu les premiers.

— Essayez de ne pas dépasser le quota autorisé, dit François au contremaître avant de poursuivre son chemin.

Autour de lui, le travail battait son plein. Le sommet du crâne protégé par des chiffons crasseux, les coolies montaient et descendaient les escaliers en transportant sur leur tête le riz que les charrettes qui attendaient à l'extérieur achemineraient vers le débarcadère. Le plus âgé d'entre eux s'arrêta afin de tousser. Il tentait de reprendre son souffle lorsque le contremaître, qui l'avait rejoint, le poussa avec brutalité afin qu'il reprenne l'ouvrage. Déséquilibré, le malheureux dégringola les marches et son chargement se répandit jusqu'au rez-de-chaussée.

— Allez, debout ! cria le responsable de sa chute. Regardez-moi ce fainéant, ajouta-t-il à la cantonade.

Après avoir décoché un coup de pied dans les côtes de l'Indien qui, en gémissant, demeurait replié sur sa douleur, il hurla :

— Tu es renvoyé.

François assistait régulièrement à des scènes comme celle qui se déroulait sous ses yeux. Elle lui rappelait sa jeunesse quand il s'était fait craindre, et par là même respecter, en agissant de la sorte. Les indigènes ne comprenaient pas d'autre langage que celui de la peur. Sans accorder un regard au vieil homme, il l'enjamba puis gagna la sortie.

Sous la lumière crue de cette fin de matinée, l'océan miroitait de mille reflets. Le vent ébouriffait le haut des cocotiers et, au large, les bateaux attendaient de lever l'ancre. Deux, parmi ceux-ci, appartenaient à Tourvel. Mais, indifférent à l'univers maritime, il se laissait avant tout griser par les bénéfices que lui rapportait depuis des années son négoce et, non sans ironie, prenait conscience que seule sa fortune lui avait donné la sensation d'exister. « L'argent est notre seul Dieu », lui avait souvent répété son père en ajoutant : « Jamais il ne te décevra si tu lui voues ton existence. » En fin de compte, cette prévision s'avérait juste ! Qu'existait-il de plus enivrant que de brasser des affaires et de régner sur la colonie en s'enrichissant jour après jour ? Rien, en définitive, n'égalait le pouvoir et certainement pas les femmes, plus décevantes les unes que les autres ! Balayant l'image de Joséphine à laquelle il réservait une vengeance bien orchestrée, sa pensée s'attarda sur Juliette que son idéalisme préserverait peut-être de la fourberie. Parallèlement, elle était capable de la pire stupidité en s'amourachant de ce vaurien de Trigance qui, si madame Lebreton disait juste, avait apposé son indélébile empreinte au cœur de la famille Fournel. Savoir que son principal concurrent venait d'être bafoué ne déplaisait pas à François qui, enfin, ne serait plus le principal sujet des commérages. Il imaginait déjà la rumeur qui irait en s'enflant à travers la ville blanche pour gagner la ville noire : « Charles Fournel n'est vraisemblablement pas le père de cet enfant qui a été conçu après plusieurs années de mariage. Charles Fournel a eu besoin d'un étalon et, sans le vouloir, il l'a trouvé en son protégé ! » Cette anticipation l'incitait presque à oublier sa propre vexation, mais n'était-il pas reconnu que le malheur des uns faisait le bonheur des autres !

Juliette se préparait à rejoindre Manon lorsqu'un serviteur, venu d'Ariancoupam, la fit demander.
— Le maître... il est malade !
— Malade ! Est-ce grave ?
L'Indien dodelina de la tête.
— Et le docteur ?
Gopal, le dobachi, avait eu, heureusement, la présence d'esprit de le faire appeler.
— Attends-moi.
Quatre à quatre, Juliette monta chez Joséphine qu'elle mit, d'une voix mal assurée, au courant de la situation.
— Je ne sais pas combien de temps je resterai chez oncle Auguste... Jusqu'à ce qu'il aille mieux, ajouta-t-elle pour conjurer le sort.
Après avoir ordonné à Kâmeshvarî de lui préparer quelques effets, elle rédigea une missive à l'intention de Manon puis, la gorge serrée par l'inquiétude, monta dans l'attelage de son oncle qui attendait devant le porche.
— Le maître sait-il que tu es venu me chercher ? demanda-t-elle à l'indigène.
— Non. C'est Gopal qui m'a envoyé. Le maître peut plus commander.
Cette dernière information aiguisa l'anxiété de la jeune fille qui, lorsqu'elle arriva chez Auguste Fournel, s'attendait à le trouver mort.
— Où est-il ?
— Dans sa chambre, l'informa le dobachi. Avec le docteur.
— Raconte-moi ce qui s'est passé.
— Avant le déjeuner, il s'est plaint de la tête. Comme il avait reçu des invités hier soir, il a pensé

n'avoir pas été raisonnable avec l'alcool. Plutôt que de déjeuner, il a préféré retourner dans sa chambre. Au moment où il allait s'allonger, il a vomi puis s'est mis à grelotter.

Marchant de long en large à travers le salon, Juliette subissait le silence de la demeure où les Indiens ne circulaient pas comme à l'accoutumée. Machinalement, elle se dirigea vers l'une des fenêtres. En contrebas, la rivière s'était asséchée et aucune embarcation ne s'y profilait. Le front collé contre la vitre, elle contemplait avec désarroi cette absence de vie. Etait-ce la représentation de ce qui se passait à l'étage supérieur ? Au bout d'un long moment le praticien la rejoignit.

— Monsieur Fournel souffre d'une fièvre. Cela peut être la malaria ou la dengue. Je pencherais plutôt pour la seconde hypothèse.

— Ses jours sont-ils en danger ?

— Certes, son âge le rend vulnérable.

— Que puis-je faire ?

— Hélas, pas grand-chose sinon lui donner à boire et le rafraîchir avec des compresses d'eau bouillie.

Après avoir promis de revenir le lendemain, le médecin partit au chevet d'autres patients et Juliette gagna la chambre de son oncle. Elle n'y avait jamais pénétré et ce fut avec timidité qu'elle en poussa la porte. Rempart contre le soleil d'une belle journée, les rideaux maintenaient la pénombre et elle ne discerna que la blancheur de la courtepointe qui recouvrait le lit dont elle écarta la moustiquaire afin de poser sa main sur le front brûlant d'Auguste qui gémit faiblement.

— Ne vous inquiétez pas, mon oncle, je suis près de vous, murmura-t-elle.

Indifférente au temps qui s'écoulait, elle resta assise à écouter le souffle saccadé du vieil homme. Obéissant aux conseils du docteur, elle humectait son visage et l'éventait. Elle commençait de s'ankyloser à répéter les mêmes gestes quand il sortit de sa léthargie pour vomir. En même temps qu'il se soulageait, elle avait l'affreuse sensation qu'il ne résisterait pas aux spasmes qui le malmenaient. L'espace d'un instant, elle eut l'impression qu'il la reconnaissait. Il murmura quelques mots inintelligibles.

— Reposez-vous, dit Juliette qui, en le voyant trembler et claquer plus fortement des dents, ramena sur lui des couvertures.

A plusieurs reprises se présenta Gopal, qu'elle renvoya. Pour connaître la fierté d'Auguste Fournel, elle savait qu'il aurait détesté qu'on le surprît en si mauvaise situation. Avec douceur elle caressait la peau parcheminée du bras que découvrait la manche de la chemise de nuit. Sa température était très élevée mais qu'y faire ? Comme la malaria, la dengue était transmise par les moustiques. Elle s'accompagnait de céphalées, vomissements, diarrhées et douleurs articulaires. Certains n'en réchappaient pas et, au cours de la nuit qui s'ensuivit, elle crut que tout était fini. Décidée à combattre la mort qui rôdait, elle redoubla de vigilance et, minute après minute, en le soignant, en lui parlant, elle empêcha son oncle de glisser vers des contrées qui, dans son tourment, devaient lui sembler plus hospitalières. A le voir torturé par son mal, elle se demandait si elle avait raison de l'exhorter à se battre mais son instinct de vie était trop fort, son affection trop grande, pour qu'elle le laissât lui échapper. Ignorant sa propre fatigue, elle pria pour que cet homme qui lui avait accordé son temps, une inaltérable attention et sa confiance recouvrât la santé. Toutefois, les miracles n'existant pas, le médecin ne constata aucune amélioration lors de sa seconde visite.

— S'il ne peut garder l'eau que vous lui donnez à boire, je crains la déshydratation et à son âge...

Juliette réclama un compte-gouttes puis, en minuscules quantités, fit absorber le liquide au malade. Jusqu'au soir, elle le veilla. Il semblait ne plus rejeter ce qu'il absorbait mais la fièvre persistait. Touchant à peine au souper que lui avait fait porter le dobachi, elle s'installa sur une méridienne afin de prendre un peu de repos. Le carillon des heures que sonnait la pendule la sortait de sa somnolence et l'aidait à se lever pour prodiguer des soins à Auguste.

— Est-ce toi, Juliette ? lui demanda-t-il alors qu'elle prenait son pouls.

— Oui, mon oncle, mais ne vous agitez pas.

— Que fais-tu ici ?

— Je vous soigne.

Avait-il entendu la réponse ? Il replongea dans un sommeil entrecoupé de paroles dénuées de signification jusqu'au lendemain où il ouvrit les yeux.

— Juliette, murmura-t-il comme s'il la découvrait.

En lui ôtant son caractère inquiétant, elle lui expliqua le mal dont il souffrait. Il ne répondit rien mais elle le sentit rassuré par sa présence et profita de ce moment de lucidité pour quitter la chambre afin de faire sa toilette et se dégourdir les jambes. Après son enfermement dans la pénombre, la lumière la ramenait à la vie. Aspirant l'air frais de ce début de matinée, elle prêtait une oreille attentive aux bruits de la nature. Etait-elle parvenue à chasser les mauvaises ombres qui flottaient autour du maître de cette demeure qui semblait figée dans l'attente ? Elle savait qu'un malade atteint de la dengue connaissait une rémission de quelques jours avant que ne reprennent les symptômes. En revenant sur ses pas, elle aperçut, arrêté devant le porche, l'attelage de son père qu'elle trouva en train de donner des instructions aux serviteurs qui avaient repris un semblant d'activité.

— Ah ! Juliette, s'exclama-t-il, quel souci je me suis fait, mais il m'était impossible de quitter Pondichéry.

Du côté de Pondichéry

Un peu plus tard, devant une tasse de café brûlant, la jeune fille éprouva une sensation de réconfort à ne plus affronter seule les événements.

— Nous allons engager une missionnaire, déclara Charles, habitué à prendre des décisions efficaces.

— Oh non, pas tout de suite !

— Tu ne vas pas jouer éternellement les infirmières.

— Seulement jusqu'à ce qu'il soit sauvé.

Après un court silence, elle ajouta :

— Je suis certaine que ma présence est l'un des meilleurs remèdes que nous puissions lui administrer. Il sent que je l'aime et cela l'incite à lutter.

Plusieurs fois, Charles s'était demandé si sa fille ne lui préférait pas le vieil homme et il en concevait une certaine jalousie. Il lui fallait néanmoins admettre que, depuis son mariage avec Joséphine, sa relation avec Juliette s'était transformée. Entre les deux femmes n'existait et n'existerait jamais aucune affinité et ce constat ne pouvait que l'attrister. Tout à l'heure, Joséphine lui avait reproché de l'abandonner pour se rendre à Ariancoupam.

« Il s'agit de mon devoir, s'était-il défendu.

— Votre devoir ! N'est-il pas, avant tout, de rester auprès de moi ?

— Ma chérie, vous savez bien que je reviendrai aussitôt que possible.

— Comment vous croire ?

— Ai-je une seule fois manqué à ma parole ?

— A vous entendre, vous possédez toutes les qualités mais, moi, je sais que vous n'êtes qu'un égoïste.

— Comme vous êtes injuste !

— Ne trouvez-vous pas plutôt injuste que je sois alitée pendant des mois afin de ne pas risquer une fausse couche ?

— Qui ne comprendrait que cela vous pèse ? Mais

vous oublierez cette contrainte lorsque vous aurez mis au monde un beau bébé qui vous ressemblera. »

Incapable de cacher son exaspération, Joséphine haussa les épaules puis tira le drap jusqu'à son menton. S'il savait combien elle se moquait d'enfanter ! Pire, elle en détestait l'idée ! C'était pourtant le parcours obligatoire pour se hisser au faîte d'une société archaïque qui ne savait glorifier que les mères.

Charles s'était approché. Il sentait l'ambre et le tabac blond.

« A tout à l'heure », lui dit-il après avoir déposé un baiser sur sa tempe.

« Allez au diable, vous et votre famille », se retint-elle de lui crier.

Au cours du trajet, Charles avait réfléchi à la tournure que prenait leur relation. Depuis le début de sa grossesse, Joséphine les obligeait à vivre en reclus. Plût au ciel que sa délivrance changeât cette situation et qu'ils partagent à nouveau une vie de couple ! Peu habitué aux contrariétés, Charles était las de sentir son monde lui échapper. Sa femme, sa fille ! Il observa Juliette tandis qu'elle grignotait un biscuit et s'étonna de découvrir une adulte. Le temps avait-il passé si vite qu'il ne l'avait pas vue grandir ?

— Je resterai jusqu'à ce soir, lui dit-il alors qu'elle attendait sa réponse, et, demain, je t'enverrai Kâmeshvarî ainsi que des vêtements.

— Merci. Je savais que vous comprendriez.

29

Durant plusieurs jours, Juliette ne quitta pas son oncle qui, après une faible amélioration, connut une nouvelle phase alarmante. Il rejeta le peu d'aliments qu'il pouvait tolérer et sa tête le faisait cruellement souffrir. Le sentant épuisé et prêt à abdiquer face à l'irréparable, Juliette rassembla ses forces. Elle recommença à lui glisser de l'eau entre les lèvres à l'aide du compte-gouttes et lui parla afin de le retenir parmi les vivants. Jamais le temps ne lui avait paru aussi long et sa solitude aussi effrayante ! Autour d'eux, la nuit s'était refermée et pas un bruit ne filtrait à travers la maison désertée par les domestiques qui s'étaient réfugiés dans leurs dépendances. Des souvenirs affluaient à sa mémoire tandis qu'elle guettait la respiration d'Auguste Fournel. C'était en sa compagnie qu'elle avait trouvé un réconfort après la disparition de sa mère, c'était lui qui lui avait insufflé le goût de la beauté, de l'art, de la peinture, qui lui avait ouvert les yeux sur l'univers et, s'il ne se rétablissait pas, elle se promettait de ne plus jamais contempler les étoiles.

Le surlendemain, elle sut qu'ils connaîtraient d'autres soirées au cours desquelles ils se mesureraient au mystère du firmament. La fièvre était enfin tombée et le médecin avait permis d'espérer.

Du côté de Pondichéry

Dès qu'ils furent seuls, Auguste serra faiblement dans la sienne la main de Juliette.

— Je t'ai causé bien du tracas, murmura-t-il.

— En effet, répliqua la jeune fille agacée de ne pas trouver une réplique plus intelligente.

Elle éprouvait la désagréable sensation que ses membres étaient en plomb et un goût nauséeux emplissait sa bouche.

— Je vais me changer et, pendant ce temps, Gopal s'occupera de vous, déclara-t-elle avant de s'éclipser.

La chambre aurait été en feu qu'elle ne l'aurait pas quittée avec davantage d'empressement. Refusant d'affronter le regard curieux de Kâmeshvarî qui l'attendait dans ses appartements, elle se dirigea vers la bibliothèque. Après en avoir refermé la porte, elle s'appuya contre le chambranle et, paupières closes, goûta la paix de ce lieu où flottait une agréable odeur de maroquin et de cire. Sans qu'elle pût les réprimer, des larmes commencèrent de couler le long de ses joues et, bientôt, elle se trouva assise sur le sofa, un coussin serré entre ses bras, à sangloter comme une petite fille. Avec ce chagrin, elle se libérait de l'anxiété et de la tension accumulées ces derniers jours, mais parallèlement pleurait sur son apprentissage de la vie, qui donnait pour mieux reprendre. Elle pleurait sur son enfance évanouie, sur un père qui ne correspondait plus à ce qu'elle en attendait, sur un avenir qu'elle ne parvenait pas à imaginer. Qu'était devenue l'époque bénie où tout lui semblait facile ? Si la mort de sa mère avait mis fin à son insouciance, les épreuves qu'elle affrontait depuis plusieurs semaines anéantissaient la confiance qu'elle avait, après son deuil, tenté de retrouver.

Quand elle se fut un peu calmée, elle demeura lovée sur elle-même et, imperceptiblement, glissa dans le sommeil jusqu'à ce que des appels répétés la fissent sursauter.

— Que se passe-t-il ? s'exclama-t-elle en sortant de sa retraite.

Dans le couloir, Kâmeshvarî la dévisageait avec stupéfaction.

— Gopal m'a ordonné de vous chercher mais je ne vous trouvais pas. Il y a madame Galbret, en bas, et le monsieur que vous connaissez.

— Quel monsieur ?

— Celui qui travaille près du Grand Etang.

— Monsieur Tempête !

— Je crois.

Le reflet que lui renvoya le miroir confirma à Juliette qu'elle n'était pas présentable. Son teint était terne, ses yeux rougis par les veilles et les larmes. « Une petite vieille », se dit-elle en sachant qu'aucun onguent ne lui rendrait sa fraîcheur.

— Brosse mes cheveux, ils sont très emmêlés, recommanda-t-elle à Kâmeshvarî après s'être lavée et frictionnée avec soin.

A l'aide d'un polissoir, elle lustra ses ongles pendant que l'Indienne la coiffait.

— S'agit-il bien du monsieur qui a sonné l'autre jour chez madame Galbret ? insista-t-elle de crainte d'une déception.

— Oui.

Ainsi, Louis ne lui tenait pas rigueur de l'attitude qu'elle avait affichée en le croisant cours Chabrol. En déposant quelques gouttes d'eau de Cologne au creux de son cou, elle prit conscience de son excitation qui, mêlée à la fatigue, accélérait les pulsations de son sang. Après avoir choisi une robe qui seyait aux heures matinales, elle gagna le rez-de-chaussée.

— Nous avons hésité à vous déranger, lui dit Manon en quittant le siège où elle s'était assise, mais le désir de vous témoigner notre affection l'a emporté.

— Excusez-moi de ne pas vous avoir accueillis dès votre arrivée mais je n'étais guère présentable.

— Votre père m'a appris combien vos soins ont été déterminants dans la guérison de monsieur Fournel.

— Guérison ! Je n'ose m'habituer à ce mot ! Mais je n'ai accompli que mon devoir, répliqua la jeune fille avant de se tourner vers Louis.

— J'ai beaucoup pensé à vous deux, dit-il simplement.

— Merci, répondit Juliette sans parvenir à soutenir son regard.

Toutefois, au fur et à mesure que s'instaura la conversation, elle se détendit et s'abandonna au plaisir d'une atmosphère chaleureuse.

— Vous allez déjeuner avec moi, proposa-t-elle en agitant une clochette afin de donner des instructions à Gopal.

A l'adresse de Manon, elle ajouta :

— Tout à l'heure, je demanderai à mon oncle si vous pouvez monter le saluer.

— Non, non, il doit vouloir se reposer.

— Vous savez bien qu'il a un gros faible pour vous.

En retrait, Louis observait Juliette. Sans qu'elle n'en eût rien dit, il percevait dans les cernes qui soulignaient ses yeux, son visage creusé par la fatigue, les durs moments qu'elle venait de traverser, et cette abnégation, cette compassion dont elle était capable la lui rendaient plus proche. Si lui-même avait accompli un certain chemin depuis leur excursion à Tanjore, elle aussi avait changé. Chacun de ses gestes, chacune de ses paroles révélait son évolution et, pour la première fois, il éprouva le désir de provoquer un tête-à-tête loin des regards.

— Ne souhaiteriez-vous pas profiter de ce beau soleil pour faire quelques pas dehors ? lui demanda-t-il dès que Manon eut rejoint Auguste Fournel.

— C'est une bonne idée !

Tout naturellement leur promenade les mena vers un rond-point qu'abritaient des bosquets.

— Il faut que je sache si monsieur Trigance occupe une place privilégiée dans votre cœur, fut la première question de Louis.

— Monsieur Trigance ne représente rien pour moi.

— Mais alors... l'autre soir ?

— Je me suis servie de lui pour vous rendre jaloux.

— Vous ne me mentiriez pas, n'est-ce pas ? murmura Louis en saisissant les mains de Juliette.

— Non.

Aurait-elle imaginé, tout à l'heure dans la bibliothèque, lorsque l'existence lui semblait âpre et difficile, qu'elle connaîtrait ces instants dont l'intensité effaçait jusqu'au souvenir de sa douleur ?

— Vous m'en voulez de ne pas m'être manifesté pendant mon absence de Pondichéry mais j'avais besoin de voir clair. Vous avez tout bouleversé, Juliette, ma certitude de n'appartenir à rien ni à personne, ma peur de m'attacher et le dégoût que je m'inspirais. Je suis venu aux Indes dans un but de renoncement, voire de punition, et à la place de ce que j'attendais, je vous ai rencontrée. Tout cela échappe à mon entendement.

— Pourquoi chercher des explications ? Nos destins se sont croisés par une matinée d'orage et...

— Et depuis vous n'êtes jamais complètement sortie de mes pensées.

Avec emportement, il l'attira contre sa poitrine et, d'une voix plus sourde, avoua :

— Je vous aime, Juliette, et en même temps je ne peux rien vous offrir.

— Quand cesserez-vous de vous torturer ? murmura-t-elle, ses lèvres contre les siennes.

— Vous me demandez d'être inconscient et j'en suis incapable. Rendez-vous compte ! Vous pouvez prétendre à une belle vie auprès d'un homme qui prendra soin de vous...

— Ne pouvez-vous prendre soin de moi ?

— Si, bien sûr, mais je n'ai pas une situation sociale et financière qui soit digne de votre position. Comprenez-moi, je ne possède rien.

— Que m'importe !

Blottie contre lui, elle respirait l'odeur de santal qui lui était devenue familière. Pour cet homme meurtri, idéaliste et généreux, elle était prête à tous les combats. Il suffisait qu'il le lui demandât pour qu'elle prenne la fuite avec lui. Cependant, elle le connaissait trop pour savoir que jamais il ne la compromettrait dans un scandale ou ne lui demanderait d'irréversibles sacrifices.

— A Tanjore, je vous ai dit que je vous aimais et, depuis, ce sentiment a grandi jusqu'à me déborder. Je vous aime au-delà des obstacles et de vos mises en garde, murmura-t-elle.

Les dernières paroles se perdirent dans un baiser et plus rien ne compta que cette étreinte attendue depuis trop longtemps. Sous ses doigts, Louis sentait les épaules frêles, la taille si flexible. Il caressa la peau soyeuse des joues, s'attarda sur la nuque puis, son corps épousant celui de Juliette, se laissa griser par le plaisir que procurait l'amour partagé.

— Je ne possède rien, répéta-t-il, mais pour ne pas vous perdre j'ai décidé de soulever des montagnes.

Il ne mentait pas ! Une énergie nouvelle lui donnait des ailes. Un jour, il demanderait, tête haute, Juliette en mariage, et Charles Fournel ne pourrait la lui refuser. Un jour, elle porterait son nom et, en toute liberté, il la chérirait. Un jour, ils seraient ensemble pour n'en jamais finir de se découvrir. Il ferma les yeux sur les images de bonheur et de sensualité qui enflammaient son sang.

Du côté de Pondichéry

Lorsque Louis eut repris le chemin de Pondichéry en compagnie de Manon, Juliette retourna auprès de son oncle qu'elle trouva las mais satisfait d'avoir conversé avec leur visiteuse.

— Cette femme est décidément charmante, soupira-t-il.

Avec une mine amusée, Juliette approcha un plateau sur lequel était servi un dîner léger.

— Je n'ai pas faim, se défendit Auguste Tourvel.

— Si notre amie assistait à votre repas, je suis certaine que vous le mangeriez.

— Peut-être.

— Merci pour moi, répliqua la jeune fille avec un rire joyeux.

— Tu me sembles d'excellente humeur.

— Vous voir en meilleure santé me fait plaisir.

Auguste se tut, le temps d'avaler une cuillerée de consommé, avant de reprendre :

— Le jeune Tempête est, paraît-il, venu lui aussi.

— En effet, répondit Juliette agacée de se sentir rougir.

— Décidément, j'apprécie ce garçon. Il est honnête, courageux, intelligent, sensible...

— Dans votre bouche, le compliment ne manque pas de valeur.

— Ne partages-tu pas cet avis ?

— Peut-être ! Je ne sais pas.

— Ma chère petite, on ne trompe pas un vieux renard de mon espèce. Avant de tomber malade, je souhaitais te parler pour t'exhorter à tenir bon face aux ordres de ton père.

— Etes-vous au courant de la demande en mariage de monsieur Tourvel ?

— Charles a fait quelques allusions sur ce sujet mais je ne les ai pas relevées.

— Il n'est bien entendu pas question que je l'épouse.

— Ce n'est pas moi qui t'y pousserai.
— Même si... enfin, je veux dire...
— Même si tu n'aimais pas monsieur Tempête, l'interrompit Auguste, tu refuserais de vivre auprès d'un aventurier cynique et...
— On ne peut décidément rien vous cacher !

Auguste se rétablissant chaque jour davantage, Juliette put envisager de retourner à Pondichéry.
— Je vais m'ennuyer sans toi, avoua-t-il au moment où ils allaient se séparer.
— Ne croyez pas que vous allez vous débarrasser aussi rapidement de moi. Je reviendrai bientôt pour un petit séjour.

Alors que s'éloignait l'attelage, elle le vit demeurer sur le perron et lui adresser de grands signes avec sa canne. Juliette était demeurée trois semaines à Ariancoupam et la saison fraîche était maintenant terminée. Le soleil brûlait davantage et, à travers la campagne où s'activaient les paysans, la nappe d'eau diminuait dans les étangs. Aux abords de la ville, son attelage croisa des chars tirés par des bœufs ou des hommes. Des chiens faméliques erraient au milieu de la chaussée jonchée d'ordures. A certains endroits, l'odeur était insupportable mais Juliette refusait de se soustraire à la réalité qui l'entourait. Le contraste était encore plus saisissant après le raffinement sans pareil dans lequel elle venait d'évoluer. Protégé par un auvent fait de vieux chiffons, un vieillard somnolait au milieu des mouches tandis qu'un peu plus loin des poules picoraient devant des huttes où, dans une unique pièce, vivait toute une famille. D'une échoppe sortirent deux statues de déesses en plâtre peint qui, portées avec précaution par des garçonnets, se frayèrent un passage au milieu de la foule. A mesure qu'avançait la jeune fille augmentaient l'agitation et le bruit mais, après sa réclusion et la compagnie d'un malade, elle s'abandonnait à ce bouillonnement de vie qui l'étourdissait tout en lui rendant sa jeunesse. A droite, à gauche, des femmes parlementaient, certaines épouillant leurs enfants, d'autres balayant le seuil de leur foyer ou nettoyant des ustensiles de cuisine. Silhouettes rouges, jaune d'or, vert émeraude, roses, elles égrenaient les couleurs de leurs pagnes qui enveloppaient leurs corps gracieux. Juliette n'avait jamais partagé l'opinion des créoles pour qui les Indiennes, en particulier les Tamoules, étaient affreuses. Elle appréciait au contraire leurs grands yeux interrogateurs frangés de longs cils, les bouches charnues et bien dessinées qui s'ouvraient sur des sourires éclatants, la délicatesse de leurs membres et une démarche inimitable. Il lui arrivait fréquemment d'observer Kâmeshvarî dont la beauté était condamnée par un veuvage qui s'apparentait à la plus grande des injustices.

Assise à ses côtés, la jeune indigène contemplait, elle aussi, le spectacle de la rue mais, à l'inverse de Juliette, observer les siens dans leurs activités la rebutait. A force de servir les Français, elle était devenue plus méprisante qu'eux envers la pauvreté qu'elle associait à la pire des hontes.

30

Dès qu'elle en avait la possibilité, Kâmeshvarî rôdait autour de l'embarcadère dans l'espoir d'apercevoir son frère Aruni. Elle ignorait qu'il avait quitté les Indes pendant qu'elle se trouvait auprès de Juliette, à Ariancoupam.

Pour prévenir sa femme de son départ, Aruni avait attendu l'ultime moment.
« Tu n'as rien à craindre tant que tu resteras chez les maîtres, rétorqua-t-il lorsqu'elle commença de se plaindre en sachant néanmoins qu'il avait tout pouvoir de décision.
— Et s'ils me chassaient !
— Tu iras chez mes parents. »
Avara avait frémi à l'idée de vivre auprès de sa belle-mère, autoritaire et méchante. Et s'il arrivait un accident et qu'elle devenait veuve comme Kâmeshvarî ! Plus que l'idée de perdre son mari, celle de devenir un rebut pour la société la faisait frissonner.
« Je te laisse un peu d'argent, disait Aruni, et j'en enverrai dès que je pourrai. »
Leur dernier-né se mit à pleurer. Pour le calmer, sa mère lui donna le sein tandis qu'Aruni terminait son maigre balluchon. Son rêve était si fort qu'il ne parve-

nait pas à éprouver de la tristesse. Reverrait-il ses parents dont il avait, la veille, reçu la bénédiction, son épouse, ses enfants, Kâmeshvarî ? Une grande partie de la nuit, il demeura dehors à plaisanter avec les autres employés auxquels il n'avait toujours pas dévoilé ses projets puis, avant l'aube, il fit ses ablutions et entra dans sa paillote afin de prier devant l'autel. Tout le monde dormait quand il en ressortit.

Il prit véritablement conscience de son acte à Pondichéry, devant les chelingues où les uns après les autres montaient les candidats au voyage, pour la plupart des hommes qui, comme lui, croyaient que récolter la canne à sucre les enrichirait davantage que le jardinage.

« Allez plus vite, plus vite », ordonnaient les employés de la Compagnie Maritime Tourvel à ceux qui avaient payé leur transport.

Le tour d'Aruni arrivait quand une femme fut brutalement écartée avec son petit garçon.

« Pas d'enfant !

— Mais j'ai payé pour lui et pour moi !

— Pas d'enfant », hurla le surveillant qui, sachant que les passagers étaient en surnombre, n'allait pas accorder de l'espace à des bras inutiles.

Monsieur Tourvel s'était montré inflexible. N'embarqueraient que ceux et celles qui, dès leur arrivée à la Réunion, constitueraient une main-d'œuvre intéressante.

La femme s'était mise à supplier, puis, comprenant qu'elle n'obtiendrait rien, retourna vers le quai et, en l'espace de quelques instants, abandonna son fils à une vieille Indienne édentée qui, dans une corbeille, proposait des mangues et des bananes. Elle ne fut, hélas, pas la seule à affronter cette situation qui se répétait dans une indifférence générale, lors de chaque départ. Comme s'il s'agissait d'encombrants paquets, d'autres durent se départir des petits qui les accompagnaient.

La misère et une résignation qui marquaient tout un peuple leur faisaient accepter l'inacceptable.

Aruni gagna son embarcation mais, jusqu'à l'ultime moment, il craignit que sous un prétexte fallacieux on le rappelât à terre. Il ne fut soulagé que lorsque la ville s'éloigna et que l'air du large le fit frissonner.

Dans son bureau, François Tourvel espérait que le contrôle à bord du *Poséidon* laisserait une nouvelle fois à désirer. Son contremaître n'avait pas son pareil pour distribuer des faveurs qui leur permettaient d'échapper aux règles en vigueur. Marchant de long en large, il avait hâte que fût levée l'ancre. Que de soucis ne se créait-il pas en transportant des indigènes dont beaucoup tombaient malades avant d'arriver à destination ! Un manque à gagner qui finissait par faire pencher la balance du mauvais côté ! Malgré le panka qui ventilait la pièce, il commençait à faire chaud.

Fatigué, il rentra chez lui pour déjeuner et faire la sieste. Depuis quelque temps, il se sentait en mauvaise santé mais les nuits consacrées aux filles et au poker en étaient sans doute la cause. Avec un sourire satisfait, il songea à l'argent que lui devait Mathieu Trigance et que celui-ci ne serait jamais en mesure de lui rembourser. Sa passion pour le jeu le poussait à courir tous les risques et François s'en servait pour le mener à sa perte. Il utilisait aussi son attirance pour le pouvoir.

« Je vais bientôt acheter un nouveau clipper pour commercer. Vous pourriez prendre une participation, avait-il proposé.

— Je n'en ai pas les moyens.

— Gagnez-les ! »

Dans ce but, Mathieu misait des sommes importantes et, au moment opportun, François n'aurait qu'à brandir devant toute la communauté créole les dettes que le dandy avait été obligé de signer en sa faveur. Celui-ci devrait alors s'en expliquer devant la justice.

Mathieu n'ignorait pas qu'il jouait avec le feu. Néanmoins, soir après soir, il espérait renflouer ses poches. Il avait connu des soucis dans son existence mais jamais autant que ces derniers mois. A croire qu'Isabelle Lebreton lui avait jeté un sort ! Non seulement la raison de sa logeuse vacillait mais elle s'acharnait contre lui en épiant le moindre de ses faits et gestes. Que cette femme tînt entre ses mains le secret de sa liaison avec Joséphine Fournel la rendait plus dangereuse qu'un adversaire dans un duel. Avec elle, il ne savait pas quand partirait le coup ! Bien entendu, il pouvait répliquer que tout n'était qu'invention mais, en s'installant, le doute le placerait dans une position périlleuse. Pour égayer ses pensées, le jeune homme s'attardait auprès des indigènes, toutefois ses préoccupations affaiblissaient ses élans sexuels. Seule une Indienne chez qui l'avait entraîné François Tourvel le sortait de sa léthargie. Elle n'était plus très jeune, pas jolie, fruste et, pourtant, après s'être juré de ne plus la revoir, il retournait dans sa paillote où, à la lueur des lampes à huile, il tentait de retrouver un semblant de vigueur. A peine un an s'était écoulé depuis son arrivée à Pondichéry et il éprouvait l'affreuse sensation d'être aspiré dans un puits sans fond. La nostalgie de Paris se faisait plus forte. Combien de fois ne fermait-il les yeux au cours de ses journées insipides afin de recréer un monde raffiné, chatoyant et joyeux ! Son père ne s'était décidément pas trompé en choisissant comme lieu de punition la côte de Coromandel !

Le retour de Juliette attisa les inimitiés. Furieux d'être considéré comme quantité négligeable, François relança Charles.

— Jamais on ne m'a traité avec autant de désinvolture.

— Montrez-vous compréhensif, Tourvel ! Juliette vient de connaître des moments difficiles auprès de son oncle. Elle est fatiguée.

— Vous lui trouvez toujours des excuses.

— Rien, mon cher, ne vous oblige à accepter notre attitude.

Face à cette dernière réplique, François se trouva à court d'arguments.

— Vous avez raison, finit-il par répondre, mais naïvement, voire stupidement, je me suis attaché à votre fille et j'ai eu la faiblesse de croire que vous m'aideriez à la conquérir.

Charles, qui détestait les conflits, aurait aimé satisfaire tout le monde : en premier lieu sa femme, dont il essuyait les incessants reproches, puis Juliette, qu'il craignait néanmoins de brusquer, et enfin Tourvel, avec lequel il ne pouvait se fâcher. Pour des raisons différentes de celles de Mathieu, lui aussi connaissait un lot important de soucis et, comme lui, gagnait du temps en espérant que le destin viendrait à son secours.

Il n'eut pas à attendre longtemps ! Une semaine après le retour de Juliette, le *Mélusine* entrait dans la rade. Rapidement, les chelingues entourèrent le clipper chargé de denrées et de passagers qui ne pensaient pas revoir aussi vite Pondichéry. La gorge serrée, Aruni se rapprochait du rivage.

Après deux jours en pleine mer, le *Poséidon* avait connu une avarie fatale. Aruni, qui pour ne plus entendre vomir ses voisins se tenait sur le pont réservé aux émigrants, vit l'équipage s'affoler. Sans comprendre ce qui se passait, il éprouva le sentiment d'être en danger. La peur lui tordait le ventre face à l'océan qui bientôt s'enfoncerait dans la nuit. Autour de lui, des cris éclatèrent. Le bateau s'était arrêté et des Indiens voulurent sortir de la cale où ils étaient cantonnés mais en furent violemment empêchés. Des femmes pleurèrent. Surgissant de sa cabine, le capitaine hurla de mettre les canots à l'eau. Selon les règles en vigueur, il y en avait trois. Aruni s'approcha alors qu'une fusée de détresse éclatait dans le ciel, suivie d'une autre. Il y eut ensuite des bruits de poulies et de chaînes. Surgis de toutes parts, des marins s'affairaient autour des embarcations de survie. Aruni se pencha au-dessus du bastingage pour regarder la houle qui frappait la coque. Comme tous les autres passagers, il ne savait pas nager ! Sans se rendre compte qu'il claquait des dents, il assistait à un événement qui lui rappelait les paroles de Kâmeshvarî. Certains navires ne parvenaient jamais à destination ! Un premier canot chargé de femmes fut descendu dans une indescriptible panique qui en fit basculer plusieurs par-dessus bord. En haut d'une passerelle, des hommes commencèrent à se battre. On alluma des lampes tandis que l'équipage vociférait des ordres. Le bateau s'enfonçait inexorablement par la poupe.

« Plus vite ! » hurlait le capitaine à des malheureuses qui, terrorisées, se cachaient le visage derrière le pan de leur pagne.

Surprenant tout le monde, une fusée balaya, au loin, l'obscurité. De tous ses yeux, Aruni scruta les ténèbres. Rêvait-il ou discernait-il des lumières ? Dans la direction opposée, il y avait d'autres lueurs. Des navires les avaient repérés et cinglaient à leur rencontre. Un deuxième canot fut descendu alors que se rapprochaient les secours. Le *Mélusine* fut le premier à parvenir sur les lieux. Tout alla ensuite très vite et Aruni se trouva à bord du clipper où les ordres du commandant étaient exécutés dans le calme et la précision. Un second bateau récupéra les femmes qui se trouvaient dans les canots. Comme le *Mélusine,* il se rendait à Pondichéry. Une couverture sur le dos et une soupe dans l'estomac, Aruni se remettait peu à peu de ses émotions en observant le clipper dont la propreté ne rendait que plus sordide le souvenir du *Poséidon.*

A sa barre, Hervé Treguen ne décolérait pas. Une nouvelle fois, Tourvel avait bravé les lois en surchargeant en hommes et en marchandises un navire dont la sécurité, par manque de réparations, laissait à désirer. Il s'en était fallu de peu que ne périssent plus de quatre cent cinquante indigènes et, à en voir certains recroquevillés sur leur épuisement physique et nerveux, il avait envie d'en découdre avec celui qu'il considérait comme un négrier. Sans compter l'argent qu'il leur avait extorqué et qui représentait toutes leurs économies.

Maintenant qu'il se savait en sécurité, ce sujet hantait Aruni. Sans doute avait-il mécontenté les dieux en cherchant à fouler un sol qui n'appartenait pas au sous-continent indien et lui avaient-ils interdit d'arriver à destination. Après avoir rêvé de quitter le Grand Etang, il en reprenait le chemin, les poches vides et son espérance d'une vie meilleure en lambeaux.

A peine débarqué, Hervé Treguen fit au commissariat maritime un rapport sans complaisance sur les événements qui s'étaient produits puis se rendit chez Tourvel qui venait d'apprendre le naufrage du *Poséidon.*

— Pourriez-vous demander à ces messieurs de sortir ? demanda-t-il dès qu'il entra dans le bureau.

— Ah, Treguen ! Je voulais justement vous remercier pour votre intervention.

Hervé demeura silencieux jusqu'à ce que les employés aient quitté la pièce puis, en frappant violemment la table de son poing, déclara :

— Ce n'est pas l'envie qui me manque de vous le mettre en pleine figure.

— Enfin, calmez-vous ! Je comprends que ces dernières heures aient été éprouvantes mais...

— Tourvel, vous n'êtes qu'un salopard ! J'ai vu sur quelle épave vous aviez embarqué ces malheureux...

— Je vous ferai remarquer que nous avions reçu toutes les autorisations.

— A quel prix !

— Non seulement vous m'insultez mais vous mettez en doute l'honnêteté de notre administration.

En même temps qu'il se défendait, Tourvel luttait contre la peur que lui inspirait le marin. Il savait que Treguen ne craignait ni de se battre ni de crier haut et fort ce qu'il avait découvert et, contrairement à d'autres, il était incorruptible.

— Un jour ou l'autre, j'aurai votre peau, Tourvel, et en attendant, croyez-moi, je ne vous épargnerai rien.

Puis, sans écouter la réponse de celui auquel il venait de déclarer la guerre, il sortit en claquant la porte.

Chez son associé, Hervé ne trouva que Mathieu Trigance.

— Nous n'avons pas vu monsieur Fournel, ce matin.

Après avoir consulté sa montre de gousset, il ajouta :

— C'est étonnant.

— Il est peut-être chez lui. Je vais tenter ma chance.

Hervé voulait en terminer avec le travail avant de retrouver Manon. Jamais il n'aurait pensé éprouver une telle impatience à la revoir. En dépit de la colère qui l'habitait, une part de lui-même était entièrement tournée vers la jeune femme. Bientôt, il respirerait son parfum, se laisserait griser par sa voix, unirait son rire au sien. Bientôt, elle serait sienne et, caressé par sa tendresse, il oublierait le reste du monde.

Après avoir longtemps navigué, Hervé éprouvait toujours le besoin de marcher, aussi se rendit-il à pied chez Charles Fournel.

— Monsieur est-il là ? demanda-t-il au dobachi. Je souhaiterais lui parler.

— Je vais appeler mademoiselle Juliette.

Quelques minutes plus tard, la jeune fille rejoignit Hervé et, après l'avoir salué, expliqua en baissant la voix :

— Mon père est enfermé dans la bibliothèque et personne ne peut l'approcher. Ma belle-mère fait une fausse couche. Le médecin est à son chevet.

— Comme ils vont être déçus !

Juliette hocha la tête.

Les douleurs avaient commencé à l'aube et un serviteur était parti en courant chercher le praticien.

— N'y a-t-il plus aucun espoir qu'elle le garde ? lui demanda Charles après qu'il eut examiné Joséphine.

— Aucun.

Plus tard, quand tout fut terminé, Charles apprit que son épouse n'était pas enceinte de trois mois comme il le pensait mais de quatre.

— Quatre... répétait-il.

— La conception remontait à la mi-janvier.

Lorsqu'il eut la permission de rejoindre Joséphine, elle dormait. La chambre exhalait une odeur d'hôpital et de renfermé.

— Je lui ai administré du laudanum. Mais, pour endiguer une éventuelle hémorragie, la sage-femme restera auprès d'elle.

Charles se laissa tomber sur une chaise. Son corps le faisait souffrir comme si on l'avait roué de coups.

— Sa vie est-elle en danger ?

— Non.

La scène qui l'avait opposé la veille au soir à Joséphine assaillait la mémoire de Charles. Une nouvelle fois, elle lui avait reproché de se montrer trop laxiste envers Juliette.

« Monsieur Tourvel va se lasser et vous aurez votre fille sur les bras. »

Le ton avait monté. La jeune femme s'était mise à crier puis à jeter à travers la pièce tous les objets disposés sur sa coiffeuse.

« Que se passe-t-il ? Vous devenez folle. »

Pendant qu'elle vitupérait contre lui, Joséphine marchait de long en large à travers son boudoir et l'une de ses mules tourna sous son pied, ce qui la fit tomber, avec toutes les conséquences que cette chute entraîna.

Depuis, Charles se sentait responsable du malheur qui était advenu. Joséphine n'aurait plus d'enfant, le médecin s'était montré formel. Dans le secret de la bibliothèque, il s'abandonnait au remords et, jusqu'à ce qu'elle sortît de sa torpeur, n'adressa la parole à personne, encore moins à sa fille qui, malgré elle, avait engendré le conflit.

Dès qu'il en eut la permission, il monta chez sa femme.

— Mon ange, il faut vous reposer, lui dit-il en couvrant sa main de baisers.

— Ne pensez-vous pas que ce discours est périmé ? Je ne suis plus enceinte, que je sache !

La phrase avait été prononcée sur un ton de rancune et de rancœur qui ne fit qu'augmenter le malaise de Charles.

— Je suis désolé, murmura-t-il.

— Pas autant que moi !

— Comment adoucir votre peine ?

— En me laissant seule.

Charles voulut déposer un baiser sur la tempe de Joséphine mais elle détourna la tête.

Dès qu'il eut quitté la pièce, elle repoussa le drap qui

lui tenait trop chaud. Son ventre était douloureux mais ce n'était rien en comparaison de l'humiliation qu'elle ressentait. Jamais elle ne donnerait d'héritier à Charles qui portait l'entière responsabilité de cette situation en l'ayant poussée à bout. Tout cela dans le but de défendre Juliette ! L'évocation de sa rivale accéléra son pouls. Que pouvait-elle contre une jeune fille de dix-huit ans, belle, intelligente et convoitée par tous les célibataires de la colonie ? Qu'il s'agisse de Tourvel, Trigance ou d'autres encore, ils l'avaient placée sur un piédestal.

Exaspérée par le grincement du panka qui ventilait la chambre, Joséphine appela une aya.

— Dis-lui d'arrêter. Ce bruit me donne la migraine.

— Oui. Mais tout à l'heure vous trouviez que l'air manquait.

— As-tu fini de discuter ! Tu es là pour obéir aux ordres que je te donne. Alors, fais ce que je te dis et, ensuite, prends un éventail. Tu l'agiteras autour de moi... ce sera plus silencieux.

31

Hervé put enfin rentrer chez lui. Ses malles l'avaient précédé et son domestique en sortait les effets qu'il rangeait sur les planches d'une armoire recouvertes d'insectes morts qu'il repoussait avec nonchalance. Non sans un certain étonnement, il découvrit au milieu des vêtements du navigateur des châles et des soieries.

— N'y touche pas, ordonna Hervé en lui ôtant des mains les cadeaux qu'il destinait à Manon.

Après s'être reposé une partie de l'après-midi, il se prépara comme un tout jeune homme qui se rendait à son premier rendez-vous amoureux. Une fièvre inconnue l'envahissait et lui insufflait l'envie de chantonner mais ce fut en sifflotant qu'il parcourut le chemin le menant vers sa maîtresse.

— Je vous attendais, lui dit-elle en se jetant dans ses bras.

— Ma douce, mon amour, le temps m'a paru désespérément long !

— Et à moi ! Si vous saviez !

L'entraînant à l'étage, elle se blottit contre lui puis se dégagea de son étreinte afin de le regarder. Ses yeux s'attardèrent sur le visage qui avait hanté sa mémoire. Sans se lasser, elle détaillait les épais sourcils qui abritaient des yeux dont le bleu pouvait à d'autres paraître glacial, le nez aux ailes fortement marquées, la bouche habituée à commander.

— Vous avez rajeuni, constata-t-elle avec un sourire qui ôta à Hervé toute retenue.

Dans le boudoir qui avait entendu leurs premières confidences, abrité leurs premiers enlacements, il dénoua un ruban de sa robe, un autre encore. Une épaule surgit d'un nuage de dentelle puis un sein dont il approcha ses lèvres. Manon sentit son corset s'ouvrir et elle creusa les reins pour aider son amant à la libérer des ultimes étoffes. Debout face à lui, elle s'offrait à son désir et lorsque à son tour il s'approcha, elle répondit avec la même hâte, la même ardeur, à la fougue qui l'animait.

— J'ai demandé un congé, lui apprit-il plus tard. Trois grandes semaines.

— Trois grandes semaines pour nous deux ?

— Et j'ai pensé que nous pourrions aller à la montagne : dans les Nilgiris. Il y fait frais et nous y serions tranquilles.

Il évoqua Ooty, une station de villégiature prisée des Anglais qui vivaient à Madras.

— Personne ne nous y connaîtra. Nous n'aurons aucune obligation.

— Le paradis, soupira Manon.

Jamais elle ne s'était préparée avec autant de hâte et de ferveur pour un voyage. Robes, chapeaux, bottines, éventails ou gants, tous et toutes furent choisis dans le but de satisfaire son amant. Ce périple leur appartenait, aussi avait-elle décidé d'oublier temporairement les choix à faire, les décisions à prendre. Laissant derrière elle son passé et son identité, elle ne serait plus que la favorite d'Hervé Treguen qui, pour brouiller les pistes, avait déclaré à son entourage se rendre à Bombay.

Les chemins étant difficiles, quatre jours leur furent nécessaires pour atteindre Ooty. A mesure que la chaise à porteurs où elle s'était installée gravissait la dernière partie du parcours, Manon prenait conscience d'avoir vécu depuis un an dans un climat particulièrement malsain. Respirer l'air pur des cimes s'apparentait à une régénérescence.

— On se croirait dans un conte de fées, s'étonnat-elle lorsqu'ils arrivèrent devant le bungalow qui leur était réservé.

Pour en franchir le seuil, Hervé la souleva dans ses bras et elle fut émue par ce symbole. Le vestibule sentait bon le pin et, dans le salon aux sièges recouverts de cretonne fleurie, des bow-windows ouvraient sur les montagnes.

— Etes-vous contente ? demanda Hervé qui, luimême, se laissait envahir par la poésie du lieu.

Enveloppés de silence, ils restèrent longtemps à contempler un panorama que rien n'altérait. Ni l'un ni l'autre n'éprouvaient le besoin de parler. Qu'auraient-ils pu se dire qu'ils ne savaient ! Concentrés sur ces moments privilégiés, ils laissaient leurs âmes s'apprivoiser. Pour la première fois, ils allaient vivre, jour et nuit, côte à côte, et partager la même maison. A l'étage les attendait leur chambre dont le balcon disparaissait sous les géraniums et les roses trémières. Rien dans le décor n'était susceptible de rappeler qu'ils se trouvaient en Asie. Comme dans le reste du pays, les Anglais avaient instauré leurs coutumes et, autour de l'église Saint Stephen, la bourgade ressemblait aux jolis villages du Kent ou du Devon : élégants cottages à colombages, toits à pans coupés, jardinets exubérants, boutiques regorgeant de produits fabriqués au Royaume-Uni, les sujets de Sa Majesté la reine Victoria n'étaient pas dépaysés quand ils venaient y oublier les vents de terre qui accompagnaient la canicule dans la péninsule du Deccan.

Le territoire où fut fondé Ooty, diminutif de Ootacamund, avait été annexé à la Couronne par la East India Company quand ses troupes eurent vaincu, en 1799 à Seringapatnam, celles du Sultan Tiju qui régnait sur Mysore. Convaincu que, grâce à son climat, la région rendrait la santé aux colons fatigués, un certain John Sullivan décida d'y créer un lieu de villégiature et, en 1823, construisit la première maison. Ses compatriotes se laissèrent peu à peu prendre par le charme d'Ooty qui s'embellit suffisamment pour séduire le gouverneur de Madras Stephen Lustington. La station était lancée ! On y planta des eucalyptus mais aussi des théiers et des caféiers.

En fin d'après-midi, Hervé et Manon se promenèrent à travers des rues où ils n'entendirent parler que l'anglais. Ils s'arrêtèrent devant un kiosque à musique où une fanfare jouait pour un auditoire qui, autour de guéridons en fer forgé, se gavait de pâtisseries. Avec un certain amusement, Manon observait Hervé que ce genre de distractions ne devait guère intéresser. Elle l'imaginait davantage dans l'obscurité d'un bar en train de boire de la bière ou du whisky. Les efforts qu'il accomplissait pour s'adapter à l'univers dans lequel elle évoluait l'émouvaient et elle le lui avoua, le soir même, alors qu'ils se réchauffaient devant un feu.

— A quinze ans, je rêvais comme toutes les jeunes filles du prince charmant et j'imaginais des scènes semblables à celle que nous vivons en ce moment. Plus tard, je me suis mariée et rien dans cette union n'a correspondu à ce que j'attendais.

Les mots qu'elle prononçait allaient droit au cœur

d'Hervé qu'émerveillait la plénitude de leur entente. Aucune femme ne lui avait jusque-là procuré semblable bonheur. Auprès de Manon, il se sentait désiré, deviné, compris, et il découvrait la douceur de protéger et de donner.

— Je lisais de nombreux romans dont j'enviais les héroïnes... même si l'histoire se terminait mal, poursuivait la jeune femme.

Elle recula légèrement la tête pour observer son amant.

— Vous devez me trouver ridicule !
— Ridicule ? Pourquoi ?
— Les hommes ont peu d'attirance pour le romanesque.
— Sans doute s'en défendent-ils.
— Avez-vous souvent été amoureux ?
— Une ou deux fois, et jamais comme en ce moment.
— Et votre femme ? murmura-t-elle.
— Françoise ! J'ai cru pouvoir l'aimer mais nous étions trop différents et, au lieu de nous rapprocher, nos enfants nous ont davantage désunis. Dès leur naissance, elle ne s'est plus intéressée qu'à eux.

Le silence s'étira avant qu'Hervé n'ajoutât :
— Comment lui en vouloir ! J'étais tout le temps en mer.
— Vous parlez d'elle comme si elle était sortie de votre vie.
— Elle en est sortie. Tout est irrémédiablement terminé entre nous.

« Depuis que je vous connais », se retint-il de prononcer, même si ces paroles reflétaient la vérité. En effet, Manon avait fait de lui un homme différent qui n'avait plus besoin d'enjoliver son passé pour trouver une signification à son existence. Le présent le satisfaisait avec ce qu'il contenait de découverte et d'espérance.

Du côté de Pondichéry

Quand le feu se fut consumé, ils montèrent dans leur chambre où les attendait un grand lit en acajou. A la lueur des lampes, Manon vit briller ses brosses en argent et miroiter le cristal des flacons contenant des eaux de toilette. A ses objets personnels se mêlaient ceux de son amant et cette image lui plaisait. Elle s'approcha du miroir qui lui renvoya le reflet d'une femme au regard ardent. Hervé s'était approché et ôtait les épingles qui retenaient son lourd chignon. Ses cheveux coulèrent sur ses épaules et il y enfouit son visage. Puis ses mains écartèrent les boucles blondes et sa bouche se posa sur la veine qui battait à son cou.

— Tu es belle.

Pour mieux se blottir contre lui, Manon se haussa sur la pointe des pieds.

— Je ne peux plus attendre, chuchota-t-elle.

Sourd à sa supplique, il continuait d'annexer chaque pouce de sa chair en renouvelant les caresses qui la faisaient frissonner. Ce fut elle qui l'entraîna vers la couche qui pendant trop peu de nuits serait leur refuge. Anticipant les souhaits de son amant, elle trouva les paroles et les gestes qui échauffèrent son sang. Sous ses baisers, elle voulait qu'il oublie ses anciennes conquêtes et, dans cet espoir, perdit toute identité pour devenir mille et une femmes. Un feu embrasait son ventre qui sous ses doigts s'ouvrait. Bientôt il fut sur elle, en elle, et, dans un long frémissement, elle s'unit à lui.

Ooty offrait des promenades le long de son lac ou à travers des forêts. Hervé et Manon, qui ne recherchaient aucune compagnie, partaient en fin de matinée et, dans un panier, emportaient une collation qu'ils dégustaient au creux d'un vallon ou au bord d'un torrent. De leurs marches, ils rapportaient une mine resplendissante.

— Personne ne croira que je suis allé à Bombay, s'amusait Hervé.

Etait-ce d'être loin de Pondichéry, Manon se moquait des commérages que pourrait provoquer leur fugue. Mieux... elle était prête à les braver ! Depuis le début de sa relation avec Hervé, sa réputation la laissait indifférente. Quant à son mariage, si elle n'avait eu son fils Eugène, elle aurait douté de son existence.

Les journées et les nuits s'écoulèrent trop vite et, une fin d'après-midi, ils durent évoquer leur retour. Du promontoire où ils s'étaient assis, ils avaient une vue étendue sur les eucalyptus qui occupaient un versant avoisinant. Une fleur sauvage à la bouche, Manon suivait le vol d'un oiseau qui planait au-dessus de sa proie. A ses côtés, Hervé se laissait bercer par le chuchotement d'une source. Le soleil entamait sa déclinaison et les cimes bleuissaient.

— Je n'imaginais pas qu'une telle communion pût exister, murmura la jeune femme.

— Moi non plus, et je bénis la chance qui nous a permis de nous rencontrer. Tant de gens demeurent ignorants de l'amour.

— Oubliez-vous que j'en faisais partie, s'exclama Manon avant d'ajouter sur un ton plus grave : Et maintenant, j'éprouve l'étrange sensation de vous avoir toujours connu, ou plutôt de n'avoir connu que vous.

Ces paroles reflétaient les pensées du navigateur qui, lui aussi, découvrait la passion.

— J'aurais tant voulu croiser votre chemin lorsque j'étais plus jeune, poursuivait sa maîtresse.

— Plus jeune, s'amusa-t-il.

— Et libre... libre de vous aimer en pleine lumière !

— Ne nous faisons pas souffrir...

— Dans moins d'une semaine, nous aurons regagné Pondichéry. Sans tarder, vous reprendrez la mer et...

— Vous préparerez votre retour en France. C'est

cela que vous êtes en train de m'annoncer, n'est-ce pas ?
— Existe-t-il une autre solution ?
En même temps qu'elle prononçait ces mots, elle lut dans le regard de son amant une infinie tristesse.
— Ni vous ni moi ne pouvons renier nos précédents engagements, murmura-t-elle. Nous avons chacun une famille.
— Je savais qu'un jour ou l'autre vous m'inciteriez à renoncer, l'interrompit Hervé, mais le pire reste que je n'ai rien à rétorquer. Que pourrais-je vous proposer ? De nous enfuir vers des contrées où nul ne nous retrouverait ?
— Des contrées où vous ne vous attarderiez pas car, très vite, la mer vous manquerait.
Le silence d'Hervé s'apparentait à un aveu. Parcourir les océans, entendre les voiles claquer sous les assauts du vent, écouter les cris des oiseaux marins lui était aussi indispensable que de respirer. Mais devait-il sacrifier les sentiments que lui inspirait Manon pour perpétuer ses rêves d'espace et de liberté ?
— La mer vous manquerait, répéta-t-elle et, moi, je ne me pardonnerais pas d'avoir abandonné mon fils. Tôt ou tard, nous nous ferions des reproches.
Hervé avait noué ses doigts aux siens et, à cet instant même, elle sut que cette image demeurerait gravée dans sa mémoire. Lorsque la douleur de leur séparation lui serait insupportable, elle chercherait une consolation dans ses souvenirs. Le soleil venait de glisser derrière les montagnes et la fraîcheur la fit frissonner. Elle se rapprocha un peu plus d'Hervé qui ajusta sur ses épaules le châle de cachemire qu'il lui avait offert.
— J'ai souvent réfléchi à notre avenir, dit-il, et remué toutes les solutions qui me permettraient de ne pas vous quitter. Rentrer en métropole m'a même traversé l'esprit.

— Vous y seriez accueilli par votre épouse !

De toutes parts surgissaient les obstacles, et Manon voyait en ceux-ci une mise en garde du destin. L'amour dans sa fulgurance leur avait été donné mais par le renoncement ils devraient en payer le prix fort. Face à tant de splendeur et de cruauté, sa gorge se serra.

— Quoi qu'il advienne, murmura-t-elle, vous habiterez mon âme. Rien d'important ne se déroulera dans mon existence sans que vous n'y participiez.

— Je souhaiterais vous croire mais immanquablement viendra le moment où vous m'oublierez. Je suis déjà jaloux de tous ceux qui vous approcheront.

Il n'ajouta pas que cette idée l'avait torturé les nuits où, ne trouvant pas le sommeil, il écoutait le souffle léger de sa maîtresse en se remémorant leur première rencontre dans la rue des Capucins puis le déjeuner de Noël chez Auguste Fournel. Aurait-il, un instant, imaginé qu'un homme comme lui, d'origine paysanne, bourru et peu porté vers les mondanités fût capable d'inspirer des sentiments à cette femme exquise et raffinée ? Et maintenant il tremblait à l'idée qu'on la lui volât ! S'il avait suivi son impulsion, il l'aurait emmenée vers une retraite secrète où il l'aurait adorée mais, c'était sans doute cela l'amour, il ne s'arrogeait pas le droit de la faire souffrir en l'arrachant aux siens.

— Aucune femme ne m'a ému comme vous. Je suis si différent depuis que nous nous aimons. Sous votre influence, j'ai appris à mieux regarder le monde, à mieux écouter.

A leurs pieds, au creux du vallon, Ooty s'était parée de lumière. Dans les cottages, on se préparait à souper. A leur retour de promenade, Hervé et Manon trouveraient une table dressée. Ils boiraient du vin de Champagne et se raconteraient ce qu'ils ne s'étaient pas encore confiés. L'espace d'une soirée, ils caresseraient l'illusion de former un couple qu'abritait la maison qu'ils s'étaient choisie. Elle aurait revêtu une robe couleur de flamme et lui offrirait un paquet enrubanné de vert qui enfermerait un cahier dont la couverture serait ornée de leurs initiales entrelacées.

— Notre journal, dirait-elle tandis qu'il parcourrait du regard le récit de leur escapade à Ooty.

Et, penchée au-dessus de son épaule, elle l'aiderait à déchiffrer les mots tracés à l'encre bleue sur ces feuilles qui relataient une partie de l'histoire dont ils ne connaissaient pas encore la fin.

32

Ecrasée par la chaleur, Pondichéry vivait au ralenti lorsque Manon et Hervé en traversèrent les faubourgs. Pour ne pas aiguiser les curiosités, ils avaient décidé de se séparer après leur dernière étape, la jeune femme poursuivant son chemin en attelage, son amant à cheval. La robe maculée de poussière, le corps et le visage en sueur, la respiration coupée par l'étau du corset, Manon, à peine franchi le seuil de sa maison, se laissa tomber dans un fauteuil du vestibule puis but à grands traits le verre de citron pressé que lui avait présenté son serviteur. Plus tard, tandis que l'on défaisait ses bagages, elle se plongea dans le tub empli d'eau tiède et, à grands renforts de savon, se débarrassa de la saleté du voyage. A mesure qu'elle renouait avec ses habitudes, la nostalgie l'envahissait. L'heure était venue d'affronter les choix et lorsqu'elle trouva un pli du notaire réitérant la proposition des acheteurs qu'elle avait repoussée en prétextant qu'elle ne voulait pas libérer sa demeure avant le mois de février, elle sut qu'elle ne pourrait plus se dérober. D'autant que dans une longue missive son époux lui demandait de rentrer en France. « *Eugène trouve le temps long loin de vous et moi aussi.* » Avec l'affreuse sensation de se couper les ailes, elle se rendit le lendemain à l'étude notariale et signa une promesse de vente où il fut stipulé qu'elle resterait chez elle jusqu'à la fin de janvier. Les dés étant jetés, il ne lui restait plus qu'à vivre intensément les mois qui précéderaient son embarquement pour l'Europe. Hervé devant reprendre la mer trois jours plus tard, elle n'eut pas le cœur de lui annoncer sa décision. Il reviendrait de Yokohama entre les deux moussons, ce qui allait les empêcher de se voir pendant de longues semaines.

— J'ai toujours aimé me rendre au Japon, lui confia-t-il, mais aujourd'hui je céderais sans hésiter ma place.

— Dès que vous serez à bord, vous changerez d'avis !

— Comme vous me connaissez bien, s'amusa-t-il.

Après son départ, les journées perdirent toute couleur pour Manon. Epuisée par la canicule, elle ne trouvait même plus la force d'écrire des poèmes. Semblable aux plantes et aux fleurs, son cerveau s'asséchait. Sous la moustiquaire qui la protégeait des insectes amenés par les vents de terre, elle se laissait gagner par la léthargie propre aux créoles et ne savait plus que compter les jours qui la séparaient de l'absent.

A l'autre extrémité de la rue des Capucins, Joséphine ne quittait pas, elle non plus, ses appartements. Sous l'empire de l'opium, elle tentait d'oublier une existence qui lui était devenue insupportable. Elle aurait voulu fermer sa porte à Charles mais les sous-entendus que lui avait chuchotés François Tourvel l'obligeaient à jouer les épouses empressées. Par le biais de quelles confidences son ancien amant était-il au courant de sa liaison avec Mathieu Trigance ? L'avait-il fait suivre ? Il en était capable ! Tout comme de faire circuler ce genre de commérages. Pour l'empêcher de répandre son fiel il fallait à tout prix que sa demande en mariage fût agréée par Juliette, mais celle-ci était murée dans son refus. Depuis qu'elle avait soigné son oncle, la jeune fille semblait dotée d'une force inébranlable qui tenait ses proches en respect, y compris son père. Que s'était-il produit à Ariancoupam qui lui donnât un tel aplomb ? Auguste Fournel avait-il instillé des idées révolutionnaires dans sa cervelle déjà échauffée ? Joséphine avait tenté d'alerter Charles mais celui-ci ne songeait qu'à ses affaires. Le *Mélusine* avait appareillé pour le Japon, chargé de marchandises. Deux autres navires se dirigeaient l'un vers l'Egypte, l'autre vers le Sénégal. Néanmoins, le commerce continuait de décliner et, lorsque le mois de juillet arriva, accompagné par une succession d'orages secs qui rendaient fous de nervosité humains et animaux, il commença de craindre pour les cultures, en particulier celle du riz. Pas une goutte de pluie ne tombait sur la campagne désolée où tous les points d'eau s'asséchaient. Chez les indigènes, on subissait cette malédiction en courbant le dos et en invoquant les dieux. Les puits dans les villages commençaient de se tarir et, plus vulnérables que les autres, les vieillards et les enfants se déshydrataient. Impuissantes, des mères tentaient d'allaiter leurs bébés autour desquels s'acharnaient les mouches, mais beaucoup mouraient.

Aruni, qui avait repris son travail de jardinier au Grand Etang, subissait comme les autres les caprices du ciel. Dans le bout de terre qui leur était alloué, sa femme Avara regardait se flétrir les légumes qu'elle avait plantés. Elle était à nouveau grosse de deux mois et priait pour que le bébé à venir ne fût pas encore une fille. Rien ne pouvait leur arriver de pire que cette nouvelle gestation, s'était dit Aruni qui, laissant derrière lui des pelouses brûlées et des fleurs étiolées, regagnait le quartier des serviteurs pour une sieste entrecoupée de cauchemars.

Du côté de Pondichéry

Louis Tempête partageait les craintes de tout un chacun. En dépit du labyrinthe de canaux qui traversait la région de Villenour, celle-ci risquait de se transformer en désert si la seconde mousson n'emplissait pas le Grand Etang et les tanks. En traversant les villages aux pauvres huttes recouvertes de palmes, il prenait conscience des dégâts qu'engendrerait la situation. Jusqu'à ce séjour aux Indes, il n'avait jamais appréhendé la toute-puissance des éléments. Ici, les populations subissaient la fournaise, les déluges, des tempêtes et même des cyclones. Beaucoup mouraient mais rien n'arrêtait l'élan de vie ou plutôt de survie qui, dès la fin du cataclysme, s'emparait des rescapés. Dans les champs, malgré la chaleur qui faisait presque grésiller ce qui restait de végétation, il apercevait des hommes et des femmes en train de creuser de petites digues afin d'irriguer leurs minuscules potagers si, par miracle, les nuages venaient à crever. En revanche, dans les rizières, le calme régnait, et cette image, qui symbolisait un triste avenir, serrait le cœur du jeune ingénieur.

— Je ne parviens pas à accepter que notre travail ne les arrache pas à cette misère, avoua-t-il à Auguste Fournel. Nous avons tant cherché à ce que personne ne soit privé d'eau !

D'autres étaient loin de partager cette opinion. François Tourvel, qui avait connu de précédentes sécheresses, veillait à ce que fussent cachées les réserves de riz qu'il possédait. La terre n'ayant pas été arrosée, les plants n'avaient pu être repiqués dans les rizières, ce qui signifiait une prochaine famine. Il serait alors temps de vendre à des prix très élevés la précieuse manne. Après avoir depuis son plus jeune âge méprisé et détesté les Indiens, il n'allait pas se lamenter sur leur sort ! Seul comptait l'accroissement de ses gains et, avec la perte du *Poséidon*, il avait un trou dans ses finances à combler. Non sans exaspération, il songeait à Hervé Treguen qui avait demandé au Commissariat Maritime d'exiger auprès de la compagnie Tourvel que les passagers qui avaient subi le naufrage et viendraient réclamer des indemnités fussent remboursés. Non seulement ce type était fou mais il s'avérait dangereux ! N'était-ce pas cette catégorie d'individus et leur volonté de protéger les indigènes qui fomentaient les rébellions ?

— Il ne faut rien passer aux Tamouls, disait François à Mathieu Trigance dont la maigreur et le teint jaune révélaient une santé chancelante.

Que restait-il du dandy chez cet homme au regard éteint ? Couvert de dettes, mal portant, il n'aspirait plus qu'à embarquer pour la France. Dans de successives missives adressées à son père, il suppliait celui-ci de l'arracher aux enfers, et ce dernier mot lui semblait encore trop faible lorsqu'il songeait à l'atmosphère délétère dans laquelle il était contraint d'évoluer.

Le coup fatal lui fut porté à la fin du mois d'août par Isabelle Lebreton. Malgré de fréquentes crises de délire, elle conservait une part de lucidité qui ôtait à son mari l'envie de la faire interner. Depuis que Joséphine Fournel avait fait une fausse couche, elle avait ôté le coussin qui épaississait sa taille. On la voyait aux nombreux offices célébrés à Notre-Dame-des-Anges. Agenouillée sur un prie-Dieu, elle égrenait des chapelets. Comme partout, la chaleur était accablante dans l'église et entraînait des évanouissements chez les fidèles. Lors d'une messe dominicale, Joséphine fut, à son tour, victime d'un malaise. Tandis que le prêtre continuait son prêche du haut de sa chaire, Charles dut allonger sa femme au pied d'un pilier puis sortir de son petit sac un flacon de sels qu'il lui fit respirer. A quelques pas, Isabelle suivait la scène. Voir sa rivale à terre provoqua une décharge dans son cerveau. Oubliant ses dévotions, elle se glissa auprès du couple Fournel.

— Il faudrait desserrer son corset, conseilla-t-elle à Charles.

— Pas dans une église, rétorqua-t-il.

— Oh, vous savez, ce sont les péchés qui comptent aux yeux de Dieu... et, dans ce cas, votre épouse ne devrait plus communier comme je l'ai vue faire ces derniers temps.

— De quoi vous mêlez-vous ?

— Chut, leur intimèrent plusieurs personnes que dérangeait leur conciliabule.

— Madame Fournel est une dissimulatrice doublée d'une menteuse, poursuivit Isabelle sur un ton exalté.

— Je ne vous permets pas, l'interrompit Charles en cessant d'éventer Joséphine.

— Demandez-lui donc ce qu'elle faisait pendant que vous étiez à Yanaon en janvier dernier. Oui, demandez-lui avec qui elle prenait du bon temps. Quelqu'un que vous voyez tous les jours et que j'ai la malchance d'héberger.

— Je n'en entendrai pas davantage, déclara Charles dont le visage, sous l'empire de la colère, s'était empourpré.

Conscient que l'on écoutait leur conversation, il emporta Joséphine vers l'extérieur où, hélas, le soleil dardait ses rayons meurtriers. Après l'avoir déposée à côté d'un buisson aux feuilles calcinées, il donna des tapes sur ses joues afin qu'elle retrouvât sa conscience. A leurs côtés, une ombre se détacha sur ce qui avait été une pelouse. Abritée sous son ombrelle, Isabelle, qui les avait suivis, contemplait la scène avec un regard méchant.

— Ce cher monsieur Trigance, siffla-t-elle, a bien failli laisser une trace indélébile au cœur de votre illustre famille. N'avez-vous jamais pensé qu'il était le père de l'enfant que vous attendiez comme le messie ?

— Taisez-vous ! hurla Charles.

Abandonnant Joséphine, il s'était levé pour se ruer sur madame Lebreton dont il saisit avec violence le bras.

— Taisez-vous, vieille folle, ou je vous fais enfermer.

— Essayez et vous verrez, lui jeta-t-elle au visage.

Alertés par leurs cris, des passants s'étaient approchés. Pour ne pas se donner plus longtemps en spectacle, Charles relâcha Isabelle qui, après avoir ramassé son ombrelle, s'éloigna en se plaignant du mauvais traitement qu'il venait de lui infliger. Joséphine, qui avait fini par recouvrer ses esprits, demanda à son mari les causes de ce pugilat.

— Il faut que Gabriel Lebreton prenne une décision. Cette femme est devenue un véritable fléau.

— Que vous a-t-elle dit qui vous ait mis dans cet état ?

— Rien ! Vous sentez-vous mieux ?

— A peine.

— Je vais appeler le cocher pour qu'il nous ramène à la maison.

Tel un poison, le mal s'était insinué dans les pensées de Charles. Les paroles du médecin l'avertissant que la grossesse de Joséphine remontait au milieu du mois de janvier assaillaient sa mémoire. S'y ajoutait l'attitude parfois lointaine de son épouse. Au cours d'une première nuit sans sommeil où, pour étancher sa soif, il but quantité d'une eau tiédie, il se laissa envahir par des doutes qui lui donnèrent presque de la fièvre.

Le lendemain matin, dans les entrepôts, il observa avec suspicion Mathieu Trigance qui, depuis quelques mois, semblait fort préoccupé. Sans mâcher ses mots, il lui fit des remontrances qui lui permirent d'évacuer une partie de son ressentiment.

— On m'a une nouvelle fois signalé vos retards. Quant à vos listes concernant l'envoi des marchandises à expédier, elles ne sont jamais exemptes d'erreurs.

— Il y a toujours des changements au dernier moment, se défendit Mathieu.

— Et alors ! Vos prédécesseurs savaient se montrer précis !

— Pour être sincère, je ne crois pas être fait pour ce genre d'ouvrage.

— Que m'importe ! Votre père vous a envoyé aux Indes pour que vous vous achetiez une conduite. Malheureusement, un an s'est écoulé sans qu'aucune amélioration ne soit décelable.

Sous la critique, Mathieu blêmit.

— Croyez-vous que j'ignore vos dettes de jeu, en particulier celles que vous avez contractées auprès de Tourvel ? poursuivit Charles.

— Si mon attitude et mes services ne vous satisfont pas, renvoyez-moi en France.

— Auriez-vous la naïveté d'imaginer que j'ai envie de vous contenter ?

Surpris par le ton vindicatif de son employeur, Mathieu l'observa. Charles Fournel, d'habitude courtois, lui apparut comme un ennemi. Il lui faisait presque peur avec son regard glacial.

— Laissez-moi maintenant, lui ordonna celui-ci comme s'il avait congédié un domestique.

Charles repoussait l'interrogatoire qu'il aurait dû infliger à Joséphine. Il craignait autant les mensonges qu'elle saurait opposer à ses soupçons que ses aveux. S'était-il montré naïf ou présomptueux en croyant qu'elle l'aimait ? D'insupportables images se succédaient à un rythme accéléré dans son esprit. Joséphine et Mathieu enlacés et se félicitant de son absence, Joséphine réitérant pour son amant les caresses qu'elle lui prodiguait depuis le début de leur mariage...

Une enveloppe déposée par un boy le poussa néanmoins à sortir de sa réserve. Sans joindre la moindre missive personnelle, madame Lebreton, il ne pouvait s'agir que d'elle, lui adressait deux messages fort brefs que Joséphine avait envoyés à Mathieu, signés de la seule lettre J. Elle les avait subtilisés avant que son pensionnaire ne se rendît compte qu'elle fouillait dans ses affaires. Il ne s'agissait pas d'un courrier amoureux mais de dates et horaires concernant des rendez-vous pendant qu'il était à Yanaon. Charles était anéanti. Il monta dans la chambre de Joséphine, qu'il trouva, selon son habitude, allongée.

— Sors, ordonna-t-il à l'aya qui l'éventait.

Dès qu'ils furent seuls, Charles tendit à sa femme les billets où elle reconnut son écriture.

— Je ne quitterai pas cette pièce tant que vous ne m'aurez pas fourni des explications, lança-t-il à Joséphine qui, appuyée sur un coude, déchiffrait les feuillets.

— Voyons... que je me souvienne, disait-elle. Mais pourquoi me regardez-vous comme si j'étais une criminelle ?

En quelques phrases, il la mit au courant des commérages dont elle était le principal sujet.

— Enfin, Charles, s'exclama-t-elle en même temps qu'elle se levait pour le rejoindre, comment pouvez-vous me soupçonner de vous trahir, moi qui vous aime plus que tout au monde ? Cette femme est une démente. Quant à ces malheureuses missives, je les ai en effet envoyées à monsieur Trigance que j'avoue avoir rencontré pendant votre absence.

— Dans quel but ?

— Je lui ai demandé de ne pas jouer avec les sentiments de Juliette, en particulier au cours du bal qui allait célébrer son anniversaire. Monsieur Tourvel souhaitant l'épouser, il me semblait important de ne pas la laisser s'amouracher d'un garçon qui ne lui apporterait rien.

Charles, qui se serait rattrapé à tout ce qui aurait pu le rassurer, sondait du regard Joséphine, qui ne cilla pas. Entourant son cou de ses bras nus, se haussant sur la pointe des pieds, elle s'était lovée contre lui pour murmurer :

— Tant de gens jalousent le couple que nous formons. S'ils savaient combien je suis malheureuse de ne pas vous avoir rendu père, ils seraient certainement ravis...

— Justement, cet enfant que vous avez perdu... Jurez-moi qu'il était bien le mien, jurez-le-moi.

— Vous rendez-vous compte, Charles, que vos propos sont infamants, outrageants ! s'exclama Joséphine en s'écartant pour le toiser.

— Excusez-moi, ma chérie, mais toutes ces histoires m'ont tourné la tête. Je ne sais plus où j'en suis.

— Vous feriez mieux de vous occuper davantage de moi. Vous m'avez trop délaissée ces derniers temps.

A travers la fine chemise, il sentait ses seins se durcir et, dans ses yeux, il lut le désir qu'elle avait de lui. Certain qu'elle ne pourrait jouer cette comédie si elle l'avait trompé, il laissa ses doigts glisser le long des courbes pleines, malmena des tissus. Sa peau rougie par la chaleur sentait la tubéreuse. Sans se dévêtir, il la prit avec violence et, lorsqu'il l'entendit crier sa jouissance, il balaya ses ultimes soupçons.

33

Joséphine avait eu peur, très peur. Elle tremblait encore en se remémorant la scène que lui avait imposée Charles. Où avait-elle puisé le sang-froid qui lui avait permis de tourner la situation à son avantage ? Furieuse contre Mathieu et son imprudence, mais dans l'incapacité de le prévenir sans prendre de nouveaux risques, elle dut attendre de souper chez le gouverneur pour l'informer des événements.

— Voilà qui m'éclaire sur l'attitude de votre mari, chuchota-t-il.

— Sous aucun prétexte vous ne devez chercher à m'approcher, poursuivit-elle avant de se diriger vers d'autres invités.

Selon son habitude, Mathieu but beaucoup d'alcool et il était passablement ivre lorsqu'il rentra à son domicile. Allongé sous la véranda, Ravi, le serviteur, qui avait abusé du calou[1], ne l'entendit pas. Dans le vestibule brûlait une lampe autour de laquelle volaient quantité d'insectes. D'une démarche hésitante, Mathieu gravit les escaliers puis s'engagea dans le corridor quand une porte s'entrebâilla. Isabelle Lebreton

---

1. Jus extrait des spathes du cocotier.

était à nouveau en train de l'épier ! La fureur l'envahit. Il refusa de passer son chemin et, avec brutalité, pénétra dans le boudoir où, sur des étagères, elle avait déposé crucifix, statues de la Vierge et divinités hindouistes.

— C'est la dernière fois que vous m'espionnez, lui lança-t-il alors qu'elle le fixait avec un sourire mauvais. Demain, je plie bagage.

— Il n'en est pas question !

— Vous n'avez pas tenu vos promesses. Pourquoi tiendrais-je les miennes ?

— Tenu mes promesses ! Avec un dépravé comme vous !

— Ne vous étiez-vous pas engagée à vous taire si je demeurais chez vous ?

— J'ai changé d'avis.

— Vous n'êtes qu'une horrible sorcière et il ne vous manque qu'un manche à balai pour vous envoler vers les enfers.

— Nous nous y retrouverons un jour ou l'autre.

La saisissant par les épaules, il la poussa vers un miroir.

— Vous êtes-vous seulement regardée ?

Les cheveux gras, le visage luisant de sueur, les yeux rougis par le manque de sommeil, madame Lebreton ne pouvait que provoquer le dégoût. Sur sa chemise de nuit rendue grise par de successifs lavages, elle avait enfilé une robe de chambre élimée.

— Comment avez-vous osé salir la réputation d'une femme qui possède des qualités que vous êtes à mille lieues de soupçonner ?

— Laissez-moi rire ! Elle ne vit que dans le but de séduire les hommes.

— C'est pourtant ce que vous rêveriez de faire si vous ne ressembliez pas à un épouvantail.

Sous l'insulte, Isabelle Lebreton devint hystérique et

martela de ses poings la poitrine de celui qu'elle avait adoré. L'ivresse le rendant vindicatif, Mathieu asséna à sa logeuse une retentissante paire de claques qui décupla son ressentiment. S'emparant d'une statuette, elle tenta de l'assommer mais il esquiva le coup. Cela ne l'empêcha pas de recommencer avec les objets qui lui tombaient sous la main. Il pensa alors que le pugilat allait alerter Gabriel Lebreton puis se souvint que celui-ci était parti en déplacement. Une boîte l'atteignit en plein front et il sentit le sang couler sur son visage. Elle se préparait à lui envoyer un vase en argent quand il la rattrapa afin de le lui arracher des mains.

— Si vous n'arrêtez pas, je vous étrangle !

Joignant le geste à la parole, il resserra ses mains autour de la gorge d'Isabelle qui se débattit en poussant des couinements de souris.

— M'avez-vous bien compris ? répéta-t-il.

Un éclat meurtrier luisait dans ses prunelles. Sentant l'air lui manquer, Isabelle se débattit et, en tâtonnant, trouva derrière elle une coupe en marbre. Elle en frappa de toutes ses forces le crâne de son agresseur qui s'écroula en emportant dans sa chute un guéridon. En même temps qu'elle reprenait son souffle, Isabelle massait son cou meurtri, puis elle posa son regard sur son pensionnaire, toujours étendu sur le ventre. De la pointe du pied, elle le toucha mais il ne réagit pas. Elle tapa un peu plus fort, sans résultat. La pièce peu éclairée revêtait une allure menaçante et, sur les murs, elle discernait des ombres qui l'effrayaient. Sans s'attarder, elle regagna sa chambre, puis, le regard vide, s'assit en chantonnant sur son lit.

Ce fut Ravi qui découvrit le drame. Débarrassé des brumes dans lesquelles l'avait plongé le calou, il était entré dans la maison afin d'accomplir son ouvrage matinal. Etonné de ne pas voir descendre monsieur Trigance, il monta à l'étage. La porte du boudoir étant restée ouverte, il s'approcha. Tout était sens dessus dessous dans la pièce où régnait une odeur nauséabonde. En s'avançant, il découvrit, étendu sur le parquet, le pensionnaire. De grosses mouches tournoyaient au-dessus de lui. Il s'avança pour le tâter et constata qu'il était froid. Autour de sa tête s'était coagulée une large tache de sang. Affolé, le serviteur se redressa. Il fallait prévenir la maîtresse.

Quelques minutes plus tard, celle-ci le suivait et découvrait un spectacle qu'elle mit un certain temps à comprendre. De sa mémoire s'était effacé ce qui s'était produit la nuit précédente.

— Monsieur Trigance, répétait-elle, monsieur Trigance.

— Il peut plus entendre, dit Ravi.

— Mais si... voyons !

— Il est mort.

— C'est faux, s'écria-t-elle en approchant sa main de celle de Mathieu.

Effrayée, elle se recula.

— Ce n'est pas possible !

Indifférente au regard de Ravi qui se fixait sur son cou où se détachaient des meurtrissures, elle se laissa tomber sur une chaise et sentit un grand vide s'installer en elle. Que s'était-il produit au juste ? Dans un brouillard, elle percevait les échos d'une dispute. Mathieu Trigance l'avait menacée. Il avait même tenté de la tuer.

— Et j'ai dû me défendre, déclara-t-elle au médecin de famille qui ne put que constater le décès.

Dans un discours incohérent, Isabelle évoqua alors les mœurs dissolues de son pensionnaire, ses escapades dans la ville noire, ses dettes de jeu, ses beuveries et son attirance pour les femmes.

— Il me poursuivait de ses assiduités, ajouta-t-elle. Je devais m'enfermer dans ma chambre pour qu'il me laisse tranquille.

Le praticien avait du mal à croire que le vaniteux jeune homme se fût intéressé à sa pitoyable logeuse... Néanmoins, Gabriel Lebreton s'étant toujours montré un fonctionnaire irréprochable, il fallait à tout prix éviter un scandale et le déshonneur qui s'ensuivrait.

— Ce drame ne doit pas s'ébruiter, dit-il à Charles Fournel qu'il avait fait quérir. Depuis quelque temps nous avons tous constaté que madame Lebreton sombrait dans la folie. Il est urgent de l'interner. Quant à monsieur Trigance, je déclarerai qu'il a été victime d'un accident cardiaque et qu'il s'est fracassé le crâne en s'écroulant sur le parquet de sa chambre.

Charles préviendrait la famille du défunt en insistant sur cette maudite sécheresse qui consumait les corps et provoquait des réactions hélas inattendues.

— Que madame Lebreton ne rencontre personne avant d'être emmenée à l'asile, souligna-t-il.

— Comptez sur moi, répondit le médecin.

Restait à neutraliser les bavardages de Ravi qui, volontairement gorgé de calou, fut sans attendre embarqué par Charles à bord d'un navire en partance pour les Antilles.

Les funérailles de Mathieu furent célébrées à Notre-Dame-des-Anges. Au premier rang, se tenaient Charles, Joséphine et Juliette. Celle-ci, les yeux fixés sur le cercueil, se remémorait le jeune homme insolent dont elle s'était entichée un an auparavant. Ainsi, les Indes lui avaient été fatales ! Sans éprouver un réel chagrin, elle songeait à l'étrangeté de certaines destinées. Ce garçon qui avait tant cherché à briller et à séduire allait nourrir les vers d'une terre inhospitalière. Seule une plaque de marbre rappellerait qu'il avait fini ses jours à Pondichéry.

Prétextant la canicule, Joséphine ne se rendit pas au cimetière. Elle fut imitée par de nombreuses personnes qui n'aspiraient qu'à retrouver chez elles la brise à peine perceptible du panka. En dépit de sa fatigue, Juliette tint à accompagner son père qui lui paraissait dans un extrême état d'agitation.

Depuis la découverte du cadavre, Charles n'avait, en effet, cessé de réfléchir sur ce qui avait pu se produire. Les dires de madame Lebreton ne l'avaient évidemment pas leurré. Mais... alors... que s'était-il réellement passé ? Il y avait eu une bagarre, les ecchymoses qu'elle présentait, avant qu'on ne nouât un foulard autour de son cou, en constituaient la preuve. Quelle avait été la raison d'une telle violence de part et d'autre ? Le drame était-il lié aux révélations qui lui avaient été faites à lui, Charles, quant à une éventuelle liaison entre Trigance et Joséphine ? Malgré son désir de la repousser, cette pensée le harcelait et, devant la tombe fraîchement creusée, il eut de la difficulté à oublier son ressentiment alors qu'il bénissait le cercueil. Puis il lui fallut recevoir les condoléances de ceux et celles qui avaient bravé le soleil.

— Mon cher ami, vous qui aviez veillé à son apprentissage, comme vous devez être peiné, entendit-il à maintes reprises.

François Tourvel se contenta de lui serrer la main avant de s'incliner devant Juliette qui, contre toute attente, ne lui sembla pas bouleversée. S'était-il trompé en l'imaginant amoureuse du jeune Parisien ? Vêtue de noir, elle lui apparut plus fragile. Mais le climat faisait des ravages et il l'admira de supporter cet interminable enterrement. Juliette avait beau se montrer distante, méprisante, il ne renonçait pas à l'espoir de l'épouser un jour. Pas un instant il n'aurait imaginé que Louis

Du côté de Pondichéry

Tempête constituât un danger. Il fallait reconnaître que la jeune fille avait tout fait pour préserver leur relation des indiscrétions. Jamais ils ne s'étaient attardés en compagnie l'un de l'autre lorsqu'ils n'étaient pas à Ariancoupam ou chez Manon Galbret.

En attendant que le cortège eût terminé de défiler devant le tombeau, Juliette adressa un signe de reconnaissance à son amie qui s'éventait avec force. Tout à l'heure, elle irait se réfugier chez elle et, obéissant à ses conseils, troquerait robe et crinoline contre des vêtements orientaux qui lui permettraient de mieux respirer. Puis elles parleraient de cette éprouvante matinée.

— Comme beaucoup de personnes, j'avais peu de sympathie pour monsieur Trigance, reconnut Manon, néanmoins cette fin loin des siens me peine.
— Moi, je pense plutôt à son existence. Je crois n'avoir jamais rencontré quelqu'un qui fût aussi seul. Sa famille s'était débarrassée de lui et il n'a pas compensé ce reniement en construisant quelque chose.
— Qu'aurait-il pu bâtir ? Il ne s'intéressait qu'à la parade !
— Comme les gens qui ne se connaissent pas de passion, il se poussait en avant. Ce n'était pas un mauvais homme, seulement un faible doublé d'un dilettante.

Alors qu'elle prononçait ces paroles, Juliette songeait à Louis qui, à l'inverse, ne cessait de se dévouer pour les autres.

Ils s'étaient à peine vus depuis le début de la sécheresse. Après qu'il eut travaillé autour de Villenour à élaborer des canaux de fortune au cas où la pluie se déciderait à tomber, il était parti pour Karikal afin d'y accomplir le même travail. Savoir que son ouvrage sauverait peut-être des vies le poussait à ne pas se ménager et à, peu à peu, se réconcilier avec lui-même. Il pouvait enfin se pencher sur son passé sans être envahi par la douleur qui longtemps avait fouaillé ses entrailles. Les sentiments que lui vouait Juliette n'étaient pas non plus étrangers à ce début de renaissance. Dès qu'il se reposait, l'image de la jeune fille emplissait son être jusqu'à rendre intolérable son absence. En dépit des barrages qu'il avait soigneusement édifiés, il se questionnait sur leur avenir. S'il s'était écouté, il aurait demandé sa main mais aussitôt il se rappelait son manque de fortune. Que pouvait-il lui offrir sinon de le suivre dans ses mutations au sein des colonies ? Ce n'était certainement pas ce qu'elle souhaitait. Restait la France ! Elle lui avait avoué son désir d'y aller. Mais, là-bas, comment lui donnerait-il le confort auquel elle était habituée ?

De son côté, Juliette s'inquiétait face au temps qui s'écoulait.
— Louis devra quitter Pondichéry au mois d'avril prochain, dit-elle à Manon alors que toutes les deux buvaient un thé qui ne parvenait pas à les désaltérer.
— Déjà !
— Cela fera deux ans : la durée de son contrat. J'essaie de ne pas y penser mais...
— Soyez tranquille ! Il ne vous abandonnera pas !
— Le croyez-vous vraiment ?
— Les sentiments qui vous lient sont trop profonds pour qu'il veuille y mettre fin. Mais, s'il vous demandait de le suivre, Juliette, le feriez-vous ?
— Oui. Jusqu'au bout du monde !
La jeune fille songea alors qu'elle serait bientôt privée de son amie.
— Vous allez beaucoup me manquer !
— N'y pensons pas, répondit Manon d'une voix étouffée.
Pour cacher à Juliette les larmes qui montaient à ses

yeux, elle se leva avec brusquerie mais celle-ci ne fut pas dupe.

— Pardonnez-moi de vous avoir attristée.

Un silence s'étira avant que Manon ne reprît la parole :

— Lorsque j'ai pris la décision de venir aux Indes, je sentais confusément que j'y trouverais les réponses qui, sans cesse, m'échappaient. J'ai épousé, très jeune, un homme que je respecte mais que je considère un peu comme un deuxième père. J'aime mon fils de tout mon cœur... mais ni l'un ni l'autre ne sont jamais parvenus à me donner ce que je cherchais. Je vivais au ralenti et trouvais dans l'écriture un dérivatif à ma frustration. Enfin, il y a eu Pondichéry et la porte s'est ouverte sur un nouveau paysage. Pour la première fois, j'ai obéi à mes désirs, à tous mes désirs, et, quoi qu'il advienne, je ne regretterai jamais d'avoir approché l'éblouissement même si celui-ci est appelé à disparaître. Les Indes m'auront donné le plus beau des présents.

— L'amour, murmura Juliette.

— Vous avez donc deviné !

— Vos regards pour monsieur Treguen ne m'ont jamais échappé, s'amusa la jeune fille. Encore moins ceux qu'il vous adresse.

Aux larmes succéda le rire étranglé de Manon.

— Nous qui, naïvement, pensions berner tout le monde !

— Ou vous êtes de très mauvais comédiens ou je suis une excellente détective...

34

Isabelle Lebreton fut, sans attendre, envoyée à l'asile où, enfermée dans une chambre, elle passait de l'agitation à la prostration. Depuis la mort de Mathieu, son état s'était aggravé. Ses hallucinations étaient revenues, accompagnées de son obsession d'être mère. Il lui arrivait de chanter des berceuses pour endormir un nourrisson imaginaire ou, au contraire, de le gronder. Parfois, elle invectivait une femme qu'elle semblait détester.

Gabriel, son mari, lui avait rendu visite et le malheureux était sorti bouleversé de leur entretien. Etait-il possible que l'être qu'il avait épousé fût devenu cette créature égarée qui lui reprochait de l'avoir abandonnée à des voleurs d'enfants ?

— Dites-moi qu'elle guérira, demanda-t-il au médecin.

— Pendant de courtes périodes son délire sera moins profond, néanmoins elle ne pourra jamais plus mener l'existence d'une personne normale.

— Ne la laisserez-vous plus rentrer à la maison ?

— Elle pourrait constituer un danger pour les autres.

— Mais elle n'a jamais fait de mal à une mouche !

Le praticien ne répondant pas, Gabriel insista :

— Demandez aux prêtres de Notre-Dame-des-Anges

ou aux sœurs de Saint-Joseph-de-Cluny ! Ils la connaissent bien et vous diront tout ce qu'elle a accompli pour les nécessiteux...

— Monsieur Lebreton, je suis le seul à décider ce qui convient ou non à mes patients. Votre épouse doit être surveillée jour et nuit.

— Je pourrais engager une missionnaire qui ne la quitterait pas !

— Il n'en est pas question.

Dans la ville blanche, on plaignit Gabriel mais, très vite, le sujet perdit de son intérêt. La canicule annihilant les esprits, personne n'avait douté que Mathieu Trigance n'eût succombé à une crise cardiaque. Il y avait d'autres préoccupations et, en priorité, la sécheresse qui s'éternisait. Septembre se terminait sans avoir apporté une goutte de pluie. Si la grande mousson ne venait irriguer les champs, l'ampleur de la catastrophe serait, au moment des récoltes, incommensurable.

Chez les indigènes, l'épuisement était grand. Affalés dans le moindre coin ombreux, les enfants avaient soif et les vieillards attendaient la mort comme une délivrance. Jamais n'avaient brûlé autant de bûchers funéraires.

Aruni avait perdu une fille et il craignait qu'Avara, sa femme, ne succombât à la fièvre qui la consumait. Ils faisaient pourtant partie des plus favorisés car monsieur Fournel distribuait à tous ses employés ce qui était nécessaire à leur santé.

« La population risquant dans quelques mois de n'avoir rien à manger, vous ne devez pas exporter autant de riz que l'an dernier, avait dit Juliette à son père.

— Il me faut cependant honorer les commandes qui m'ont été passées... sinon je perdrais des clients.

— Assurément », s'interposa Joséphine qui, sur le seuil du salon, avait entendu la fin de la conversation.

Juliette lui jeta un regard furieux mais ne répliqua pas. Depuis que sa belle-mère s'était relevée de sa fausse couche, celle-ci ne lui épargnait aucun coup bas.

Joséphine, furieuse de ne pas être parvenue à tisser sa toile d'araignée, cherchait en effet à se venger. Rien ne se déroulait comme elle l'avait espéré : le bébé était mort, Trigance avait succombé à un arrêt du cœur, François Tourvel s'était détaché d'elle pour s'enticher de Juliette qui le traitait avec le plus grand mépris et, comble de malheur, les affaires de Charles périclitaient.

« Vous ne pouvez vous permettre de perdre davantage d'argent, poursuivit-elle en s'éventant avec nervosité.

— Bien entendu... mais, Juliette n'a pas tort. Je dois aussi garder de quoi nourrir les gens au cas où surviendrait une famine.

— Eh bien, si vous préférez les contenter et nous mettre en péril, je n'ai plus rien à ajouter ! »

Juliette, craignant que Joséphine n'en restât pas là, chercha sans perdre de temps un appui auprès d'Auguste qui possédait des parts dans la compagnie Fournel.

— Ne t'inquiète pas, lui répondit-il. Je saurai faire pression sur ton père si cela s'avérait nécessaire.

Ce n'était pas la première fois que le vieux créole affrontait semblable situation. Sécheresses, famines, coups de vent et cyclones avaient jalonné son existence et celle des habitants de la côte de Coromandel. Il avait toujours porté secours aux victimes et l'attitude de Juliette ne pouvait que le satisfaire.

N'ayant pas complètement recouvré la santé, il bénéficiait des soins attentifs de sa nièce qui, accompagnée de Manon Galbret, résidait chez lui depuis quelques jours.

— Je ne me sens plus bon à rien, avouait-il d'une voix lasse.

— Dès que la température extérieure aura baissé, vous n'éprouverez plus cet épuisement, le rassurait Manon. Moi-même, je ne suis guère vaillante.

Jamais elle n'aurait imaginé que pût exister une telle fournaise. Chaque geste lui coûtait un effort surhumain et, comme tout le monde, elle n'aspirait qu'à rester allongée sur son lit que balayait la brise du panka. Seulement vêtue d'une chemise de batiste, elle somnolait et le temps n'en finissait pas de s'étirer jusqu'au soir. Elle rejoignait alors son hôte et Juliette sous la véranda où ils buvaient à petites gorgées du citron pressé en regardant s'enfoncer dans la nuit les terres craquelées et privées de vie. Avec une nostalgie qui lui serrait la gorge, elle se remémorait que dans cette maison, un jour de Noël, elle s'était rapprochée d'Hervé. Il ne devrait plus tarder à rentrer du Japon mais, à son impatience de le retrouver, se mêlait l'inquiétude d'avoir à lui révéler ses décisions. Fin janvier, elle devrait abandonner sa demeure aux nouveaux occupants. Ils étaient venus à plusieurs reprises avec un architecte et, plutôt que de les entendre évoquer les travaux qui changeraient à jamais le décor qu'elle avait tant aimé, elle s'était bouché les oreilles.

A ses côtés, Juliette luttait pour ne pas s'abandonner à la léthargie ambiante. Les yeux fixés sur le lit de la rivière asséchée, elle se demandait combien de temps durerait le calvaire de toute une population. Dans le regard de Kâmeshvarî, elle lisait son inquiétude pour les siens.

« Nous veillons personnellement sur Aruni et sa famille, la rassurait-elle. Avara a été transportée à l'hôpital des indigènes afin d'y recevoir des soins. »

Du côté de Pondichéry

Kâmeshvarî avait hoché la tête sans prononcer la moindre parole. Servir chez les maîtres lui permettait de manger à sa faim, de boire à sa soif, mais les aliments avaient le goût de la culpabilité.

Un matin, Juliette, qui terminait de s'habiller, fut appelée par son oncle dans le salon. Elle le trouva en train de converser avec Louis qui paraissait bouleversé.

— Bonjour, Juliette, lui dit-il alors qu'elle se retenait pour ne pas se jeter dans ses bras.

— Notre ami a reçu une triste nouvelle, s'interposa Auguste.

— Mon père est mort il y a trois semaines, expliqua Louis sur un ton altéré, mais je l'ai seulement appris hier en rentrant de Karikal. Dès que le jour s'est levé, je n'ai pu résister au besoin de vous retrouver... monsieur Fournel et vous, Juliette.

Edouard Tempête avait succombé à une fièvre typhoïde et, alors qu'il se croyait peu attaché à son père, Louis avait senti la peine enfler dans son cœur. Cette séparation irrémédiable le plaçait face à la relation qui n'avait jamais pu s'établir entre eux ou, plutôt, la relation interrompue par un drame qui les avait dépassés. La rancune chez l'un, la culpabilité chez le second en avaient fait deux étrangers et, aujourd'hui, Louis mesurait le gâchis.

— Travaillez-vous en ce moment ? lui demanda Auguste.

— Non. Je suis en congé forcé. Nous n'avons plus d'ouvrage à accomplir.

— Alors, vous allez vous installer pour quelques jours à la maison.

— Oh, je ne voudrais pas abuser...

En même temps qu'il prononçait ces paroles, Louis savait qu'il ne pourrait résister à la proposition qu'il avait secrètement espérée. Après la canicule, la fatigue, les images insupportables de gens agonisants et, maintenant, ce deuil qui l'ébranlait en profondeur, il avait besoin de la présence et de la douceur de Juliette, de la lucidité et de l'amitié d'Auguste.

Le lendemain, Louis s'installait à Ariancoupam. L'élan de vie qu'il y avait connu s'était ralenti, néanmoins, semblables à un baume, les ondes de sympathie et de tendresse qui l'enveloppaient rendaient plus supportable son chagrin. Incapable de rester inactif alors que l'on pouvait avoir besoin de lui, il avait proposé son aide pour surveiller les distributions de riz et de menus grains qu'Auguste faisait acheminer vers le village voisin où les agriculteurs n'avaient pu récolter légumes et fruits. Sur la place, autour du puits tari, hommes, femmes et enfants attendaient leurs rations et il veillait à ce que les plus faibles ne fussent pas lésés.

Alors qu'il accomplissait pour la quatrième fois cette tâche, Louis s'étonna de rencontrer sur le chemin du retour François Tourvel qui arrêta son cheval à la hauteur du sien.

— J'ignorais que vous étiez employé chez Auguste Fournel, lui déclara le créole sur un ton méprisant.

— Je ne suis que son invité, répliqua Louis en retenant sa monture qui piaffait.

— Ah oui ! On m'a dit que mademoiselle Fournel résidait chez son oncle ainsi que madame Galbret. Ces informations sont-elles exactes ?

— Elles le sont.

Dissimulant mal sa jalousie, Tourvel constata en regardant autour de lui :

— Comme elles doivent s'ennuyer dans ce coin perdu !

Peu enclin à poursuivre cette conversation, Louis allait reprendre sa route quand son interlocuteur saisit la bride de son cheval.

Du côté de Pondichéry

— A votre place, monsieur Tempête, je cesserais d'alimenter gratuitement tous ces va-nu-pieds et j'exhorterais monsieur Fournel à ne plus jouer les Bons Samaritains.

— Dans le but de bientôt vous enrichir... car il s'agit bien de cela, n'est-ce pas ? Vous espérez que la mousson ne viendra pas et, ainsi, en janvier, quand il n'y aura rien à manger, vous ferez monter les prix du riz et des grains que vous aurez soigneusement entreposés depuis l'an dernier.

— Et alors ? Quel mal y a-t-il à exercer son métier ?

— Monsieur Tourvel, je ne posséderai probablement jamais le quart de vos richesses mais j'espère rester honnête.

— Que de déclarations intempestives ! En vieillissant, cela vous passera !

Pressé de prendre ses distances, Louis, sans répondre, mit son cheval au trot. Tourvel lui avait déclaré la guerre, il le sentait, mais, refusant d'inquiéter son entourage, il n'évoqua pas sa rencontre.

En dehors des repas où hôte et convives se retrouvaient, la maison restait silencieuse jusqu'au soir. Sa sieste terminée, Louis s'employait dans la solitude de sa chambre à mettre de l'ordre dans son esprit. Sa mère lui avait écrit qu'elle l'attendait pour veiller sur la bonne marche du domaine. « *Avant son décès, ton père en a formulé le vœu.* » Non sans émotion, il imaginait que dans un peu plus de six mois il retrouverait son univers familier. Ce serait le début de l'été lorsqu'il traverserait la campagne aixoise où la nature, en plein épanouissement, livrerait ses trésors. Le goût du melon montait à sa bouche et il salivait en se remémorant la saveur des fraises chauffées par le soleil. Emporté par son imagination, il poussa les grilles du domaine puis remonta l'allée bordée de tilleuls. L'un des chiens courut à sa rencontre en aboyant. Le reconnaissait-il après ces deux années d'absence ? Avec appréhension, il gravit les marches du perron, traversa le vestibule dallé de pierres. Assise dans le salon, sa mère, dans ses habits de grand deuil, était concentrée sur son canevas. Les effusions n'ayant jamais été de rigueur chez les Tempête, ils se contentèrent de se regarder en se tenant les mains.

« Te voilà revenu ! »

Une conversation en tamoul, qui provenait du jardin, le sortit de sa rêverie. Il se dirigea vers la fenêtre et, à travers la jalousie, vit un messager qui tendait un pli à Gopal, le dobachi.

Quelques minutes plus tard, celui-ci frappait à sa porte.

— Pour vous, monsieur. C'est urgent.

La lettre provenait de Pondichéry. On l'avait déposée à la pension de famille où il résidait et le propriétaire, le sachant à Ariancoupam, la lui avait fait suivre. Intrigué, Louis brisa le cachet de cire rouge. L'administration qui l'employait le priait de faire ses bagages. Demain, il partirait pour Chandernagor qu'un cyclone venait de ravager.

— Un cyclone ! s'exclama Manon quand il lui eut appris la nouvelle.

Des détails leur furent donnés, un peu plus tard, par un voisin. Le cyclone avait soufflé sur le Bengale. Les pertes étaient immenses et Chandernagor dévasté. On déplorait des victimes et de nombreux blessés. Toutes les paillotes du quartier indigène étaient détruites, l'hôtel du gouvernement en ruine et les maisons créoles fortement endommagées. Dispersés par le vent, meubles et objets parsemaient les rues défoncées. Cocotiers, manguiers, tamariniers et bananiers avaient été déracinés et les étangs vidés de leurs poissons. Beaucoup de bateaux avaient coulé.

Du côté de Pondichéry

— Que pouvons-nous faire ? demanda Manon.

— Donner de l'argent et leur envoyer ce dont ils ont le plus besoin, répondit Auguste.

Juliette était restée silencieuse. Une nouvelle fois, Louis allait s'éloigner et peut-être ne repasserait-il pas par Pondichéry avant d'embarquer pour la France. Depuis son arrivée à Ariancoupam, ils n'avaient connu aucune intimité. Respectant son deuil, elle était demeurée attentive à son état moral mais n'avait pas cherché à l'approcher. Non seulement il s'en était rendu compte mais il lui en était reconnaissant. Rattrapé par le passé, perturbé dans sa sensibilité, il n'aurait pu répondre aux questions qu'elle était en droit de formuler. Toutefois, ses bagages terminés, il la rejoignit dans la bibliothèque où elle rangeait les livres que son oncle avait laissés sur le bureau.

— Juliette, murmura-t-il en s'approchant de l'échelle où elle était perchée.

Dans un froissement de jupons, elle en descendit pour se réfugier dans les bras qu'il lui ouvrait. Emu de la sentir si proche, il chercha sa bouche, et le désir qu'il avait tenté d'étouffer resurgit. Caressant les cheveux soyeux, respirant le parfum qu'il n'avait jamais oublié, il s'émerveillait de l'attirance qui les faisait se rechercher jusqu'au vertige. Alors, soudain, tout fut limpide. Il sut que jamais il ne renoncerait à cette si singulière jeune fille.

— Ce sera ma dernière absence, murmura-t-il. Après, nous ne nous quitterons plus.

— Mais vous rentrerez en France !

— Justement ! Accepterez-vous de m'y suivre ?

Juliette recula et ses yeux plongèrent dans ceux de Louis afin de mesurer sa sincérité.

— J'habite une grande maison au milieu des vignobles et des oliveraies. Les hivers y sont doux et, l'été, le chant des cigales résonne nuit et jour. Le soleil dore les champs et fait mûrir des fruits aussi savoureux que vos mangues et vos bananes. Quant à la mer, si elle venait à vous manquer, elle n'est pas loin, bordée de calanques où se réfugient les oiseaux.

Emportée par l'évocation, Juliette frissonna. Ainsi, il lui proposait d'entrer dans sa vie et lui donnait à partager ses espérances.

— M'accompagnerez-vous dans cette région qui m'a vu naître et à laquelle je me découvre beaucoup plus attaché que je ne le pensais ?

— Oui, répondit-elle avec un rire joyeux. Mille fois oui ! Mais dites-moi la vérité... Quand avez-vous décidé de m'épouser ?

— Il y a longtemps !

35

D'un commun accord, Louis et Juliette décidèrent de garder secret leur engagement. Superstition ? Dans ce pays où sévissaient les catastrophes naturelles, les épidémies ou les accidents, chaque séparation provoquait l'inquiétude.

— Prenez soin de vous, murmura Louis avant d'enfourcher son cheval.

— Que Dieu vous protège, répondit-elle d'une voix étranglée.

Le rattrapant alors qu'il s'éloignait, elle ajouta :

— Ma pensée ne vous quittera pas. Vous la sentirez à chaque instant.

Quand il eut franchi le porche de la propriété, elle eut du mal à contenir ses larmes. Combien de temps seraient-ils encore mis à l'épreuve avant de pouvoir vivre ensemble ? Revenant sur ses pas, elle rejoignit Manon qui, par discrétion, s'était écartée pendant leurs adieux. A la recherche d'un réconfort, elle glissa son bras sous le sien puis, serrées l'une contre l'autre, elles firent le projet de regagner sans attendre Pondichéry afin d'aider les missionnaires à confectionner les colis qui seraient acheminés vers Chandernagor.

Le jour venait tout juste de se lever lorsqu'elles

prirent, le lendemain, la route qui les menait vers la ville. Le long de la chaussée, des animaux morts nourrissaient les corbeaux qui, en sautillant autour d'eux, plantaient leur bec acéré dans les chairs putréfiées. D'un peu partout surgissaient des femmes portant sur leur tête des branches de filaos, des hommes marchant en groupes à travers la campagne calcinée. Les uns et les autres savaient que, aujourd'hui encore, le ciel demeurerait désespérément sec. Dans les chars à bœufs s'agglutinaient des enfants qui n'avaient plus la force de regarder avec leurs habituels yeux curieux les deux voyageuses qui durent se frayer un passage au milieu de pèlerins que suivaient des chiens galeux. Couverts de poussière, décharnés, ils avançaient guidés par l'espérance d'une vie meilleure si dans celle-ci ils parvenaient à contenter leurs dieux. Immobiles comme des sentinelles, des cocotiers se détachaient sur l'horizon et ajoutaient au paysage une note tragique. Au bord du malaise, Juliette observa son amie qui avait fermé les paupières. Elle aussi paraissait à bout de forces.

En dépit de sa lassitude, Manon apprécia ses retrouvailles avec sa maison. Dans son courrier, elle trouva une charmante lettre d'Emile qui, étonné par son absence, s'inquiétait de son sort. Des liens ténus s'étaient tissés entre la jeune femme et l'adolescent qui pas un instant ne se serait douté que sa présence avait pesé lourd dans la décision qu'elle avait prise de rentrer en France. Et pourtant ! En incarnant ce que le petit Eugène pourrait devenir si elle l'abandonnait pour demeurer auprès de l'homme qu'elle aimait, Emile l'avait rappelée à son devoir et à ses responsabilités de mère. Ironie du sort, sa réservation pour un départ le 3 février lui avait été déposée. Une cabine de première classe l'attendrait à bord du *Véronèse* qui l'acheminerait jusqu'à Suez. Mue par un réflexe puéril, elle enferma l'avis dans un tiroir avec l'idée de ne plus l'en sortir avant la date fatidique. Jusque-là, elle tenterait de se persuader que le temps pouvait s'arrêter.

Chez les missionnaires, on confectionnait en toute hâte les colis destinés aux victimes du cyclone. Le visage maculé de poussière, Juliette enfouissait dans des caisses des produits de première nécessité. Vêtements, charpie, couvertures, moustiquaires s'étaient accumulés dans la cour du bâtiment où, en compagnie d'autres volontaires, Manon les triait. Pour avoir affronté, eux aussi, maints désastres, les habitants de Pondichéry faisaient preuve de solidarité. Les envois seraient acheminés par bateaux et, déjà, les chars à bœufs en emportaient quantité vers l'embarcadère.

Plusieurs matinées se succédèrent au cours desquelles Manon tenta d'oublier ses membres endoloris et sa fatigue. Elle avait beau vider des ballots pour en répartir le contenu, il en arrivait encore et toujours.
Les cheveux trempés par la transpiration, le visage rougi par l'effort, elle massait ses reins lorsqu'on vint la chercher.
— Le capitaine Treguen vous demande.
Oubliant son état, Manon se hâta de rejoindre le vestibule où Hervé discutait avec un missionnaire.
— Bonjour, madame, lui dit-il avec une lueur de malice dans le regard.
— Je ne vous savais pas à Pondichéry, balbutia Manon.
— Je débarque tout juste et j'ai entendu prononcer votre nom alors que je fixais avec le Père Vincent mon départ pour Chandernagor.
— Vous repartez ! Déjà !
— Dans deux jours, indiqua le religieux, et je prierai pour que la traversée du capitaine ne soit pas mouve-

mentée. En cette période de cataclysmes, les dangers sont multipliés.

Manon aurait voulu étouffer ces paroles qui, immanquablement, empoisonneraient son esprit dès qu'Hervé se serait éloigné. Elle avait beau se raisonner, la peur qu'il fît naufrage lui accordait peu de répit et jamais elle n'avait formulé autant de prières ni déposé autant de cierges aux pieds de la Vierge Marie !

— Moi qui pensais que nous aurions de longs moments pour nous deux, lui avoua-t-elle lorsqu'ils se retrouvèrent, plus tard, rue des Capucins.
— Ce ne sera qu'un aller et retour et la distance est faible.
— Mais ensuite ? Qui me dit que vous ne serez pas appelé à remplir d'autres missions ?

A son silence, elle comprit que son devoir passerait toujours avant ses choix personnels. Mais ne l'aimait-elle pas pour son sens des responsabilités, sa rigueur, son dévouement aux autres ?

— Pardonnez-moi ! Je suis stupide de vous poser ce genre de questions. Stupide et égoïste.
— Si vous ne me les posiez pas, j'en serais blessé.
— La vie perd tout attrait pour moi lorsque nous ne sommes pas ensemble.
— Et moi ! Combien de fois n'ai-je rêvé vous entraîner dans mes découvertes ! Combien d'impressions, de sensations n'ai-je voulu partager avec vous ! Depuis notre séjour à Ooty, le manque provoqué par votre absence m'est devenu insupportable.

En réponse, elle noua ses doigts aux siens puis ils se turent. Attentifs au crépuscule qui envahissait la pièce, au grondement de l'océan, ils goûtaient dans ses plus infimes détails cette soirée pondichérienne qui allait donner naissance à de nouvelles émotions et bruisserait de chuchotements et de rires.

Du côté de Pondichéry

Durant deux jours, ils vaquèrent à leurs occupations réciproques. Manon poursuivit son travail chez les missionnaires et Hervé veilla au chargement de son clipper.

A l'inverse de Tourvel qui n'avait mis aucun de ses bateaux à la disposition des secours, Charles avait bousculé le programme de ses expéditions vers l'Afrique pour ajouter au *Mélusine* un deuxième voilier. Chargé de denrées, il cinglerait lui aussi vers le Bengale. En établissant un nouveau calendrier avec Treguen, il éprouvait la sensation que rien dans son existence ne le satisfaisait depuis quelques mois. Sa santé laissait à désirer, son mariage ne lui procurait plus les satisfactions d'antan, le commerce ralentissait et, maintenant, la nature les tenait tous à la merci de ses caprices.

— Si j'avais un fils en âge de me succéder, je passerais la main, avoua-t-il au navigateur.

— Allons, vous plaisantez !

— Pas le moins du monde !

Comme s'il se parlait à lui-même, Charles ajouta :

— Lorsque j'étais jeune et que je voyais mon père diriger les affaires, je rêvais de l'imiter et, maintenant que j'ai pris sa place, je mesure ma naïveté. Posséder, diriger isolent et frustrent.

Etonné par ce discours, Hervé observa son interlocuteur dont l'expression désabusée prouvait la sincérité.

— J'en arrive même à vous envier, ajouta celui-ci.

— M'envier !

— De n'avoir obéi qu'à vos intuitions.

— Avais-je d'autres choix ?

— Mes paroles vont peut-être vous choquer, Treguen, mais naître dans une famille fortunée n'est pas forcément une chance. Tout dans ma vie s'est accompli en dehors de ma volonté. On m'a élevé dans l'idée que je dirigerais cette compagnie dont plusieurs générations de Fournel ont bâti la réputation. Néanmoins, pour n'avoir pas un instant cherché à fuir les responsabilités qui m'incombaient, j'éprouve aujourd'hui le sentiment d'être passé à côté de l'essentiel.

Que s'était-il produit dans l'existence de Charles pour le transformer à ce point ? Hervé avait du mal à croire que seule la fausse couche de son épouse expliquait semblable défaitisme. Mais alors... Quelles étaient les autres raisons ?

Conscient de s'être livré plus que ne l'autorisait l'éducation rigide qu'il avait reçue, Charles mit fin à ses confidences. Comment aurait-il avoué que toutes ses certitudes s'étaient écroulées depuis la mort de Mathieu Trigance ? En dépit des attentions que lui prodiguait Joséphine, le doute s'était installé dans son esprit et, à ses oreilles, résonnaient encore les paroles de madame Lebreton. En ce moment même, il écoutait avec distraction Treguen qui continuait de programmer les traversées du *Mélusine*.

— Les livraisons de riz étant suspendues, je souhaiterais rester à Pondichéry du 15 décembre à fin janvier, disait celui-ci.

— Oui... bien sûr.

Le soir même, Charles toucha à peine au souper puis, sans s'attarder, gagna sa chambre et s'allongea sur son lit.

— Etes-vous souffrant ? lui demanda Joséphine qui l'avait rejoint.

— Ne vous inquiétez pas. Cela passera.

Elle posa une main sur son front, et cette caresse qui autrefois l'aurait apaisé devint brûlure.

— Je vais essayer de dormir, murmura-t-il en fermant les paupières.

— Si vous aviez besoin de quoi que ce soit, appelez-moi.

Pour s'être toujours préoccupé du bien-être de sa femme, Charles avait en revanche peu connu la réciproque. Et maintenant qu'elle se montrait prévenante, il n'aspirait plus qu'à la solitude ! Même le désir qu'elle lui avait inspiré s'émoussait.

— J'irai sans doute mieux demain, murmura-t-il alors qu'elle s'apprêtait à le quitter.

Les tempes martelées par les effets de l'alcool qui, ajoutés à la canicule, la faisaient transpirer à grosses gouttes, Joséphine se retenait pour ne pas hurler sa déception. Charles était devenu sinistre, distant... et cette maison prenait des allures de sarcophage ! Dès que l'aya l'eut débarrassée de ses vêtements, elle la renvoya. Dans le halo de la lampe de chevet tournoyait une multitude d'insectes mais elle n'y prêta pas attention. D'une carafe placée parmi des flacons d'onguents, elle se versa une rasade de vin tiédi puis se laissa tomber dans un fauteuil qui grinça sous son poids. A travers la cloison, elle percevait les ronflements de Charles et une bouffée de haine l'envahit pour celui qui n'était pas capable de lui offrir l'existence qu'elle méritait. Combien d'années devrait-elle encore s'étioler à ses côtés ? Une nouvelle fois, elle s'imagina veuve et riche. Enfin libre, elle pourrait agir selon son bon plaisir ! L'exemple de Manon Galbret s'imposa à son esprit. Tout en détestant sa rivale, Joséphine ne pouvait s'empêcher de l'envier. Qui ne l'aimait ! Les hommes vantaient sa beauté, les femmes louaient ses qualités de cœur. La rumeur disait qu'elle allait bientôt repartir pour la France et cette nouvelle qui aurait dû contenter Joséphine aiguisait au contraire son malaise. Que n'aurait-elle donné pour prendre sa place à bord d'un bateau qui cinglerait vers l'Occident ! Le vieux rêve reprenait ses droits mais, face au temps qui inexorablement s'écoulait, elle savait que sa jeunesse s'enfuyait. Depuis sa fausse couche, son corps s'était épaissi et son visage n'affichait plus l'expression conquérante qu'on lui avait connue. L'envie de séduire ne la stimulant plus, il en résultait d'interminables journées où l'ennui était au rendez-vous. Incapable de se concentrer sur autre chose que ses malheurs, elle cherchait sans résultat un exutoire à sa rancœur. S'opposer à Juliette ne l'intéressait même plus !

36

Manon ne s'habituait pas à l'idée qu'Hervé la quitterait dans moins de vingt-quatre heures. Au cœur de cette dernière nuit, aucun des deux ne dormait. Ils avaient encore tant de choses à se dire !

— L'aurais-je cru si l'on m'avait prédit que je me transformerais en Pénélope ? remarqua-t-elle.

— Allons... Je vous ai promis de ne pas m'attarder.

— Il ne s'agit pas de l'avenir ! Depuis que nous nous connaissons, j'ai passé la majeure partie du temps à vous attendre.

Il était trop tard pour ravaler ces dernières paroles qu'elle s'en voulait d'avoir prononcées. Sans qu'elle pût s'y soustraire, une nervosité qui ne lui était pas coutumière faussait son attitude. Etait-ce de se voir arracher les moments qui auraient dû leur appartenir ? S'y ajoutait néanmoins une ambiance oppressante, comme si le ciel n'en finissait pas de peser sur la terre calcinée.

— Pardonnez-moi, murmura-t-elle.

L'entourant de son bras, Hervé l'attira vers lui mais, en réalité, son attention venait de se fixer sur un autre sujet. Le grondement de l'océan s'était accru et il se souvint qu'en début de soirée, les flots étaient plus agités que d'habitude. Au bout de quelques minutes, il quitta le lit pour se diriger vers l'une des fenêtres de la chambre dont il repoussa les volets intérieurs. Aux trois quarts pleine, la lune éclairait l'opacité liquide devant laquelle se détachait le phare.

— Je crains une tempête, dit-il en se retournant pour consulter la pendule.

L'aube était encore loin mais, de toutes les façons, il n'aurait rien pu faire pour le *Mélusine* ancré dans la rade. Sans cacher son inquiétude, il revint vers Manon qui évita de poser des questions.

La première rafale de vent souffla alors que, trahie par sa fatigue, la jeune femme s'était assoupie.

— Que se passe-t-il ? sursauta-t-elle en découvrant qu'elle était seule.

— Je suis ici, cria Hervé de la pièce voisine dont il revint avec des édredons et des oreillers qu'il arrima devant les ouvertures.

Manon se souvint de la bourrasque qui l'avait tant effrayée alors qu'elle venait de s'installer dans la ville.

— Il vaut mieux nous tenir au rez-de-chaussée, conseilla Hervé.

Ils y trouvèrent les serviteurs avec lesquels le navigateur continua de protéger la maison. Les barres installées devant portes et fenêtres furent vérifiées, puis ils attendirent.

Sous le deuxième assaut, Manon crut que la demeure allait s'envoler. Dans un mugissement de fin du monde, le vent déferla sur la côte, déracinant les arbres, arrachant les balustres des terrasses, abattant citernes ou statues. Accompagné de craquements sinistres et de chutes d'objets, Pondichéry subissait un assaut contre lequel ses habitants n'avaient plus qu'à prier leurs dieux de les épargner. Hervé, qui avait connu d'autres cyclones, songeait aux plus démunis qui devaient désespérément rechercher un abri en dur. Il n'avait aucune difficulté à imaginer les villages ravagés, les paillotes soufflées et des enfants affolés que tentaient de protéger leurs mères. Il imaginait encore que certains indigènes, pour obéir à la loi des castes, préféraient mourir plutôt que de se réfugier dans un lieu souillé. Manon ne disait mot mais Hervé vit qu'elle tremblait. D'une main apaisante, il caressa ses cheveux.

— N'ayez pas peur, murmura-t-il.

— Pensez-vous véritablement qu'il ne nous arrivera rien ? répondit-elle d'une voix mal assurée.

L'espace d'un instant, elle se demanda si dans un élan de mansuétude le destin ne les avait pas placés dans un tourbillon qui, en leur ôtant la vie, les libérerait d'une prochaine séparation. Elle en arriva même à souhaiter mourir dans les bras de son amant. Emportés comme des fétus de paille, ils se dissoudraient dans l'espace et la plus infime parcelle de cet éclatement contiendrait à jamais leur fusion.

— Il ne nous arrivera rien, promit Hervé en privilégiant le mensonge.

A l'autre extrémité de la rue des Capucins, Juliette essayait de cacher sa peur alors que Joséphine accompagnait chaque rafale de cris stridents. Charles, quant à lui, mordait à s'en casser les dents le tuyau de sa pipe vide. Quelles seraient les pertes, cette fois-ci ? Des cataractes de pluie s'abattirent soudain et s'infiltrèrent dans les crevasses du sol durci par des mois de canicule. D'immenses flaques se formèrent sur la chaussée que jonchaient des végétaux et des débris de toutes sortes. Certains d'entre eux cognèrent avec une terrible violence contre la façade de la maison et, dans un réflexe puéril, Joséphine chercha refuge derrière un sofa. Les mains plaquées sur ses oreilles, elle tentait de se soustraire à ce cauchemar qui affolait le rythme de son cœur et serrait sa gorge à l'étouffer. Eclairé par des chandelles, le petit salon où ils s'étaient réfugiés ressemblait à une crypte et, à voir la silhouette de Charles se découper sur l'un des murs, elle renoua avec ses frayeurs d'enfant et sanglota à perdre haleine.

— Calmez-vous, lui intima son mari en la rejoignant.

— Me calmer ! Quand tout dans mon existence me fait horreur ! Je ne supporte plus ce pays, cette ville, cette maison, votre fille... Quant à vous... Je vous ai donné mes vingt ans et vous m'avez enterrée...

Pour échapper aux hurlements de sa belle-mère, Juliette gagna la bibliothèque mais personne, et certainement pas les domestiques réfugiés dans le vestibule, n'aurait pu ignorer des reproches qui devaient marquer Charles au fer rouge.

— Croyez-vous que je puisse me contenter d'être éternellement votre faire-valoir ? Je m'ennuie, Charles, et je vous déteste d'avoir fait de moi la femme que vous découvrez aujourd'hui.

Il avait dû la bâillonner de sa main car Juliette ne perçut plus que des sons étouffés. Ebranlée par la scène, la jeune fille avait les larmes aux yeux. La pièce où elle se trouvait était obscure mais, comme elle en connaissait les plus infimes détails, elle se dirigea avec facilité jusqu'au fauteuil en cuir où elle avait lu ses romans préférés. Le vent s'était apaisé mais la pluie continuait de tomber en abondance. Après s'être fait cruellement attendre, ce déluge allait, hélas, noyer ce qui n'avait pas été brûlé par un soleil persistant. Et il en serait toujours ainsi dans le golfe du Bengale où elle avait grandi et qu'elle se préparait à quitter. Alors que se terminait cette nuit éprouvante, sa pensée se tourna vers la France où Louis l'emmènerait dans quelques mois. Si tout se déroulait comme ils l'avaient envisagé, elle allait connaître son dernier Noël à Pondichéry et cette évidence lui donnait presque le vertige. Combien de fois avait-elle imaginé son débarquement à Marseille ! Eblouie par la lumière méditerranéenne, l'odorat stimulé par des senteurs inconnues, elle accomplirait ses premiers pas en métropole. Son bras glissé sous le sien, son mari leur frayerait un passage au milieu d'une foule bigarrée et, après quelques heures de route, ils franchiraient ensemble les grilles de la propriété familiale où Louis ne se laisserait pas rattraper par le passé. Les ombres de son père et de son frère défunts ne sauraient en effet étouffer l'élan de vie que lui avaient insufflé son passage sous les tropiques et un amour partagé.

Plongée dans sa songerie, elle sursauta lorsque Charles, une bougie à la main, s'approcha.

— L'alerte est passée. Tu devrais monter dans ta chambre et essayer de te reposer.

— Vous avez raison, répondit-elle en se levant.

Dans un geste spontané, elle chercha sa main.

— Soyez tranquille. J'ai oublié tout ce qui s'est passé.

Charles demeura silencieux mais elle perçut son émotion.

— Vous allez sortir ?

— Oui. Les entrepôts ont dû souffrir. Quant aux bateaux ! On connaît les faiblesses de la rade !

A la lassitude de Charles s'ajoutait un terrible sentiment de solitude. Avec des mots acérés qui s'étaient fichés dans sa chair, Joséphine l'avait assassiné et, s'il parvenait à prendre encore des initiatives, c'était à la manière d'un automate. Qu'allait-il trouver à l'extérieur ? Rien qui ne fût plus cruel que ses espoirs brisés...

Le cyclone s'était fixé sur les territoires anglais contigus à Pondichéry. South Arcot était ravagé par les crues, les populations menacées par les épidémies. Dans l'enclave française, on faisait le bilan des dégâts. Nombre de toits avaient été arrachés, des clochers d'églises endommagés, des paillotes volatilisées, des palmeraies et des bananeraies détruites. Les routes défoncées étaient barrées par les troncs d'arbres et des chars à bœufs retournés. Les eaux avaient noyé les rizières déjà vides de promesses et des cadavres d'animaux attiraient les oiseaux prédateurs. Gorgée d'humidité, l'atmosphère donnait l'impression à tout un chacun d'évoluer dans un bain de vapeur et les vêtements de Charles étaient trempés alors qu'il inspectait les entrepôts qui n'avaient pas subi d'importants dommages. Sans perdre un instant, les manœuvres réparaient les blessures qu'avaient subies certaines parties des bâtiments. En revanche les bateaux demeuraient une source d'inquiétude. Treguen était parti à bord d'une chelingue afin de vérifier leur état.

— Le *Mélusine* est le plus atteint, informa-t-il Charles à son retour.

Il énuméra de nombreuses avaries pour conclure que le clipper serait immobilisé le temps des réparations.

— J'ai donné l'ordre de décharger les marchandises qui partaient pour Chandernagor.

— Ce que nous destinions aux victimes du Bengale sera distribué autour de nous, constata Charles.

Habitués aux cataclysmes, les Indiens étaient experts en reconstruction. Avec les moyens de fortune, des abris s'édifièrent où s'entassèrent des familles qui, privées du peu qui leur avait appartenu, tentaient de survivre.

De sa demeure d'Ariancoupam, Auguste Fournel avait envoyé des directives à son banquier afin qu'une importante somme d'argent fût prélevée sur son compte en faveur des sinistrés.

En contrebas de la propriété, la rivière s'était emplie, charriant des eaux boueuses et des débris. Dans leurs embarcations, des indigènes tentaient de remonter le courant tandis que des femmes ramassaient, le long des berges, les branches arrachées par la tempête pour les rapporter au foyer. A sa fenêtre, le vieil homme réfléchissait à l'absurdité de l'existence, la sienne et celle des autres. A quoi rimait cette fourmilière dans laquelle tous et toutes se débattaient avec plus ou moins de chance ? Depuis sa maladie, il n'avait pas retrouvé son habituel entrain et savait qu'il ne le récupérerait jamais. Chaque mouvement lui demandait un effort et l'intérêt qu'il avait toujours porté aux êtres et aux choses s'émoussait. Ses lectures ne lui procuraient plus les éblouissements d'antan et les conversations le fatiguaient vite. Seule, dans ce naufrage, surnageait sa relation avec Juliette. Elle était à la fois la fille qu'il n'avait pas eue, une confidente privilégiée et une personne qui, depuis son plus jeune âge, avait déclaré la guerre à la médiocrité ainsi qu'à toutes les injustices. Bien qu'elle ne lui en eût pas fait la confidence, il savait qu'elle s'apprêtait à suivre Louis Tempête et, déjà, il prenait conscience du vide que créerait son absence. Néanmoins, de toutes les forces qui lui restaient, il l'aiderait à imposer son choix à Charles. Auguste se demandait avec lucidité ce que deviendrait la Compagnie Fournel ; il lui semblait qu'elle aussi connaissait ses derniers feux. Son neveu n'avait pas hérité de l'ambition de leurs ancêtres, et les calamités qui ne cessaient de s'abattre sur la région entravaient le travail et rendaient aléatoires les résultats. Les mentalités changeaient et la métropole en viendrait à oublier cette terre lointaine où, avec plus ou moins de panache, des hommes d'origines, de races et de religions différentes avaient inscrit leur histoire.

Avant de regagner le fauteuil dans lequel il passait de longues heures à somnoler, le créole regarda une dernière fois la pluie laver le paysage. Il songea aux tableaux de Turner où, dans les brumes et les vapeurs, se dissolvaient les mondes maritimes et terrestres puis se souvint d'un vaisseau qui, dans un ultime flamboiement d'or et de pourpre, s'enfonçait dans les flots. L'image était magnifique et il ferma les paupières pour en prolonger la puissance.

François Tourvel n'avait pas à déplorer d'importants dégâts. Seules ses rizières de Villenour avaient été submergées par les pluies mais, de toute façon, elles n'auraient donné aucune récolte ! Ayant judicieusement entreposé une grande partie de la production des années précédentes, il attendait que s'étendît la famine pour mettre sur le marché la précieuse manne. Il ne se faisait, hélas, aucune illusion quant à l'attitude de Charles Fournel qui, déjà, volait au secours des indigènes. Ce type ne savait décidément pas utiliser à bon escient les événements, et l'influencer s'avérerait d'autant plus difficile que Treguen, son âme damnée, risquait de s'attarder à Pondichéry. Tourvel avait beau détester le navigateur, il ne pouvait s'empêcher d'admirer son courage et son indépendance. Défenseur de toutes les libertés, ce Breton têtu demeurait imperméable aux flatteries, intimidations ou menaces. Faisant corps avec le *Mélusine,* il ne vivait que pour la mer, même si on chuchotait que madame Galbret ne le laissait pas indifférent. L'idée était par trop ridicule ! Comment imaginer un seul instant qu'une créature élégante, raffinée, cultivée, belle de surcroît, posât les yeux sur un homme qui se moquait des usages mondains et n'était pas expert en galanterie ?

Si Manon avait tout d'abord remercié le ciel d'avoir empêché Hervé de s'éloigner, elle changea vite d'avis en découvrant combien il souffrait de cette escale forcée mais, plutôt que d'en éprouver de la vexation et du chagrin, elle décida de comprendre davantage l'homme qu'elle aimait. N'évoquant plus le temps qui s'écoulait, encore moins leur prochaine séparation, elle le rejoignait dans ses rêves et se fondait dans son idéal. Cette attitude renforça plus qu'elle ne l'avait imaginé leur union. En ne se sentant pas coupable d'aspirer à naviguer, Hervé rompit avec un passé où Françoise, sa femme, se lamentait à chacun de ses départs.

— Auprès de vous, j'ai l'impression de ne plus être jugé pour mes désirs, murmura-t-il alors qu'ils étaient montés sur la terrasse afin de contempler la ville noire dont les maisons s'étaient ornées d'une multitude de petites lumières pour célébrer Tibavali et le triomphe du bien sur les forces du mal.

Chargé de nuages, le ciel n'offrait pas ses étoiles mais une accalmie de la pluie permettait de se tenir à l'extérieur. Après des journées d'enfermement, Manon se sentait presque étourdie par le vent qui venait du large. Accoudée à la balustrade, elle écoutait son amant.

— Il y aura bientôt un an que nous nous sommes rencontrés, soulignait-il, et ce temps à vos côtés m'a transformé. Avant de vous connaître, je n'existais qu'à travers mes voyages et les sensations fortes qu'ils m'octroyaient.

Un silence s'étira puis il ajouta :

— Depuis Ooty, nous avons évité d'aborder le sujet mais, très bientôt, vous allez me quitter.

— Au début du mois de février, répondit Manon d'une voix étranglée.

— Comment vais-je supporter de ne plus vous tenir contre moi, de ne plus respirer votre parfum, de ne plus entendre votre rire ? Comment vais-je supporter que, tôt ou tard, vous en veniez à m'oublier ?

— Vous savez bien que cela n'arrivera pas !

Sans difficulté, Manon imaginait ses journées parisiennes. Sa seule joie serait de retrouver son fils lorsqu'il rentrerait du pensionnat. Sinon... elle se réfugierait dans ses souvenirs et, si elle en trouvait la force, les retranscrirait dans un carnet secret pour que, défiant les années, les mots témoignent de la passion que lui avait inspirée un homme lointain. Immanquablement, elle se rendrait en Bretagne afin d'y trouver le petit port où avait grandi Hervé. En regardant les hommes rentrer de la pêche, elle reverrait l'adolescent qu'il avait été. L'océan se briserait le long des grèves et des plages que survoleraient les mouettes. Elle en rapporterait, enfermé dans un gros coquillage, le grondement afin de l'écouter quand la nostalgie l'envahirait.

En même temps qu'elle se projetait dans l'avenir, il avait saisi sa main et elle vit qu'il glissait à son annulaire une bague ornée d'un rubis.

— Je l'ai choisie pour vous en Birmanie, lui dit-il sur un ton bourru. Elle était depuis longtemps dans ma poche, mais j'étais intimidé. Je ne savais quand ni comment vous l'offrir.

Elle se réfugia contre sa poitrine. Ainsi, sous un ciel de mousson, éclairés par les flammes des lampes à huile qui à l'infini se reflétaient sur la terre inondée, ils venaient de conclure leurs noces secrètes et elle sut que jamais rien de plus magnifique et de plus bouleversant ne pourrait lui arriver.

37

La mousson ne fut pas abondante et si, à la mi-décembre, la population pouvait compter sur l'eau des citernes et des puits, les rizières ne donneraient pas de récolte.

En dépit de ses croyances, Aruni acceptait mal le sort qui s'acharnait contre lui. Les soins prodigués à l'hôpital des indigènes n'avaient pu enrayer la fièvre d'Avarâ. Avant que ne soufflât le cyclone, il avait dû allumer le bûcher funéraire de sa femme et, lorsqu'il n'en était resté que des cendres, il les avait dispersées dans la rivière. Leurs enfants confiés à la garde des grands-parents paternels, Aruni se retrouva seul dans la paillote où résonnaient encore les échos d'une vie familiale. Le naufrage qui lui avait ôté tous ses espoirs et maintenant son veuvage pesaient lourd sur son moral. Il ne lui manquait plus que de se faire renvoyer par l'intendant de monsieur Fournel pour atteindre le pire !

La venue de Kâmeshvarî lui octroya plus de plaisir qu'il ne l'aurait jamais imaginé. Depuis la dispute qui les avait opposés, quand il rêvait de rejoindre des contrées lointaines, ils s'étaient à peine vus. En vérité, Aruni s'était chaque fois arrangé pour éviter sa sœur. Mais aujourd'hui, alors qu'elle avait suivi mademoiselle Fournel pour un séjour au Grand Etang, il ne chercha

Du côté de Pondichéry

pas à l'ignorer, encore moins à la rabrouer quand elle s'approcha avec timidité.

Elle avait grandi et son corps s'était épanoui sous le pagne blanc. Abrités par d'épais sourcils, ses yeux noirs révélaient un mélange de curiosité et de résignation. Fugitivement, un sourire éclaira son visage qui retrouva une expression enfantine.

— Tu avais raison, Kâmeshvarî. Il arrive que les bateaux coulent au fond des océans.

Cette phrase que venait de prononcer son frère lui rappela la réponse qu'elle avait faite l'avant-veille à Juliette quand celle-ci lui avait proposé de la suivre en France où elle allait bientôt se rendre.

— En France ? s'était étonnée Kâmeshvarî.

— Rends-toi compte ! Tu n'y subirais plus le système des castes.

— Et je continuerais à vous servir ?

— Bien sûr.

— Il y a des gens comme moi, là-bas ?

— Très peu.

Face au silence de Kâmeshvarî, Juliette insista :

— Réfléchis bien. Tu ne serais plus une veuve que l'on méprise mais une jeune fille capable de trouver un mari et de donner naissance à de beaux bébés.

Même si ce discours s'avérait alléchant, il n'emporta pas l'assentiment de l'Indienne qui non seulement craignait de monter à bord d'un bateau, mais se voyait perdue au milieu de Blancs qui la mépriseraient pour d'autres raisons que son veuvage. Des questions se pressaient dans son esprit craintif. Où habiterait-elle ? Juliette était restée mystérieuse sur la raison de son départ. Et avec qui converserait-elle dans ce pays où personne ne connaîtrait sa langue ?

— J'aimerais mieux rester à Pondichéry, finit-elle par murmurer.

— As-tu conscience de la chance que tu laisses passer ?

N'obtenant aucune réponse, Juliette ajouta :

— Et es-tu au moins certaine de ne pas changer d'avis ?

En signe d'assentiment, Kâmeshvarî dodelina de la tête.

— Dans ce cas, il ne me reste plus qu'à te faire entrer à l'Ouvroir. Tu aimes broder, n'est-ce pas ?

— Beaucoup.

Chez les religieuses, la servante trouverait le gîte et le couvert en ornant de motifs recherchés le linge de maison qu'utilisaient les créoles. Il fallait être convertie au catholicisme pour y être engagée et les places s'arrachaient. Néanmoins, Juliette savait que si elle faisait un don important pour leurs œuvres, les sœurs accueilleraient sa protégée.

— Sois tranquille, même si elles te prêchent la bonne parole, elles ne te forceront pas à adopter leur religion, conclut-elle en devançant les peurs de la Tamoule.

En regardant Aruni, Kâmeshvarî songea qu'elle faisait bien de ne pas s'éloigner. Il représentait ses seules attaches familiales et, auprès de lui, elle ne se sentait pas entièrement privée d'identité. Sans lui révéler la proposition de Juliette, elle se contenta de s'attarder à ses côtés pendant qu'il arrosait un massif. En silence, l'un et l'autre se laissaient envelopper par la brume qui doucement s'étendait sur l'étang que survolaient des canards sauvages. Au creux des arbres et des bosquets se rassemblaient les oiseaux qui, dans un pépiement ininterrompu, célébraient la tombée du jour. Aruni ne prêtait pas attention au spectacle que lui offrait la nature. Comment en aurait-il été autrement alors que, pour lui qui aurait tant voulu découvrir le monde, l'horizon se bornerait jusqu'à la fin de ses jours à ce paysage bucolique ? A l'inverse, cette immuabilité rassurait sa sœur. L'heure de la puja approchait. Bientôt, elle honorerait ses dieux. Demain, après-demain ressembleraient à aujourd'hui et une nouvelle mousson succéderait à la belle saison. Paria mais fille des Indes, elle revendiquait son appartenance à ce pays de couleurs, d'injustices et de poussière, de magnificence et de croyances. Rien ni personne ne pourrait l'inciter à le renier... même si la perspective d'entrer à l'Ouvroir l'effrayait.

Manon avait accompagné Juliette au Grand Etang où la jeune fille finit par lui dévoiler son secret.
— Louis Tempête souhaite m'épouser.
— Et vous avez mis tout ce temps pour me l'annoncer !
— Ne m'en veuillez pas ! Je suis superstitieuse.
Après avoir évoqué la propriété aixoise où ils s'installeraient, la jeune fille s'inquiéta quant à l'attitude de sa future belle-mère. Comment réagirait-elle à l'irruption d'une inconnue dans l'existence de son fils ? L'accepterait-elle ? Et elle-même serait-elle malheureuse loin de son père et de son oncle ? Louis parviendrait-il à combler ce manque ? Néanmoins, en même temps qu'elle révélait ses craintes, la passion reprenait ses droits. Deux mois s'étaient écoulés depuis qu'il était parti pour Chandernagor et elle avait eu de ses nouvelles par l'intermédiaire d'Auguste Fournel dans une longue lettre qui, en réalité, était destinée à celle qu'il aimait mais à laquelle il n'avait pas encore le droit de s'adresser directement. Ses journées étaient occupées par les réparations que réclamait l'irrigation d'une région qui n'en finissait pas de panser ses plaies. L'aide de la métropole n'excédant pas le dixième de la somme réclamée par le gouverneur Bontemps, il fallait des trésors d'ingéniosité aux secouristes et aux sinistrés pour répondre aux problèmes urgents. Toutefois, le comptoir reprenait vie et, pour la nouvelle année, Louis serait

de retour à Pondichéry où il resterait jusqu'au mois de mai.

— Le temps de nous marier, déclara Juliette à Manon.

Le sujet s'avérant inépuisable, elles n'en finirent pas d'évoquer la cérémonie qui se déroulerait à Notre-Dame-des-Anges où se presserait la colonie créole au grand complet. Juliette évoqua son trousseau que des mains expertes brodaient depuis des années. Et la robe ! Des revues en provenance de Paris avaient été fiévreusement consultées, mais l'avis de Manon ferait autorité.

— J'aurais tant voulu que vous soyez mon témoin !
— Ce sera, hélas, impossible.
— Retardez votre départ.
— Non, Juliette. Je dois respecter les dates que j'ai données à ma famille... et puis...

Elle hésita avant d'ajouter :

— Je vois avec inquiétude arriver la fin de mon séjour aux Indes.
— Je comprends.

Juliette se leurrait ! En dépit de l'amitié et de la connivence qui les liaient, personne ne pouvait imaginer ce qu'éprouvait Manon. Une lancinante douleur fouaillait ses entrailles, l'empêchant de vivre comme l'y aurait incitée sa nature enthousiaste. Hervé était parti pour Chandernagor puis revenu pour repartir vers Colombo. Elle l'attendait pour Noël et cette trêve qui leur serait accordée serait probablement la dernière. Avec régularité des courriers arrivaient de Paris. Son époux viendrait la chercher à Marseille et ils remonteraient ensemble vers la capitale où elle retrouverait son fils et l'appartement de la Plaine Monceau qui, déjà, prenait des allures de sarcophage. Elle voyait défiler d'interminables journées où, obéissant à des gestes d'automate, elle tenterait de croire qu'elle vivait.

Du côté de Pondichéry

La douceur du Grand Etang lui fit néanmoins du bien. A la compagnie de Juliette s'ajoutait une qualité de silence qui, succédant à son travail chez les missionnaires, détendit ses nerfs. Autour de la belle maison, le paysage avait retrouvé une part de ses couleurs chatoyantes mais certains stigmates causés par la canicule étaient encore visibles. Dans les champs, des cultivateurs retournaient la terre amollie par les pluies en espérant que l'avenir se montrerait clément. En les observant, Manon admirait ces tâches accomplies avec patience et résignation. Le choix n'existait pas pour ces êtres qui ne connaissaient qu'un seul mot : survie.

Conscient de parvenir au bout d'une existence bien remplie, Auguste Fournel convoqua son notaire afin de modifier son testament.

— Je tiens à léguer la moitié de mes biens à ma petite-nièce Juliette Fournel. En revanche, les parts que je possède dans la Compagnie Fournel reviendront à son père.

Après s'être préoccupé de doter ses serviteurs et certaines familles du village voisin qu'il avait coutume d'aider, Auguste nomma une congrégation religieuse à laquelle serait versée une somme qui permettrait la fondation d'un dispensaire en faveur des indigènes. Restaient ses collections de tableaux et d'objets précieux dont environ le tiers, répertorié dans un calepin, rejoindrait les musées.

— Je n'ai jamais travaillé, remarqua Auguste, mais j'ai réussi à ne pas entamer le patrimoine légué par mes parents. J'ai même embelli cette maison. Mieux ! Je lui ai donné une âme.

— La vôtre.

— Vous êtes fort aimable, mon cher maître, mais je n'ai fait que procurer un abri aux œuvres qui nous entourent.

Du côté de Pondichéry

— Il fallait du goût !

— Adolescent, j'étais déjà sensible à l'art et à la beauté. Rien d'autre ne me procurait ces instants d'émotion que le temps se chargea de transformer en plénitude. Dans l'incapacité de créer moi-même, je percevais au travers des toiles et des statues la solitude des artistes, leurs exigences et leurs doutes. Je me suis nourri de leur abnégation, de leur ferveur et, à défaut de posséder leur force et leur révolte, j'ai tenté de jouer le trait d'union entre eux et les esthètes qui seront, un jour, bouleversés par leur génie.

A mesure qu'il se confiait, le créole prenait conscience d'avoir accompli la plupart de ses souhaits. Il mourrait sans regrets, un luxe que peu de ses semblables pouvaient se permettre.

Chez les catholiques, on se préparait à célébrer Noël. Des crèches ornaient les églises et celle de la cathédrale, où se pressaient les indigènes convertis à la religion des Blancs, n'en finissait pas d'éblouir adultes et enfants.

Alors qu'à bord d'une chelingue, Louis approchait du débarcadère, il se souvenait de son arrivée qui remontait à plus d'un an et demi. La température n'était pas clémente comme aujourd'hui et, surtout, il n'était attendu par personne. Le visage de Juliette, qui ne quittait pas ses pensées, s'imposa plus fortement. Dans quelques heures, il allait la revoir et son cœur s'affolait. Combien de fois n'avait-il réfléchi à la demande qu'il formulerait à Charles Fournel et combien de fois n'avait-il prié afin que celui-ci ne lui refusât pas la main de sa fille ! Il allait bientôt diriger une propriété de belle envergure et, de la sorte, offrirait à sa femme une existence confortable. Depuis des années, la vente des olives rapportait d'importants et réguliers bénéfices et, s'il parvenait à développer la fabrication de l'huile, les gains doubleraient. Mais, avant tout, il se sentait enfin capable de ne pas décevoir

Juliette. Conscient des risques qu'elle prenait en abandonnant sa famille pour le suivre, il voulait lui rendre au centuple la confiance qu'elle lui accordait. Son séjour à Chandernagor avait coïncidé avec son besoin de conclure une paix définitive avec lui-même et, là-bas, un événement était survenu qui l'avait libéré de ses ultimes démons.

Il travaillait avec une équipe d'ingénieurs au bord d'une rivière dont le courant était amplifié par les crues quand des cris d'enfants attirèrent son attention. En amont, trois garçonnets, affolés, gesticulaient sur la rive et Louis comprit qu'un quatrième était tombé à l'eau. Rapidement, il se libéra de sa redingote et de ses bottes puis, dès qu'il vit apparaître une tête, plongea dans sa direction. Sa jeunesse au bord de la Méditerranée avait fait de lui un excellent nageur, néanmoins le courant, plus redoutable qu'il ne l'avait cru, l'empêchait d'atteindre le petit Indien. Un arbre renversé par le cyclone entrava soudain la descente de celui-ci. Au moment où Louis parvenait à le rejoindre il pensa qu'il était, hélas, trop tard. En maintenant le noyé contre sa poitrine, il tenta de le ramener vers la berge mais il avait beau nager, il était entraîné vers un cours d'eau de plus gros débit dans lequel, immanquablement, il se noierait. S'il avait été seul, il aurait eu davantage de liberté pour lutter, toutefois il ne pouvait se résoudre à abandonner l'enfant même s'il le pensait mort. Dans un ultime sursaut de résistance, il tenta d'approcher un amas de branchages qui semblaient reliés à la berge et alors qu'il s'imaginait que tout était perdu, sa main s'accrocha à du bois. A peine atteignit-il la terre ferme qu'il déposa l'enfant inerte sur l'herbe. Oubliant son propre épuisement, il commença d'appuyer sur sa poitrine afin de libérer les poumons du liquide absorbé. Une fois, deux fois, trois fois... Rien ne se produisait ! Des larmes de rage dans les yeux et le souffle court, Louis persista et, peu à peu, le petit reprit vie. Sur l'autre rive, les ingénieurs leur adressaient des signes. Louis ne les voyait pas. Toute son attention se concentrait sur celui qu'il venait de sauver et qui tremblait de tous ses membres.

— Ne t'inquiète pas, répétait-il en tamoul avant de se souvenir qu'il se trouvait au Bengale.

Après avoir débarqué à Pondichéry, il gagna la pension où il avait coutume de résider. Une lettre de sa mère l'y attendait dans laquelle elle lui avouait son soulagement de savoir qu'il consacrerait son énergie au développement de la propriété. L'esprit apaisé par cette décision, madame Tempête allait se retirer chez les religieuses où elle avait toujours souhaité finir ses jours. Louis ne pouvait que se réjouir de ce choix qui lui permettrait de vivre en toute intimité avec Juliette. Son inquiétude d'affronter Charles Fournel se transforma en impatience. Après une rapide toilette, il se vêtit de son plus beau costume puis, avec une âme de vainqueur, se rendit rue des Capucins.

Dans la véranda, Juliette donnait des directives à l'aya chargée des compositions florales. Lorsqu'elle le vit franchir le porche, elle crut que son imagination lui jouait des tours.

— Louis, s'écria-t-elle en courant à sa rencontre.

Il serra entre les siennes les mains qu'elle lui tendait et, en même temps qu'il la contemplait, remerciait le destin de les réunir après tant de péripéties dont certaines auraient pu se transformer en drame. Rien ni personne ne les séparerait plus ! Il s'en faisait le serment tandis qu'il se retenait pour ne pas attirer contre lui celle qui avait su l'aimer quand il avait perdu foi en lui-même.

— Votre père est-il là ?
— Il vient de terminer sa sieste.

— M'autorisez-vous à lui parler ?
— Je monte le chercher, répliqua Juliette avec un rire heureux.

— Epouser Juliette, répétait Charles abasourdi.
— Oui, monsieur. Vous avez bien compris ma requête.
— J'ignorais que vous comptiez vous installer à Pondichéry.
— Il ne s'agit pas de cela !
En quelques phrases, Louis expliqua la situation à Charles Fournel qui sursauta en découvrant que sa fille envisageait de vivre en France.
— Enfin, monsieur, Juliette est une enfant ! Elle ne se rend pas compte des risques qu'entraînerait une telle alliance.
— Je crains que vous ne sous-estimiez la lucidité de votre fille.
— Sans vouloir vous offenser, je la connais depuis plus longtemps que vous. Elle est entière, fantasque, imaginative.
— Et fidèle à ses convictions.
— Hélas, admit Charles qui maîtrisait mal sa nervosité. Mais pour que je comprenne mieux la situation, revenons au point de départ... Caressiez-vous le projet de vous marier depuis longtemps ?
— Nous en avons parlé avant mon départ pour Chandernagor.
Charles allait de surprise en surprise. Ainsi, sans qu'il s'en fût aperçu, s'étaient échangés des serments qui remettaient en cause les espoirs qu'il avait nourris pour son enfant. Il connaissait peu Louis Tempête, sinon pour l'avoir invité une ou deux fois et rencontré chez Auguste ou dans les manifestations officielles de la colonie. On le disait intelligent, compétent dans son travail, sérieux... mais lui permettre d'emmener Juliette à l'autre bout du monde ! Au prix d'un grand effort de

courtoisie, il l'écoutait vanter les mérites de la Provence. Juliette ne manquerait de rien. La propriété était spacieuse et confortable. Quant aux moyens financiers ? Depuis que Louis avait hérité de son père, il possédait une honnête fortune et, surtout, il ne ménagerait pas sa peine pour développer ses terres.

— Avez-vous conscience de me mettre au pied du mur en m'accordant un temps minime de réflexion ?

— Oui, monsieur. Toutefois, je ne suis pas responsable de ma date d'embarquement. Mon contrat se termine bientôt et ma mère compte sur mon retour.

Marchant de long en large à travers la pièce, Charles avait laissé s'éteindre sa pipe. Sa première réaction était de refuser la demande du jeune homme. Néanmoins avait-il le droit, pour ne pas se priver de Juliette, de lui couper les ailes ?

— Soyons clairs, déclara-t-il à Louis, je n'ai aucune acrimonie contre vous mais Juliette est mon seul enfant et, si vous la rendiez malheureuse, non seulement je ne vous le pardonnerais pas mais...

— Je ne la rendrai pas malheureuse, l'interrompit Louis.

La conviction avec laquelle il prononça ces mots ébranla son interlocuteur.

— Comment pouvez-vous être si sûr de vous ?

Empêchant Louis de rétorquer, Juliette, impatiente, frappa à la porte.

— Alors ? murmura-t-elle avec un sourire inquiet.

— Je demande à réfléchir, lui répondit son père.

— Papa... Je vous en supplie ! Essayez de nous comprendre !

— Cela suffit !

Se tournant vers Louis, Charles ajouta :

— A la fin de la semaine, je vous donnerai ma réponse, mais, en attendant, je vous prie de ne pas chercher à rencontrer ma fille.

38

— Juliette ! Epouser monsieur Tempête ! s'exclama Joséphine lorsque Charles lui apprit la situation.
— Il ne manque pas de qualités.
— Qu'en savez-vous ? Et que savez-vous de sa famille, de sa position en France ? Il peut vous raconter ce qu'il veut.

Face à cet argument, Charles baissa la tête. Il était vrai que personne n'avait vérifié les dires du prétendant.

— Pardonnez-moi, mon ami, poursuivit la jeune femme, mais je ne comprends plus vos agissements. D'un côté, vous ne donnez pas suite à la demande de monsieur Tourvel dont nous connaissons la situation sociale et, d'un autre, vous paraissez ébranlé par la proposition d'un inconnu.

— Juliette affirme l'aimer.
— L'amour est-il un argument valable lorsqu'il s'agit de se marier ?

Emportée par la jalousie, Joséphine venait de prononcer des mots dont la teneur ne pouvait qu'ébranler Charles.

— Tiens... moi qui pensais que vous teniez, alors, un peu à moi.
— Il ne s'agit pas de nous.

— Vous évoquiez pourtant les sentiments amoureux.
— De façon générale.
— Dans ce domaine, chaque cas est particulier et l'avenir de Juliette mérite réflexion.
— Comment pouvez-vous porter de l'attention à ce qui n'est rien d'autre qu'un engouement ?

En même temps qu'elle tentait de contrer les désirs de sa belle-fille, Joséphine sentait s'enfler sa rage. Cette petite peste n'allait tout de même pas vivre en métropole alors qu'elle-même continuerait de dépérir à Pondichéry ! Un plan s'échafaudait dans son esprit. Il lui fallait, sans perdre un instant, avertir François Tourvel.

Chez les Fournel, l'atmosphère devint vite oppressante. Enfermée dans sa chambre, Juliette trouvait que les minutes ressemblaient à des heures. Elle avait fait porter une longue lettre à son oncle auquel elle réclamait de l'aide. Auguste Fournel parviendrait-il à influencer dans le bon sens son neveu Charles ? Sinon... sa décision était prise. Elle s'enfuirait jusqu'à Madras où elle embarquerait pour l'Europe. Ses économies lui permettaient d'acheter un billet et, en France, son futur mari prendrait soin d'elle. Cet adieu définitif à ses origines et aux siens l'effrayait moins que de perdre Louis.

Kâmeshvarî jeta vers sa maîtresse un regard affolé lorsque celle-ci, ayant débuté une grève de la faim, refusa de gagner la salle à manger. Jamais elle ne lui avait connu une telle détermination ! Que s'était-il passé ? Dans les offices, les serviteurs n'en finissaient pas de chuchoter. Mademoiselle Juliette s'était-elle disputée avec la maîtresse dont le mauvais caractère s'était encore accentué ?

Joséphine était, en effet, sortie de sa léthargie. Sa première visite avait été pour François Tourvel qui, après l'avoir écoutée, murmura :

— Voilà pourquoi il séjournait à Ariancoupam avant son départ pour Chandernagor ! Et moi qui, naïvement, pensais qu'il s'intéressait à madame Galbret.

— Qu'envisages-tu de faire ? Le temps presse.

Assis derrière son bureau, le créole observait sa visiteuse comme un chat qui guette sa proie.

— Tu sembles beaucoup tenir à ce que je devienne ton gendre mais, maintenant que nous ne sommes plus amants et que nous n'avons plus besoin de brouiller les pistes, je ne comprends pas la raison d'un tel acharnement.

— Tu n'es pas un mauvais parti.

— Je ne suis pas certain que l'avenir de ta belle-fille t'intéresse au point de vouloir t'en préoccuper.

— Qu'en sais-tu ?

— Et si j'avais changé d'avis ?

— Tu plaisantes !

— En effet, je plaisante. Juliette me déçoit de jour en jour mais elle est la seule, au milieu de tous ces laiderons, à qui je puisse donner mon nom.

Tout en parlant, il s'était approché de Joséphine.

— Et puis... pourquoi ne reprendrions-nous pas nos habitudes, toi et moi ?

— Arrête... tu n'es pas drôle.

— Qui dit que je m'amuse ?

— Tu sais bien que Charles est d'une nature jalouse. Je dois faire attention.

— Aurait-il des soupçons ?

— Sur notre liaison ?

Joséphine n'aimait pas le regard dont l'enveloppait François.

— Madame Lebreton me tenait en haute estime, répliqua-t-il. Il faut avouer que je lui donnais de grosses sommes d'argent pour ses œuvres.

— Pourquoi changes-tu de sujet ?
— Je n'en change pas. Elle m'a fait quelques confidences.
— Madame Lebreton était devenue folle.
— Avec des éclairs de lucidité. Selon ses dires, tu aurais eu quelques faiblesses pour son défunt pensionnaire.
— J'en ai suffisamment entendu, sursauta Joséphine avant de se diriger vers la porte.

La main sur la poignée, elle se retourna. Une expression cruelle se dessinait sur le visage de Tourvel.

— Aide-moi à obtenir la main de Juliette et j'oublierait tout ce qui m'a été révélé...

Le soir même, Joséphine revint à la charge auprès de Charles, mais le sujet tombait mal.

On savait depuis longtemps qu'il n'y aurait pas de récolte de riz en janvier. La canicule puis les inondations avaient ravagé les rizières et, face à cette situation, le gouverneur Bontemps avait envoyé des bateaux pour la Cochinchine afin qu'ils en rapportent de quoi subsister. En attendant, la population avait faim ! Charles, qui régulièrement faisait distribuer ses réserves, portait un regard sévère sur ceux qui spéculaient. L'après-midi même, le capitaine Treguen l'avait averti que, à Villenour, des employés de François Tourvel avaient frappé avec violence des indigènes venus réclamer de la nourriture et l'on disait que, dans les jours à venir, la Compagnie Tourvel mettrait sur le marché du riz à un prix exorbitant.

— Ma chère, il serait grand temps d'ouvrir vos yeux, déclara Charles à sa femme qui, après avoir vitupéré contre Louis Tempête, énumérait les qualités de Tourvel.

— Que voulez-vous dire ?
— Cet individu est dépourvu d'honneur et de cœur.

Du côté de Pondichéry

Les propos de son mari inquiétèrent Joséphine. Il lui serait difficile de le faire fléchir et, pourtant, elle ne pouvait renoncer. Connaissant l'esprit vengeur de François, celui-ci ne lui épargnerait aucune humiliation si elle n'obéissait pas à sa demande. Si seulement Charles cessait d'écouter ce navigateur qui prêchait la charité ! Il était, hélas, difficile de s'opposer à Hervé Treguen que rien ni personne n'intimidait.

Pendant que Joséphine se débattait dans une toile d'araignée, Hervé soupait chez Manon avec Louis qui était venu chercher du réconfort chez son amie.

— Ne vous inquiétez pas, lui disait-elle. Monsieur Fournel est un homme de bon sens et il ne veut certainement pas causer du chagrin à sa fille.

— Dieu vous entende !

Manon resserra les pans de son châle autour de ses épaules puis chercha le regard d'Hervé qui semblait absent de la conversation. Ils étaient installés sous la véranda autour d'une table ronde où étaient disposés des currys de crevettes et de légumes car la jeune femme appréciait la cuisine locale. Elle se félicitait du temps qui leur permettait de vivre à l'extérieur. Le matin même, le jardinier avait repris son travail et, en le regardant ensemencer les plates-bandes, elle s'était souvenue qu'elle ne profiterait pas de la floraison. Dans un peu plus d'un mois, ses malles et ses cartons prendraient le chemin de l'embarcadère puis elle donnerait les clés de la maison aux nouveaux propriétaires. Sans tarder, des ouvriers envahiraient les lieux et, à coups de pioches, effaceraient ses souvenirs. Pour égayer ses pensées et celles de son hôte, Manon lui posa des questions sur sa propriété aixoise dont il lui fit un descriptif minutieux avant de l'inviter à y séjourner.

— Pourquoi pas ? répondit-elle en ne s'attardant pas sur le sujet.

Du côté de Pondichéry

Devant Hervé, elle n'aimait pas évoquer la vie qui l'attendait en France. Il lui en était habituellement reconnaissant mais, ce soir, ses pensées ne pouvaient s'éloigner du but qu'il s'était fixé. Depuis longtemps, le navigateur souhaitait en découdre avec François Tourvel. L'émigration des coolies à bord de bateaux-cimetières, les spéculations autour du riz, les mauvais traitements réservés aux employés n'étant pas acceptables, il allait y mettre de l'ordre et, parallèlement, rendrait service à Louis Tempête en le débarrassant d'un rival qui s'était déjà vanté, à travers la ville, d'épouser Juliette.

— Vous nous aviez faussé compagnie, lui dit Manon quand ils furent seuls.

— J'étais un peu fatigué.

Fatigué ! Jamais elle ne lui avait connu ce regard guerrier !

— Monsieur Tourvel est occupé, répondit un contremaître à Hervé.

— Peu m'importe ! Je veux le voir, répliqua celui-ci en se frayant un passage jusqu'au bureau du négociant qui sursauta en le découvrant sur le seuil de la porte.

— Treguen ! Que se passe-t-il ?

— Je vais être bref. Si vous ne vendez pas au prix le plus bas vos réserves de riz, j'assiège vos entrepôts et je mets le feu à vos bateaux.

— Vous perdez la tête !

— Détrompez-vous.

— Je pourrais vous faire arrêter pour menaces.

— Et moi pour toutes vos malversations. Rien dans vos chargements n'est conforme aux règles en vigueur.

— Qui vous croira ?

— Je fournirai des preuves.

Tourvel perdit son sourire méprisant. Que savait réellement Treguen, en particulier sur son trafic de pierres précieuses ? Les marins parlaient entre eux pendant les escales.

— Vos intimidations ne me feront pas changer d'attitude, répondit-il sur un ton de bravade. Et puisque vous paraissez affectionner ce langage, je vous conseille, à mon tour, de ne pas vous mêler de mes affaires.

— Vous n'êtes décidément qu'un minable.

— Répétez, s'écria Tourvel en bondissant de son siège.

— Vous n'êtes qu'un minable.

D'une voix suraiguë, le créole appela son contremaître à la rescousse.

— Emmenez cet homme !

— Pas besoin de me pousser vers la sortie. Je la connais ! Mais, auparavant, je voudrais m'accorder un plaisir.

Le poing d'Hervé s'écrasa contre le visage de son interlocuteur qui, sous le choc, vacilla. Lorsqu'il reprit ses esprits, le navigateur se trouvait dans la pièce voisine. Il le rattrapa et une bagarre commença devant les coolies qui, plaqués contre le mur, n'osaient bouger. Habité par la violence, Tourvel n'aurait pas hésité à tuer son adversaire s'il avait eu le dessus mais à sa force Treguen ajoutait une étonnante souplesse. Esquivant les attaques, il savait, en revanche, diriger les siennes. Aveuglé par le sang qui coulait de son arcade sourcilière ouverte, Tourvel subissait des coups de plus en plus précis et rapprochés. S'agrippant à son ennemi, il parvint néanmoins à le faire rouler par terre. Jamais les indigènes n'avaient vu s'affronter des Français de leur rang et l'affolement se lisait dans leurs yeux sombres. Couvert de copeaux de bois, leur patron manquait de souffle et avait perdu sa morgue. Quand il sentit Tourvel au bord de l'évanouissement, Hervé le relâcha puis, après s'être relevé, descendit les escaliers sans lui jeter un regard.

Du côté de Pondichéry

Sonné par la rixe, il traversa le cours Chabrol et fit quelques pas le long du rivage. La brise marine l'apaisait. Peu à peu, son pouls redevint régulier. Des passants le dévisagèrent avec curiosité. Alors qu'il remettait de l'ordre dans ses cheveux, il se rendit compte que lui aussi saignait. Ce n'était rien en comparaison de ce qui pourrait se produire car Tourvel, humilié devant ses employés, ne s'en tiendrait pas à une défaite. S'attendant à une réplique musclée, Hervé savait qu'il devrait se montrer prudent. Un accident pouvait si vite arriver ! Toutefois, il n'avait pas peur. Depuis des années, il bravait le danger et, aujourd'hui plus que jamais, l'idée de mourir ne le révoltait pas. La vie lui ayant apporté plus qu'il n'en attendait, il n'était pas à la recherche d'un sursis. Ses enfants étaient à l'abri du danger et du besoin, le *Mélusine* trouverait un autre capitaine, et Manon... A mi-voix, il répéta son prénom. Ni l'un ni l'autre n'évoquaient le prochain départ de la jeune femme, pourtant, en dépit des efforts qu'elle faisait pour paraître gaie, il la savait tourmentée. Manon ! L'amour qu'il lui portait le rendait peu soucieux d'un avenir dont elle serait absente.

— Bonjour, capitaine, lui dit une voix juvénile.

A ses côtés marchait le jeune Emile qui, souvent, venait goûter chez Manon.

— Vous êtes blessé, remarqua l'adolescent avec étonnement.

— Ce n'est rien, répliqua Treguen en passant à nouveau son mouchoir ensanglanté sur son nez.

— Il est beau le *Mélusine*, disait Emile dont les mains en visière devant les yeux lui permettaient de mieux discerner le clipper qui, dans la rade, attendait un prochain appareillage.

— Je pourrais t'emmener un jour à bord, proposa le marin.

— C'est vrai !

— Laisse-moi ton adresse et je te ferai prévenir.

Rapidement, Emile griffonna sur un morceau de papier qu'il sortit de sa sacoche les coordonnées de sa tante puis il avoua :

— Au début, je détestais les navires.

— Ah oui ! Pourquoi ?

— Je ne voulais pas quitter la France et ma mère.

Le capitaine demeurant silencieux, il poursuivit :

— J'ai changé d'avis depuis que je vis à Pondichéry. J'aimerais même devenir marin.

— Pour quelle raison ?

— On doit se sentir libre !

— Et la mer, tu ne la crains pas ?

— Ni plus ni moins que le reste !

— Voilà une sage réflexion.

— Vous vous moquez de moi, n'est-ce pas ?

— Détrompe-toi ! J'ai connu les mêmes désirs lorsque j'avais ton âge.

— Vous avez toujours rêvé de naviguer ?

— Au début, je n'ai pas eu le choix. J'ai fait comme mon grand-père et mon père. Seulement, la pêche ne me suffisait pas ! J'avais besoin de découvrir le monde.

Au fur et à mesure qu'il conversait avec ce garçon dont il appréciait l'enthousiasme et la franchise, Hervé sentait diminuer sa tension.

— Madame Galbret m'a conseillé de vous parler. J'avais peur de vous aborder.

— Peur de m'aborder !

— Vous êtes intimidant.

Hervé eut un grand rire qui se transforma vite en grimace. Il avait oublié sa plaie qui recommençait à saigner.

— Mais elle m'a dit de ne pas me fier aux apparences.

— Et que t'a-t-elle raconté encore ?

— Que vous étiez bon et authentique.

— Madame Galbret est d'une nature indulgente.

Ils s'étaient éloignés du rivage et leurs pas les avaient menés à la lisère de la ville noire, devant la maison d'Hervé.

— Entrons. Je vais te prêter quelques livres.

L'aspect de la demeure laissait toujours autant à désirer mais l'attention d'Emile se porta vers les rayonnages où des boussoles voisinaient avec des sextants et des mappemondes de différentes tailles. Mêlés à des volumes, il y avait des carnets recouverts de moleskine noire et des souvenirs de lointains périples.

— Je t'abandonne le temps de me nettoyer le visage, lui dit le navigateur avant de quitter le salon.

Par la porte entrouverte sur le bureau, Emile aperçut le portrait de Manon Galbret. Il se souvint alors de l'après-midi où, avec Louis Tempête, ils s'étaient présentés rue des Capucins. Discrètement il s'approcha. Dans ses habits orientaux, Manon souriait. Ses doigts jouaient avec un sautoir de perles baroques. Derrière elle, des plantes et des fleurs donnaient au tableau un caractère d'exotisme que renforçait le perroquet qui, sur son perchoir, dominait la scène. Cette découverte permit à Emile de comprendre la véritable relation qui unissait le capitaine et madame Galbret mais sa pudeur l'incita à ne pas s'attarder sur un sujet qui concernait les adultes.

— Je vais te montrer mes premiers carnets de bord, proposa Hervé qui l'avait rejoint.

Deux heures s'écoulèrent sans que ni l'un ni l'autre n'en eussent conscience et, si le maître des lieux songeait que ses paroles transformeraient peut-être l'engouement d'un adolescent en véritable vocation, celui-ci sentait s'estomper sa peur de rester seul lorsque Louis Tempête et Manon Galbret quitteraient à tout jamais Pondichéry.

39

François Tourvel était rentré chez lui vexé, furieux et mal en point. Frôlant à peine le sol de leurs pieds nus, les serviteurs tentèrent de devancer ses souhaits mais rien, après la bagarre qui l'avait opposé à Treguen, ne pouvait le contenter. Pour apaiser ses contusions, une aya appliqua des onguents sur son visage et son corps que le tub n'était pas parvenu à délasser.

— Laisse-moi, maintenant, lui ordonna-t-il quand elle eut terminé de préparer son lit.

Incapable de trouver le repos, il fit monter du brandy dans sa chambre. L'alcool semblant dénouer ses nerfs, il en but une grande quantité puis, d'un pas chancelant, se dirigea vers sa couche afin d'y entamer la sieste qui momentanément lui apporterait l'oubli.

A Pondichéry, les nouvelles allaient vite et Charles apprit, dans l'heure qui suivit la rixe, que son associé avait fait mordre la poussière à Tourvel. Décidément la colonie connaissait trop de remous, ces derniers temps, et il en fit la réflexion à Auguste qui venait d'entrer à l'improviste dans son bureau.

— Je suis enchanté que notre ami lui ait donné une bonne raclée, répliqua le vieil homme. Ce type est un ver dans le fruit.

Du côté de Pondichéry

— Sans nul doute, mais nous pouvons craindre des représailles.
— Tu penses au *Mélusine* ?
— Pour commencer.
— Tourvel désirant épouser Juliette, cela m'étonnerait qu'il cherche à te nuire.
— Juliette ! Parlons-en ! Elle s'est mis dans la tête de suivre en métropole Louis Tempête.
— Ah oui, répondit avec pondération Auguste.
— Cette idée ne vous révolte-t-elle pas ?
— Pourquoi ? J'ai de la sympathie pour ce jeune homme.
— Moi aussi. Mais de là à lui accorder la main de ma fille !

Auguste connaissait suffisamment son neveu pour savoir qu'il ne fallait, en apparence, pas le contrer.

— Quel serait, à ton avis, l'avenir idéal pour Juliette ?
— J'aimerais qu'elle trouve un mari qui lui offre l'existence agréable à laquelle elle peut prétendre.
— A Pondichéry ?
— N'est-ce pas là qu'elle a toujours vécu ?
— As-tu des prétendants en tête ?
— Jusqu'à présent, je ne m'étais pas véritablement penché sur le sujet. Il y avait Tourvel, et Joséphine m'incitait à l'accepter pour gendre.
— Cette idée n'étant plus envisageable, il serait judicieux d'élargir le débat. De nombreuses personnes souhaiteraient gagner l'Occident. Ta femme, par exemple.
— Il ne s'agit pas de Joséphine mais de Juliette. Si jamais elle ne trouvait pas auprès de ce garçon ce qu'elle en attend, que deviendrait-elle loin de nous ?
— Et à l'inverse... si tu l'empêches de l'épouser, crois-tu qu'elle sera heureuse ?

Charles tournait avec nervosité un crayon entre ses doigts. Si seulement Louis Tempête avait pu ne jamais débarquer à Pondichéry ! Si seulement il avait pu ne pas tomber amoureux de Juliette et si seulement elle avait pu le juger insipide ! Déchiré entre ses sentiments paternels, sa méfiance envers un inconnu et une certaine dose d'égoïsme, il attendait que, de son oncle, vînt la solution.

— Lorsque tu as décidé que Joséphine porterait ton nom, lui demandait celui-ci, n'aurais-tu pas détesté que l'on te mette en garde ?

— Certainement... mais je la connaissais depuis un certain temps !

— Connaît-on quelqu'un avant de partager la vie de tous les jours ?

Charles ne répondit pas. Comment aurait-il avoué que Joséphine ne correspondait plus à celle qu'il avait aimée ? Les révélations de madame Lebreton puis les reproches de sa femme pendant la nuit du cyclone avaient anéanti ses certitudes. Pour sauvegarder les apparences, ils vivaient en bonne intelligence mais la passion s'était envolée.

— Que dois-je faire, mon oncle ?

— Penser à ce qui est bon pour Juliette. Nous, les hommes, nous sommes occupés par nos affaires mais, pour nos compagnes, l'existence est étriquée à Pondichéry. Ta fille peut aspirer à autre chose qu'aller aux bals du gouverneur et donner des ordres aux serviteurs. Elle est belle, elle a de la personnalité et du talent. Donne-lui les moyens de s'épanouir.

Dans le regard de son neveu, Auguste perçut qu'il flanchait.

— Tu sais, Charles, je ne suis que le grand-oncle de Juliette mais je l'ai toujours considérée comme ma petite-fille. Son départ, s'il se produit, sera pour moi un crève-cœur.

— Mais alors... vous plaidez contre vous-même !

— Je l'aime, tout simplement, et, si elle a une chance

d'être heureuse auprès de Louis Tempête, je souhaite que personne ne la lui enlève.

— Comment pourrais-je vous donner tort ? lui répondit Charles.

Tourvel s'éveilla en fin d'après-midi. Vêtu d'une robe d'intérieur en soie gris pâle, il se dirigea vers un miroir. Son visage était tuméfié. Il avait un œil à demi fermé et sa lèvre supérieure avait doublé de volume. Des souvenirs embrumés par des relents d'ivresse revenaient à son esprit. La morgue de Treguen, son mépris ! Jamais on ne l'avait traité de la sorte ! Des projets de vengeance germèrent. On verrait quel bateau brûlerait le premier ! Et le créole ne s'en tiendrait pas là. Il ferait assassiner celui qui avait osé le défier devant ses employés. Trouver des hommes pour accomplir cette besogne ne serait pas difficile. D'une main tremblante, il se versa à nouveau du brandy puis but à la mort prochaine de son ennemi. Une demi-heure plus tard, il était saoul et ce fut d'une démarche pesante et hésitante qu'il descendit l'escalier en s'appuyant sur l'épaule d'un boy. Pris d'une sensation de vertige, il bénit le fauteuil dans lequel il se laissa tomber sous la véranda.

— Sers-moi du brandy, ordonna-t-il d'une voix pâteuse à un serviteur qui obéit avec empressement.

En dépit de la fraîcheur accompagnant le crépuscule, Tourvel avait chaud et des auréoles de transpiration marquaient son peignoir. Le grondement de l'océan lui parvenait plus fort que d'habitude, et les cris stridents des perruches, qui volaient d'arbre en arbre, ne tardèrent pas à l'exaspérer. Avec difficulté, il se mit debout puis, quittant l'allée, se dirigea vers les bananiers que jouxtait un petit mur de pierres. La distance parcourue lui sembla interminable. Essoufflé, il se baissa pour ramasser de gros cailloux afin de les lancer vers les oiseaux mais s'écroula à plat ventre au pied d'un épais buisson. Ne parvenant pas à se relever, il appela à l'aide. Entre ses doigts glissa alors un éclair sinueux dont le vert se confondait avec celui de la végétation.

— Aïe, s'exclama-t-il en regardant sa main.

Son attention ralentie par l'alcool se porta néanmoins sur les efforts qu'il dut fournir pour se mettre debout. Aidé par deux domestiques, il revint vers son siège.

— Chassez ces bestioles. Elles font trop de bruit.

Ce furent ses dernières paroles. Sa main gauche le faisait de plus en plus souffrir et l'engourdissement gagnait son bras. Il voulut appeler mais aucun son ne franchit ses lèvres. Dans la salle à manger, à quelques pas, s'organisaient les préparatifs du souper et lorsqu'une aya vint le chercher pour l'aider à monter dans sa chambre et s'habiller, elle le trouva inerte.

— Le maître a trop bu. Il dort, avertit-elle le dobachi.

L'attitude rigide de François Tourvel alerta l'indigène qui, en le touchant, comprit qu'il était mort. Affolé, il envoya quérir le médecin qui se présenta un quart d'heure plus tard.

— Le maître a bu plus que d'habitude et...
— A-t-il quitté la véranda ?
— Oui, il a marché dans le jardin.
— Regarde.

Entre les doigts de la main gonflée et raide, le praticien venait de localiser une morsure.

— Serpent-bananier, constata-t-il.

Pendant que Tourvel accomplissait son ultime sieste, Treguen alla chercher cinq de ses hommes auxquels il expliqua la situation, puis ils partirent en direction de Villenour où se trouvaient les rizières et les remises à grains du créole.

Groupés devant l'une d'entre elles, des hommes, des

femmes et des enfants, un bol ou un récipient entre les mains, attendaient de pouvoir acheter, selon leurs faibles moyens, du riz.

Sans se montrer, Treguen et ses marins attendirent derrière un bosquet d'épineux que les portes s'ouvrent devant des employés qui, dehors, installèrent une balance puis sortirent des sacs de jute. Le prix du riz était, bien entendu, très élevé mais les vendeurs crièrent haut et fort qu'il augmenterait encore dans les jours à venir. Un mouvement d'inquiétude parcourut la foule. Des mères s'approchèrent en implorant pendant que, profitant du désordre, des adolescents se saisissaient d'un sac resté à l'écart puis, à la vitesse de l'éclair, l'emportaient.

— Aux voleurs, aux voleurs, vociféra le contremaître chargé du pesage.

Ce fut le début d'un pugilat. Des indigènes se jetèrent sur la nourriture qui leur faisait tant défaut. Des femmes se battirent tandis que des enfants s'agrippaient à leurs pagnes.

— C'est le moment, lança Treguen à ses compagnons.

En quelques enjambées, ils parvinrent jusqu'aux sacs.

— Ouvre-les, ordonna-t-il à un employé de Tourvel médusé par leur irruption.

Le Tamoul roulait des yeux effarés face à cet Occidental dont la personnalité et la carrure imposaient le respect. Il chercha de l'aide auprès de ses collègues mais ceux-ci, encadrés par les marins, n'étaient pas en situation de le réconforter.

— Allez, dépêche-toi, insista Treguen devant lequel les acheteurs s'étaient tus.

Le riz fut descendu à son tarif normal et, sous l'autorité du capitaine, chacun acheta la ration qui lui convenait. A genoux, une vieille femme tentait de récupérer dans un gobelet cabossé des grains qui avaient roulé par terre. Hervé s'empara du récipient, paya pour qu'on le remplisse à ras bord puis le rendit à sa propriétaire. Alertés par leurs voisins, des Indiens arrivaient en courant. Il fallut sortir de la remise de nouveaux sacs et, jusqu'à la nuit, la distribution se poursuivit.

En revenant vers Pondichéry, Hervé avait conscience que son action ne représentait qu'une goutte d'eau dans l'océan d'injustice et de misère qui l'entourait. Dès le lendemain matin, Tourvel serait averti et le *Mélusine* devrait être gardé avec une vigilance de tous les instants. Epuisé par sa journée, il ne s'arrêta pas chez Manon dont les fenêtres étaient pourtant éclairées. Connaissant sa perspicacité, il craignait qu'elle ne devinât ses inquiétudes. Chez lui, il ne toucha pas au repas frugal que lui apporta son serviteur mais s'installa dans le salon où sur une table s'entassaient les livres qu'il avait tout à l'heure montrés à Emile et qu'il n'avait pas encore rangés. Il songea à ses enfants que Françoise couvait avec un soin jaloux. Selon les nouvelles qu'elle lui envoyait chaque début de mois, ils étaient en bonne santé et appréciaient la Bretagne. Au travers des lignes, Hervé comprenait que sa famille n'avait aucun besoin de sa présence. Pour celle qui portait son nom, il n'était que le dispensateur de revenus leur assurant une existence convenable. A ce propos, elle lui réclamait, dans sa dernière missive, l'autorisation de vendre la ferme dans laquelle il avait grandi afin de s'installer à Lorient où elle se sentirait moins isolée. La nostalgie de perdre ce qui le reliait à ses ancêtres et à son enfance l'envahissait mais il lui donnerait sans amertume la permission qu'elle souhaitait. Avec le sentiment que sa vie s'effilochait, il s'habituait tant bien que mal à l'idée du renoncement. Ce soir où tout ne se résumait plus qu'à un point d'interrogation, il enviait les sages qu'il avait croisés au fil de ses pérégrinations. Ne rien désirer, ne pas s'attacher ! Vaincu par la fatigue, il

Du côté de Pondichéry

s'endormit dans un fauteuil et, comme à l'accoutumée, ce furent les psalmodies du temple voisin qui le sortirent d'un sommeil entrecoupé de rêves étranges. Une mauvaise position ayant provoqué des courbatures, il s'étira longuement puis demanda un café noir et serré. Sa nature combative reprenait le dessus et, lorsqu'il gagna le commissariat maritime, il était de nouveau prêt à affronter Tourvel. Quelle ne fut sa stupéfaction d'apprendre qu'il était mort !

— Mort ! Mais je l'ai quitté hier matin !

— Un serpent-bananier alors qu'il marchait dans son jardin.

En moins de deux heures, la nouvelle fit le tour de la ville. Si personne ne pleura le créole, tout le monde se posa des questions sur l'avenir de son négoce. Qui en hériterait ? On ne lui connaissait pas de famille proche. Indifférente à ces problèmes, Joséphine ne songeait qu'à son propre soulagement. Dans son cercueil, son ancien amant ne pourrait plus lui nuire. Quant à Juliette, elle se félicita que, pour une fois, la justice divine eût frappé avec discernement. Les funérailles auraient lieu le lendemain de Noël qui serait fêté dans moins de vingt-quatre heures.

De sa chambre, la jeune fille posait un regard indifférent sur le ciel devenu bleu. Elle avait décidé d'assister à la messe de minuit mais, afin de poursuivre sa grève de la faim, elle bouderait le repas familial. Affaiblie par le manque de nourriture, elle se tenait la majeure partie du temps recroquevillée sur son lit et ce fut dans cette position que la trouva son père.

— Je t'attends dans la bibliothèque, lui dit-il.

A son ton, elle ne put rien discerner de sa décision et ce fut le cœur battant la chamade qu'elle le rejoignit. Un silence s'étira au cours duquel Charles mesura son pouvoir. Quelques mots suffiraient à illuminer ou assombrir le destin de son enfant.

— Es-tu certaine que monsieur Tempête est indispensable à ton bonheur ?

En guise de réponse, Juliette hocha la tête avec gravité.

— As-tu mesuré la distance qui te séparera de ta famille et de tes habitudes ?

— J'y ai beaucoup pensé.

— Et tu persistes néanmoins dans ton désir de l'épouser ?

— Oui.

— Tu es ma seule fille mais, comme me l'a soufflé ton oncle Auguste, je ne dois pas te garder pour moi. J'ai donc pris des renseignements sur ce jeune homme auprès de nos dirigeants. Tout ce qu'il a dit s'est trouvé confirmé.

— Alors... vous voulez bien, s'écria Juliette.

Dans sa joie, elle avait bondi vers son père.

— J'avais tellement peur.

— Les jours sont comptés, répliqua-t-il en s'appuyant sur les détails pratiques pour cacher son émotion. Il faut annoncer vos fiançailles avant la fin janvier et envisager votre mariage pour le mois d'avril.

L'expression de Juliette tandis qu'il énumérait les formalités à accomplir récompensait déjà Charles du sacrifice qu'il s'était imposé.

— Merci de ne pas m'avoir déçue, l'interrompit la jeune fille en nouant ses doigts aux siens.

— J'imagine sans peine que, ce soir, tu auras faim, plaisanta son père après s'être éclairci la gorge.

40

La mort de François Tourvel fut évincée par l'annonce des prochaines fiançailles de Juliette avec Louis Tempête. Cette décision allait de pair avec la personnalité de la jeune fille qui n'avait jamais rien fait comme les autres, disait-on chez les sœurs de Saint-Joseph-de-Cluny. A l'Ouvroir, on broda les initiales entrelacées des deux familles sur le trousseau qui, bientôt, emplirait les malles, et la couturière, madame Gomez, sut très vite qu'elle n'aurait pas assez de jours et de nuits pour créer la plus belle robe de mariée qu'eût connue Pondichéry.

— Je ne vous en dévoilerai aucun détail, déclara Juliette à Louis qui l'avait rejointe chez Manon.

— Et ne comptez pas sur moi pour vous renseigner, surenchérit leur hôtesse qui assistait à chacun des essayages.

En même temps que Juliette se préparait pour la cérémonie qui lui permettrait de vivre auprès de l'homme qu'elle aimait, Manon prenait congé des Indes. Fidèle à la promesse qu'il lui avait faite, Hervé n'avait pas navigué depuis la mi-décembre. Pour ne pas entamer les moments d'intimité qui leur restaient, la jeune femme refusait les invitations et l'on commençait à jaser sur les trop fréquentes visites que lui rendait le capitaine.

— Cela m'est égal, lui confia-t-elle un soir. Et si je suis tout à fait franche, il ne m'est pas désagréable que l'on sache. Mais vous ? En éprouvez-vous de la gêne ?
— Aucune.

Par la fenêtre ouverte, ils voyaient se découper les tours de Notre-Dame-des-Anges sur le ciel qui s'obscurcissait. Le serviteur allait bientôt allumer les lampes mais Hervé profita de la pénombre pour murmurer :

— Je ne sais pas ce qu'il adviendra de nous mais peut-être n'aurai-je plus envie de m'attarder en Asie.

— Ne faisons pas de projets, lui répondit avec douceur sa maîtresse.

— En auriez-vous peur ?

— Non. Mais la chance nous a souri. Pourquoi ne pas continuer à lui accorder notre confiance ?

C'était sa façon de ne pas lui ôter sa liberté car, même s'il voulait la lui offrir, elle savait qu'il devrait vivre séparé d'elle avant de se décider.

Le riz était arrivé de Cochinchine et les distributions avaient commencé dans les bourgades et les villages où tout le monde priait pour que l'année à venir ne connût pas une nouvelle sécheresse.

Face à la situation, Juliette insista pour que son mariage se déroulât dans la simplicité. Il n'était pas question de faire bombance alors que la population se trouvait démunie. Si Charles partageait sans restrictions cet avis, il n'en était pas de même pour Joséphine qui aurait voulu convier le ban et l'arrière-ban de leurs connaissances aux Indes. Elle n'avait déjà pu retenir sa colère lorsque son mari avait accordé la main de sa fille à Louis Tempête.

— Vous êtes fou !

— Pas que je sache.

— Et Juliette ayant une descendance en métropole, qui vous succédera ?

— Personne.
— Ne vous moquez pas de moi !
— J'ai pris la décision de vendre. Le commerce connaît une mauvaise passe et je suis fatigué de me battre.

Une lueur illumina soudain la crise de marasme que traversait Joséphine.

— Mais alors... nous ne serions plus obligés de rester à Pondichéry.
— Pourquoi ? Je m'y trouve bien.

« Je » ! Jamais il n'avait parlé à la première personne du singulier quand il s'était agi d'établir des projets !

— Vous m'aviez pourtant promis qu'un jour nous partirions !
— Les goûts changent, mon amie, ainsi que les sentiments.
— Que dites-vous là !
— Joséphine, cessons ce jeu. Je suis enfin devenu lucide sur notre couple. Pas un instant vous ne m'avez aimé.
— Vous me faites une peine infinie en proférant de telles bêtises.
— Je vous ai donné un nom et les moyens de briller au sein d'une société qui, d'ailleurs, n'est pas difficile à captiver. Le reste n'est que verbiage.
— Ecoutez-moi...
— Je vous ai trop écoutée pendant toutes ces années où vous m'avez menti et, maintenant, je demande tout simplement de vivre en paix.

Joséphine comprit qu'il ne servait à rien d'insister. Pas pour le moment ! Après le départ de Juliette, Charles connaîtrait fatalement une période de tristesse et il lui serait, alors, plus aisé de le reconquérir. Dans quel but ? Elle aussi vieillissait et les occasions de se distraire avec des hommes plus ou moins séduisants iraient en s'amenuisant. A nouveau, elle envia Manon et Juliette qui allaient quitter ce pays où l'on risquait quotidiennement de perdre la santé. Dans ce désert, Charles représentait son seul salut. Il n'y avait donc plus lieu de jouer les difficiles ! Ravalant sa rancœur, elle se força à déclarer sur un ton enjoué :

— Vous avez raison ! Libérez-vous de toutes ces charges qui vous accablent. Nous aurons ainsi davantage le temps de nous retrouver.

A la fin du mois de janvier, l'avant-veille des fiançailles officielles, Auguste Fournel reçut dans sa demeure d'Ariancoupam Louis, Juliette et leurs proches. Pour la dernière fois, les lieux qu'il avait tant aimés résonneraient d'échos joyeux, car le créole savait déjà qu'il allait nouer une étroite relation avec la nostalgie. Il se souviendrait alors de ces instants où, assis près d'un banian, il observait en compagnie de Manon Galbret un paysage enchanteur. A cette saison, le ciel imposait un bleu franc et les arbres, qui avaient retrouvé leur vigueur, se reflétaient dans la rivière où venaient se désaltérer les buffles. A quelques pas, Emile tentait de faire voler un cerf-volant. Hervé, qui sortait de la véranda, le rejoignit pour l'aider.

— Ils sont devenus très amis, remarqua Auguste.

— Emile a fini par apprivoiser le capitaine qui, honneur suprême, l'a convié à bord du *Mélusine*.

Debout devant son chevalet, Juliette observait, elle aussi, la scène. En ce garçon sportif et souriant, elle ne reconnaissait plus l'adolescent arrivé un an et demi plus tôt à Pondichéry. La vie au collège, la sollicitude de Louis et, maintenant, les liens qu'il tissait avec le navigateur transformaient sa vision de l'existence et il n'y avait pas à douter qu'Emile atteindrait les buts qu'il devait déjà s'être fixés. Aurait-il éprouvé la même détermination si un drame n'avait marqué sa jeune existence ? Juliette songea à sa propre enfance endeuillée par la disparition de sa mère. Etait-ce cette sensation d'avoir connu le pire qui lui insufflait la force de sans cesse entreprendre ?

— Une roupie pour connaître vos pensées, lui proposa Louis en riant.

— Elles valent beaucoup plus cher !

Installé dans un fauteuil de rotin, il tentait de dessiner à la mine la maison telle qu'il la découvrait avec ses stores qui, doucement, ondulaient sous la brise.

— Décidément, je n'y parviendrai pas, s'exclama-t-il avec agacement.

Juliette, qui s'était approchée, observa son travail puis en quelques traits rapides rectifia certains détails.

— Voilà ! Il ne vous reste plus qu'à reproduire les massifs de fleurs.

En guise de remerciement, Louis déposa un baiser sur ses doigts.

— Attention, ils sont pleins de peinture, le prévint-elle. Aïe... trop tard !

Il aima son rire tandis qu'elle lui tendait un mouchoir en dentelle pour qu'il essuie sa bouche devenue jaune. Une nouvelle fois, il s'étonna que tout auprès d'elle se transformât en plaisir. Pendant qu'elle retouchait avec son pinceau la toile qu'elle était sur le point d'achever, il la contempla. Sous son menton, un gros nœud couleur de jade retenait sa capeline de paille. Sans se lasser, il détaillait les mèches rebelles qui bouclaient autour de son front, la peau pâle et veloutée des joues. La concentration fronçait son petit nez et elle mordillait sa lèvre inférieure. Le désir de l'embrasser envahissait Louis mais il lui fallait attendre des instants d'intimité. L'impatience de l'avoir toute à lui rendaient interminables les semaines les séparant de leur mariage et, surtout, de leur départ pour la métropole. Déjà, il imaginait leur installation dans la bastide où il avait grandi. Ils habiteraient la chambre dont les fenêtres ouvraient sur des collines plantées de cyprès et d'oliviers et les draps fleureraient bon la lavande dans le grand lit où ils se retrouveraient chaque nuit. Des images de sensualité accéléraient son sang. Juliette à lui, son corps sous ses mains impatientes, l'ardeur qu'elle mettrait à lui plaire et à se donner...

Au crépuscule, tous regagnèrent leurs appartements afin de se préparer pour le souper. Manon était en train de polir ses ongles quand Hervé frappa à sa porte.
— J'avais besoin d'être seul avec vous.
Le sentant bouleversé, elle se leva pour le rejoindre.
— Je m'habillais et, soudain, je me suis trouvé face à un gouffre. Comment reviendrai-je ici, chez un ami qui nous est cher à tous les deux, en sachant que plus jamais je ne vous y verrai ?
— Hervé, je vous en supplie, ne nous rendez pas les choses plus difficiles. Moi-même, je ne suis guère vaillante et...
— Rappelez-vous ce premier Noël ensemble ! Il me semble que, depuis, le temps s'est emballé. Nous regardions les étoiles...
— Et vous m'aviez, alors, conseillé de ne jamais vous inviter...
En même temps qu'ils égrenaient les souvenirs du passé, Hervé s'étonnait du tour qu'avait pris son existence. Un autre paysage lui était apparu où régnait une femme qui lui avait donné ce que peu d'êtres étaient appelés à connaître : l'incandescence du désir, la passion sublimée jusqu'à devenir amour.
— Ne pensons plus qu'à cette soirée qui nous est accordée, murmurait-elle. Regardez comme le ciel est clair. La nuit sera magnifique !
Emile mis à part, le maître de maison et ses invités eurent l'impression de rejouer une scène importante de leur existence quand, le souper terminé, ils montèrent

sur la terrasse. Comme elle l'avait fait, un an plus tôt, Juliette s'approcha du télescope tandis que son oncle s'asseyait sur son habituel fauteuil. A l'écart, Louis observait les feux qui, un peu partout, s'allumaient dans la campagne. Tant d'événements s'étaient déroulés depuis qu'il avait découvert les charmes d'Ariancoupam ! S'être tenu loin de ses racines l'avait changé en profondeur et, libéré enfin de sa culpabilité, il pouvait rentrer chez lui tête haute. L'ouvrage à accomplir y serait important mais son expérience au sein de terres inhospitalières où le moindre détail était sans cesse remis en cause lui avait non seulement insufflé de la force mais son intuition de la nature s'était aiguisée. Pour avoir, un temps, privilégié l'exil, il était heureux de bientôt se consacrer au domaine familial où des générations de Tempête avaient laissé leurs empreintes. Juliette l'aiderait dans cette tâche et plus tard, beaucoup plus tard, on évoquerait la jeune créole qui avait caressé de son exotisme et de son originalité la bastide dont les murs s'étaient parés des tableaux que lui avaient inspirés ses attirances.

Emile rejoignit la jeune fille afin qu'elle lui expliquât le maniement de la lunette astronomique.

— Tu me remplaceras auprès de mon oncle, lui dit-elle. Il sera content d'avoir un nouvel élève quand j'aurai quitté Pondichéry.

Sans s'immiscer dans la conversation, le vieil homme se demandait s'il aurait encore envie de contempler le firmament lorsque le reflet de sa plus belle étoile lui serait devenu invisible. Alors qu'il ne s'était jamais passionné pour le monde enfantin, Juliette l'avait, dès son plus jeune âge, conquis. Intrépide, volontaire et rieuse, elle était différente de la majorité des fillettes qui ressemblaient à leurs poupées de porcelaine. L'aya chargée d'élever la petite avait, selon la coutume, consulté un astrologue indien et les prédictions de celui-ci revenaient, après des années d'oubli, à la mémoire d'Auguste. « Elle traversera les eaux et, dans un pays où l'on prie le dieu des chrétiens, donnera la vie à plusieurs enfants et se fera connaître en exerçant un art majeur. »

— Si vous m'offriez l'une de vos cigarettes ? demanda Auguste à Hervé qui venait de gagner une partie de dames contre Manon.

Alors que le navigateur lui présentait la flamme d'un briquet, il croisa son regard et y lut la tristesse que lui-même éprouvait. Avait-il eu raison d'organiser ce souper ? Pendant qu'il réfléchissait, Manon s'était approchée de Juliette. Qu'étaient-elles en train de se confier qui les faisait sourire ? Pour une image comme celle-ci, Auguste était prêt à braver toutes les nostalgies ! Avoir toujours recherché la perfection lui en avait fait connaître le prix. Et qu'existait-il de plus exaltant que ce ciel à la robe de feu, les chants et les tambours indigènes qu'occultaient par intermittence les cris stridents d'un oiseau ? Au cœur de cette inégalable symphonie, il se sentait envahi par un subtil bonheur. Autour de lui, ceux qu'il aimait étaient devenus silencieux. Juliette avait glissé son bras sous celui de Louis et posé son front contre son épaule. Une étoile filante traversa la voûte céleste mais personne ne devina que simultanément Hervé et Manon formulaient un même vœu.

Le 3 février, Manon n'eut pas à s'éveiller. Après une nuit blanche, elle but la tasse de thé que lui monta son serviteur puis vérifia l'emballage de ses derniers effets personnels. Enlevés la veille, ses bagages se trouvaient déjà à bord du *Véronèse* qui dans quelques heures lèverait l'ancre. Lorsque le sac fut refermé, elle revêtit une robe de voyage couleur châtaigne puis se coiffa d'un chapeau de paille blonde. Dans le miroir où elle se contemplait, la chambre, en arrière-plan, ne reflétait déjà plus son empreinte. Dans l'histoire de cette maison, Manon n'aurait donc été qu'une habitante parmi d'autres ! Qui se souviendrait d'une jeune Parisienne éprise de liberté et rebelle aux conventions ? En boutonnant ses gants, elle traversa d'un pas rapide le boudoir puis descendit au rez-de-chaussée où les meubles avaient retrouvé leurs housses. A peine aurait-elle franchi le porche que se présenteraient les nouveaux propriétaires dont les goûts étaient à l'opposé des siens. Mais, en fin de compte, n'était-il pas souhaitable que des travaux balaient son univers qui, ainsi, n'appartiendrait plus qu'à la mémoire du cœur ? Non sans malaise, Manon gagna la cour où s'étaient échangées tant de confidences et, la gorge serrée, prit congé du couple qui avait veillé sur son bien-être. A force de persuasion, elle était parvenue à convaincre ses successeurs de garder les deux vieux Tamouls à leur service, ce qui leur garantirait le gîte, le couvert et un petit salaire.

Dans la rue l'attendait l'attelage qui allait l'emmener jusqu'à l'embarcadère. Alors qu'elle longeait le rivage, le soleil, déjà haut dans le ciel, dardait ses rayons sur l'océan. Pour lutter contre l'éblouissement, elle inclina son ombrelle. Devant les entrepôts s'agitaient les coolies. Des ballots et de grands sacs de jute partaient vers les chelingues tandis que d'autres en revenaient. Manon aperçut des cages contenant des singes. Où allaient-ils ? A mesure qu'elle avançait s'intensifiait le brouhaha et il devenait difficile pour le cocher de se frayer un passage au milieu de la foule. Devant le bâtiment des douanes s'étirait une longue file de voyageurs que rejoignit Manon. Elle y trouva Louis, Juliette et Emile.

— Je vous avais pourtant conseillé de ne pas venir trop tôt, les réprimanda-t-elle gentiment. L'attente risque d'être longue et...

— Vous ne pensiez tout de même pas que nous n'allions pas vous tenir compagnie pendant vos démarches, rétorqua Juliette.

Manon savait que le pire restait à venir et l'émotion donnait à son maintien une inhabituelle rigidité. Elle était convenue avec Hervé qu'il ne se présenterait qu'à l'ultime moment. Avec la sensation d'agir en automate, elle accomplit l'une après l'autre les formalités nécessaires à son embarquement. A ses côtés, des religieuses se préparaient à regagner la métropole après des années consacrées aux missions et elle enviait leur sérénité. Se pouvait-il qu'aucune parmi elles ne souffrît de rompre avec un long passé colonial ?

— Ce sera bientôt votre tour, murmura-t-elle à Juliette, et, égoïstement, je suis contente de savoir que nous n'habiterons pas loin l'une de l'autre.

— N'oubliez pas que vous avez promis de venir en Provence !

— Et vous, à Paris !

Juliette devina-t-elle qu'à travers sa présence et celle de Louis son amie poursuivrait son rêve pondichérien ? En leur compagnie, elle pourrait évoquer Hervé et, ainsi, le faire vivre.

En français, en tamoul, les conversations se croisaient tandis qu'ils se rendaient vers l'endroit où les chaises à porteurs emmèneraient les passagers jusqu'aux chelingues. Le bas de leur pagne trempé par l'eau de mer, des vendeurs bravaient le ressac pour vanter leur pacotille.

— Voilà le capitaine, remarqua Emile.

D'un pas rapide Hervé s'avançait vers leur petit groupe et, à son visage fatigué, Manon comprit que lui non plus n'avait pas dormi.

— Tout est en ordre ? demanda-t-il.

Leurs amis s'étaient écartés, les laissant seuls face au trouble qui les rendait gauches, presque enfantins.

— Jamais je n'aurais imaginé qu'un jour je pourrais détester la mer, avoua Hervé.

— Madame Galbret, madame Galbret, appelait l'employé qui veillait à l'embarquement.

Tout alla très vite : les mots d'encouragement et d'affection qu'elle adressa à Emile, la poignée de main avec Louis, la longue embrassade avec Juliette qui, furtivement, s'essuya les yeux. Alors que Manon se tournait vers son amant, des garçonnets les entourèrent afin de leur proposer des coquillages. Un peu à l'écart, le plus chétif montrait timidement le sien.

— Si je le lui achète, les autres vont le battre pour lui prendre son gain.

— En effet, répondit Hervé qui aurait voulu qu'un mal mystérieux paralyse les porteurs de la chaise où allait s'asseoir sa maîtresse.

A travers la peau du gant, il sentait la chaleur de sa main qu'il retenait entre les siennes.

— N'oubliez jamais que mon cœur vous appartient et qu'un jour je vous en donnerai la preuve.

Manon voulut répondre mais aucun son ne franchit ses lèvres. Accompagnée par le grondement des vagues, elle parvint à la chelingue où on l'aida à s'installer. A côté, une femme poussait des cris apeurés en égrenant un chapelet.

— Mon Dieu... Nous allons tous nous noyer !

Indifférente à cette hystérie, Manon regardait Pondichéry s'éloigner. Emile lui adressait de grands signes de la main tandis que Juliette se tamponnait les yeux avec un mouchoir mais toute son attention se concentrait sur Hervé, immobile. Elle savait que, refusant de s'attarder sur les lieux où ils s'étaient connus, il prendrait la mer dès le lendemain. La chelingue croisa des catamarans qui rentraient de la pêche et la houle devint plus forte. Une sirène mugit au loin. Manon l'entendit à peine. La silhouette d'Hervé était devenue minuscule.

Mesurait-il, lui aussi, la distance qui déjà les séparait ? Elle eut envie de crier pour que l'embarcation fît demi-tour. Comme pour la narguer, le *Mélusine* se découpait sur l'horizon et elle pouvait observer l'affairement des marins qui le préparaient à appareiller. La ville blanche ressemblait maintenant à une maquette qu'entourait un écrin de verdure. Une larme tomba sur la robe de Manon, suivie d'une autre.

— Vous aussi vous avez peur, lui dit sa voisine qui l'observait.

Peur ! Les Indes l'avaient libérée de ce sentiment pour le remplacer par la confiance. Hervé la surprendrait-il un soir d'été ou, peut-être, d'automne ? Ce fol espoir colorerait sa vie d'Occidentale. Le vent soufflait plus fort et elle referma son ombrelle lorsqu'il lui fallut monter à bord du *Véronèse*. Refusant de descendre dans sa cabine, elle demeura sur le pont. Autour d'elle clippers et dhonys apportaient des parfums de liberté et d'aventure. Le soleil jouait sur les flots. Du côté de Pondichéry, une nouvelle journée commençait avec ses instants de douceur et de tumulte, ses senteurs fortes de poussière, d'épices et de fleurs...

REMERCIEMENTS

Je tiens à exprimer toute ma gratitude à Anne-Marie LEGAY, secrétaire générale de l'Association France Union indienne et présidente d'honneur de l'Association des Amis du Patrimoine pondichérien, qui, avec patience et amabilité, m'a fourni de nombreux renseignements sur un sujet qui lui tient à cœur puis a accepté de lire mon texte afin d'en corriger d'éventuelles erreurs. Son aide m'a été d'une grande utilité, et je garde un excellent souvenir des nombreuses heures pendant lesquelles elle m'a raconté la vie de ses ancêtres pondichériens. Qu'elle soit assurée de toute mon amitié.

Son Excellence, monsieur Philippe PETIT, ambassadeur de France auprès de l'ONU à Genève, et madame Anne-Marie PETIT m'ont aidée dans mon approche de l'Inde. Monsieur Philippe BARBRY, consul général de France à Pondichéry, et madame Marie-Thérèse BARBRY m'ont réservé un merveilleux accueil, accordé du temps et donné de nombreuses informations. Je les remercie très sincèrement pour leur bienveillance.

J'ai bénéficié des conseils de Jacqueline et Roland BOUCHET, qui publient *La Lettre du C.I.D.I.F.*, Jean DELOCHE, membre honoraire de l'Ecole française d'Extrême-Orient, François GRIMAL, membre de l'Ecole française d'Extrême-Orient, Raghunath MANET, Claude et Rita MARIUS, Vassanty et Meevwis van RIJSWIJK, Francis WACZIARG, Jacques WEBER, dont la passionnante thèse, *Les Etablissements français en Inde au XIXe siècle* (Librairie de l'Inde), m'a été d'un grand secours. Qu'ils soient tous assurés de ma reconnaissance.

Jeannine BALLAND, éditrice de cet ouvrage, m'a non seulement accordé sa confiance, mais a su m'encourager pendant mon travail. Elle sait combien je suis heureuse de figurer parmi ses auteurs et combien ses suggestions, son écoute et sa disponibilité me sont précieuses.

Pour différentes raisons, d'autres personnes m'ont apporté un soutien : Pierre BARBEROUX, Gilles BROCHARD, Jean CLAUSEL, Janine ERCOLE, Bérangère ETCHEVERRY, Olivier GALFIONE, Jean-Noël LIAUT, ma fille Laure MARNY, Françoise POMMARET, Anna LOMBARDO, Jean-Michel THIBAUX. Je les en remercie de tout mon cœur.

DANS LA MÊME COLLECTION

Jean Anglade
Un parrain de cendre
Le Jardin de Mercure
Y a pas d'bon Dieu
La Soupe à la fourchette
Un lit d'aubépine
La Bête et le Bon Dieu (essai)
La Maîtresse au piquet
Le Saintier
Le Grillon vert
Sylvie Anne
Mélie de Sept-Vents
Le Secret des chênes
Jean-Jacques Antier
Autant en apporte la mer
La Croisade des Innocents
Marie-Paul Armand
La Poussière des corons
Le Vent de la haine
Le Pain rouge
La Courée
   tome I *La Courée*
   tome II *Louise*
   tome III *Benoît*
La Maîtresse d'école
La Cense aux alouettes
Nouvelles du Nord
Edouard Axelrad
Au fil du fleuve
Erwan Bergot
Les Marches vers la gloire
Sud lointain
   tome I *Le Courrier de Saïgon*
   tome II *La Rivière des parfums*
   tome III *Le Maître de Bao-Tan*
Rendez-vous à Vera-Cruz
Mourir au Laos

Annie Bruel
La Colline des Contrebandiers
Le Mas des oliviers
Les Géants de pierre
Michel Caffier
Le Hameau des mirabelliers
La Péniche Saint-Nicolas
Jean-Pierre Chabrol
La Banquise
Alice Collignon
Les Jonchères
Didier Cornaille
Les Labours d'hiver
Les Terres abandonnées
La Croix de Fourche
Etrangers à la terre
L'Héritage de Ludovic Grollier
Georges Coulonges
Les Terres gelées
La Fête des écoles
La Madelon de l'an 40
L'Enfant sous les étoiles
Les Flammes de la liberté
Ma communale avait raison
Les blés deviennent paille
Yves Courrière
Les Aubarède
Anne Courtillé
Les Dames de Clermont
Florine
Dieu le veult
Les Messieurs de Clermont
Alain Dubos
Les Seigneurs de la haute lande
La Palombe noire
La Sève et la Cendre
Alain Gandy
L'Escadron

Adieu capitaine
Quand la Légion écrivait sa légende
Un sombre été à Chaluzac
L'Énigme de Ravejouls
Les Frères Delgayroux
Michel Hérubel
La Maison Gelder
La Falaise bleue
Denis Humbert
La Malvialle
Un si joli village
La Rouvraie
La Dent du loup
L'Arbre à poules
Michel Jeury
Au cabaret des oiseaux
Louis-Jacques Liandier
Les Gens de Bois-sur-Lyre
Jean Mabire
Opération Minotaure
Jean Markale
Notre-Dame de la nuit
Dominique Marny
A l'ombre des amandiers
Henry Noullet
Sur la piste de Samrang
La Falourde
La Destalounade
Michel Peyramaure
Les Tambours sauvages
Pacifique Sud
Louisiana

Frédéric Pons
Les troupeaux du diable
Claude Riffaud
Mékong Palace
La Crique de l'or
Rêve de Siam
Jean Rosset
Vir'vent
Les Derniers Porteurs de terre
Annie Sanerot-Degroote
La Kermesse du diable
Le Cœur en Flandre
L'Oubliée de Salperwick
Jean Siccardi
Le Bois des Malines
Jean-Claude Sordelli
La Dernière Saison
Jean-Michel Thibaux
La Bastide blanche
Le Secret de Magali
La Fille de la garrigue
Le Roman de Cléopâtre
La Colère du mistral
Violaine Vanoyeke
Les Schuller
Le Serment des 4 rivières
Brigitte Varel
Un village pourtant si tranquille
Les Yeux de Manon
Colette Vlérick
La Fille du goémonier
Le Brodeur de Pont-l'Abbé

Achevé d'imprimer en mars 1999 sur presse Cameron
par **Bussière Camedan Imprimeries** à Saint-Amand-Montrond (Cher)
pour le compte des éditions Presses de la Cité

Dépôt légal : mars 1999. — N° d'Édition : 6739. — N° d'Impression : 991572/1.